财政部规划教材
全国高等院校资产评估专业教材

中外资产评估准则

刘 萍 韩立英 纪益成 主编

中国财政经济出版社

图书在版编目（CIP）数据

中外资产评估准则/刘萍，韩立英，纪益成主编．—北京：中国财政经济出版社，2014.12（2022.7 重印）

财政部规划教材　全国高等院校资产评估专业教材

ISBN 978-7-5095-5949-9

Ⅰ．①中⋯　Ⅱ．①刘⋯②韩⋯③纪⋯　Ⅲ．①资产评估-规则-世界-高等学校-教材　Ⅳ．①F20-65

中国版本图书馆 CIP 数据核字（2014）第 312302 号

责任编辑：张　军　　　　责任校对：李　丽
封面设计：陈　瑶　　　　版式设计：兰　波

中国财政经济出版社 出版

URL：http：//www.cfeph.cn
E-mail：cfeph@cfeph.cn

（版权所有　翻印必究）

社址：北京市海淀区阜成路甲 28 号　邮政编码：100142
营销中心电话：88190406　北京财经书店电话：64033436　84041336
北京密兴印刷有限公司印刷　各地新华书店经销
787×1092 毫米　16 开　15.25 印张　365 000 字
2015 年 5 月第 1 版　2022 年 7 月北京第 3 次印刷
定价：49.00 元
ISBN 978-7-5095-5949-9/F·4793
（图书出现印装问题，本社负责调换）
质量投诉电话：010-88190744
打击盗版举报热线：010-88190492，QQ：634579818

编 委 会

主任委员： 刘红薇

委　　员： 贾荣鄂　　刘　萍

　　　　　　　王庆阁　　韩立英

我国资产评估行业经过二十余年的发展，走出了一条适合中国特色的评估服务专业之路，创立了一套符合中国市场经济的评估理论体系，培养了一支讲道德、有能力的专业服务队伍，成为市场经济体系不可或缺的现代专业服务业。

党的十八大明确提出要推动服务业特别是现代服务业的发展壮大，十八届三中全会对经济体制、政治体制、文化体制、社会体制、生态文明体制和党的建设制度改革进行了全面部署，财政部发布的资产评估行业发展规划对我国资产评估行业未来一个时期的发展提出了目标和要求。资产评估行业迎来了前所未有的发展机遇，资产评估行业人才的基础性、专业性和战略性作用日益凸显。培养一支具备资产评估专业知识、具有创新实践能力的高层次、应用型人才，是资产评估行业适应新形势、新要求，实现可持续发展的根本保障。

为适应我国市场经济发展对资产评估专业技术人才的迫切需求，2010年，国务院学位委员会审议通过了包括资产评估在内的19种专业学位设置方案，批准设立资产评估硕士专业学位。从2011年开始，全国共有68所高等院校取得了资产评估硕士专业学位举办资格，这是资产评估学历教育发展的里程碑，是国家重视和扶持评估行业发展的重要体现。随着设置评估专业的院校日益增加，对统一的评估专业硕士教材的需求愈加迫切。为切实提高资产评估硕士学位研究生的培养质量，财政部组织相关学者和行业专家编写了资产评估专业硕士系列教材。这是资产评估学科建设中的一件大事，填补了资产评估专业系列教材的空白，对资产评估专业的教学具有重要的引领和示范作用，必将为我国资产评估高层次应用型人才的系统、科学培养奠定坚实基础。

这套资产评估专业硕士系列教材，是资产评估行业管理者、执业者、理论研究者等集体智慧的结晶，为指导评估教学和实践提供了有益的参考，为推进中国资产评估学科发展做了一项扎实的基础建设工作。希望能够为资产评估专业硕士的培养提供教学工具，发挥好教材的基础性和系统性作用。

财政部部长楼继伟十分重视和关心资产评估工作，近期指出，市场经济发展需要资产评估，资产评估前景广阔，要进一步发挥资产评估在市场经济及财政管理中的基础作用，对行业发展寄予厚望。资产评估行业要将贯彻落实十八大和十八届三中全会精神作为重大使命，立足于服务经济社会发展，努力实现评估行业转型升级，积极为国家"五位一体"建设全面服务。

资产评估行业学科建设和人才培养，肩负着服务国家经济社会建设的光荣使命，是行业实现转型升级的基础保障。让我们不断探索，努力前行，以高层次后备人才培养为抓手，共同创造资产评估行业美好的明天，实现中国资产评估行业的中国梦。

2014 年 12 月

本书是财政部规划教材,由财政部教材编审委员会组织编写并审定,作为全国高等院校资产评估专业教材使用。

资产评估准则脱胎于评估理论,来源于评估实践。资产评估准则对评估理论研究和实践发展又具有促进和引导作用。经过全球评估界三十多年的共同努力,资产评估准则建设已经取得丰硕成果,逐步成为通用的经济语言。

为方便评估专业的学生了解国际范围内评估理论、实践情况和主要资产评估准则的基本情况,促进中国资产评估准则的国际交流和评估专业人才的国际化,在财政部干部教育中心和中国资产评估协会的大力支持下,按照全国资产评估专业学位研究生教育指导委员会所制定教学大纲的要求,我们编写了本教材。本书可供资产评估、经济、管理等相关专业的高等教育的师生,以及从事资产评估理论研究和实务工作者对评估准则的学习和参考。

本书由刘萍、韩立英、纪益成担任主编。第一章由刘萍、纪益成编写,第二章由韩立英、陈明海编写,第三章由陈明海、于跃编写,第四章由陈惠锋、尉京红、纪益成编写,第五章由郭化林编写,第六章由纪益成编写,第七章由郭化林、于跃编写,第八章由尉京红编写,第九章由郭化林、纪益成、唐龙海编写。全书由王子林审稿。

书中不可避免会存在许多不足,诚望读者提出批评意见,以便再版时修订完善。

编　者
2014 年 10 月

目 录 Contents

第一章 绪论 1
　　第一节　资产评估准则的产生背景 1
　　第二节　资产评估准则的发展特点 4
　　第三节　资产评估准则的应用范围 7
　　第四节　资产评估准则的更新方式 9
　　第五节　学习中外资产评估准则的意义 11

第二章 中国资产评估准则 13
　　第一节　中国资产评估准则概述 13
　　第二节　中国资产评估准则的重要概念及框架结构 22
　　第三节　中国资产评估准则概况 32

第三章 中国资产评估准则选讲 47
　　第一节　基本准则 47
　　第二节　程序性准则 56
　　第三节　实体性准则 79

第四章 国际评估准则 113
　　第一节　国际评估准则概述 113
　　第二节　国际评估准则的重要概念和框架结构 117
　　第三节　国际评估准则——基本准则 123
　　第四节　国际评估准则——资产准则 124
　　第五节　国际评估准则——应用指南 128

第五章 欧洲评估准则 ▶ 133

第一节 欧洲评估准则概述 ············· 133
第二节 欧洲评估准则的重要概念及框架结构 ············ 137
第三节 《欧洲评估准则2012》的主要内容 ············ 141

第六章 国际估税官协会技术准则（IAAOTS） ▶ 148

第一节 国际估税官协会技术准则概述 ············ 148
第二节 国际估税官协会技术准则的重要概念及框架结构 ········ 150
第三节 国际估税官协会技术准则体系主要内容概要 ·········· 152

第七章 美国评估准则 ▶ 158

第一节 美国评估准则概述 ············ 158
第二节 USPAP的重要概念及框架结构 ············ 162
第三节 USPAP的主要内容 ············ 167

第八章 英国评估准则 ▶ 188

第一节 英国评估准则概述 ············ 188
第二节 英国评估准则的重要概念及框架结构 ············ 192
第三节 英国评估准则主要内容 ············ 194

第九章 澳大利亚与新西兰评估准则 ▶ 212

第一节 澳大利亚与新西兰评估准则概述 ············ 212
第二节 澳大利亚与新西兰评估准则的重要概念及框架结构 ············ 215
第三节 澳大利亚与新西兰资产评估准则的主要内容 ········ 217
第四节 澳大利亚矿资产评估准则概述 ············ 223

主要参考文献 ▶ 233

第一章 绪 论

【本章学习目的】

评估准则是建立在评估理论和评估实践的基础上,用于规范评估业务活动的准绳。通过对本章的学习,了解资产评估准则的产生背景、发展特点、适用范围、更新方式,充分认识评估准则学习意义,为后面各章不同评估准则的学习打下基础。

第一节 资产评估准则的产生背景

关于什么是评估准则,国外文献中并没有专门的阐述,通常以"Valuation Standards"或"Appraisal Standards"表述。中国资产评估行业对评估准则的阐述是:**资产评估准则是指由资产评估行业行政主管部门或行业协会制定的,用以规范和指导资产评估机构和注册资产评估师执业行为和职业道德行为,保证其执业质量的行业公认标准**。评估准则来源于评估理论与实践,并对评估实践活动具有指导和规范作用。评估准则不仅是保证评估质量的需要,也是防范评估风险,促进评估行业健康发展,提升评估行业公信力,维护社会公共利益和资产评估各方当事人合法权益的需要。

从全球范围看,由于社会经济发展水平、评估的理论和实践基础、制定准则的组织,以及评估准则的适用范围等不同,客观上在全球范围内同时存在了不同的评估准则体系,本书将其统称为中外评估准则体系。从评估准则发布主体以及应用范围的不同可以分为三大部分:国际组织评估准则、外国评估准则、中国评估准则。

(1)国际组织评估准则:是指由国际性评估组织制定发布的,并在国际和某个区域范围内推广和应用的评估准则。目前,国际评估准则(IVS)、欧洲评估准则(EVS)和国际估税官协会技术准则(IAAOTS)等都属于这类准则。

(2)外国评估准则:是指由国家或地区评估组织制定发布的,并在其国家或地区范围内应用的评估准则。目前，美国评估准则、英国评估准则，以及澳大利亚与新西兰评估准则等都属于这类准则。其中，美国评估准则、英国评估准则最具有代表性。

（3）中国评估准则：是指由中国评估行业行政主管部门或行业组织制定发布的，并在中国应用的评估准则。

一、中国资产评估准则的产生背景

我国评估行业产生之初，评估行业行政管理部门以行政规章制度和规范性文件对资产评估行为进行行政管理。随着资产评估行业的逐步发展，其对社会经济发展的作用越来越重要，中国资产评估协会的自律管理职能也日益凸显，加强评估行业自律管理也开始被提到重要的议事日程。2001年12月，国务院办公厅转发了财政部《关于改革国有资产评估行政管理方式加强资产评估监督管理工作意见的通知》（国办发〔2001〕102号），对国有资产评估管理方式进行重大改革，取消财政部门对国有资产评估项目的立项确认审批制度，实行财政部门的核准制或财政部门、集团公司及有关部门的备案制。与此相适应，财政部将资产评估具体准则制定等职能移交给行业协会。在财政部的领导下，中国资产评估协会充分协调行业主管部门、监管部门、委托方、评估报告使用者、科研单位和行业自身力量，积极推进并加快评估准则的制定工作。2001年，第一项资产评估准则《资产评估准则——无形资产》发布，开启了资产评估准则建设的序幕。2004年，两项基本准则发布，为资产评估准则建设和准则体系框架的确立奠定了坚实基础。2007年，财政部和中国资产评估协会正式发布资产评估准则体系。此后，中国资产评估准则体系建设紧跟市场和执业需求，逐步发展完善。至2013年，中国资产评估准则体系中共有准则26项。其中，基本准则由财政部发布；具体准则、评估指南、指导意见由中国资产评估协会制定并发布。

二、国际评估准则的产生背景

国际评估准则（IVS）是在各国评估业发展的基础上，适应行业和经济发展的需要而产生的，其背景和目的是促进各国评估准则的统一，推动评估业及相关服务行业在国际范围的协调发展，为日益发展的全球经济提供专业化的并由统一准则约束的评估服务。第一版的国际评估准则发布于1985年，由国际评估准则委员会制定并发布。2008年国际评估准则委员会改组为国际评估准则理事会，下设三个委员会，国际评估准则由其下设的国际评估准则委员会制定并发布。

三、欧洲评估准则的产生背景

欧洲评估准则产生于20世纪70年代末。1977年4月，比利时、法国、德国、爱尔兰和英国发起成立了欧洲固定资产评估师联合会，该组织后来发展成为欧洲评估准则的制定组织。1978年7月28日欧盟颁布了第4号法令，该法令规定了除银行、金融机构、非营利性组织之外的公司的年度会计报告事项，其中的第七章第35条规定了以财务报告为目的而对固定资产进行估价的规则，这一规定成为制定早期评估指南的基础。由固定资产评估的指南、背景材料和论文构成的第一版欧洲评估准则于1978年发布。欧洲评估准则由总部设在比利时布鲁塞尔的欧洲评估师协会联合会（The European Group of Valuers' Associations，简称 TEGoVA）制定并发布。TEGoVA 是根据比利时法律成立的、以评估领域的研究和教育为目的的非营利性专业协会。

四、国际估税官协会技术准则的产生背景

国际估税官协会对财产税税基评估与财产税政策与管理领域的贡献在于它很早就开始撰写并颁布各种与该领域相关的准则与标准。1937 年担任 NAAO 主席的 Zangerleza 在 1924 年就写出关于建立了一个标准的批量评估方法（该方法直到 20 世纪下半叶以后才被采用）[①]。国际估税官协会最早颁布的准则可以追溯到 1938 年。国际估税官协会技术准则是由国际估税官协会（The International Association of Assessing Officers，IAAO）制定和发布，它是由 IAAO 技术准则委员会撰写的，并由 IAAO 执行理事会批准通过。

五、美国评估准则的产生背景

美国评估准则（USPAP）产生于 20 世纪 80 年代末。当时美国不动产泡沫破裂引起约 800 家中小银行破产，为了规范抵押贷款业务评估中的不当评估行为，防止诱发金融危机，在不动产市场和抵押贷款业极端不稳定的情况下，美国八个评估专业组织和加拿大评估师协会于 1986 年联合制定（Uniform Standards of Professional Appraisal Practice，USPAP），并在之后由美国国会立法认可成立的美国评估促进会获得授权，负责发布和更新。美国评估促进会下设的评估准则委员会（ASB）负责制定美国资产评估行业所有专业领域的评估准则。

六、英国评估准则的产生背景

英国评估准则（RICS 红皮书）产生于 20 世纪 70 年代。英国皇家特许测量师学会为适应国际贸易组织努力推动国际会计准则的行动的需要而面临解决各国在公开财务账户上的不动产评估不一致的问题，于 1976 年发布第一版红皮书，并在 20 世纪 90 年代进一步扩大到适用投资、财产转让等更多范围的评估。英国评估准则由英国皇家特许测量师学会制定，其具体是由 RICS 估价专业组制定。从 2010 版（第六版）起，RICS 红皮书的出版都是 RICS 与英国收益评级与估价协会（The Institute of Revenues Rating and Valuation，IRRV）合作出版，IRRV 是英国税收、收益及估价领域最大的专业团体（IRRV 的估价师通常具有 RICS 和 IRRV 双重会员资格）。

七、澳大利亚与新西兰评估准则的产生背景

澳大利亚和新西兰两国十分关注国际评估准则的发展，并采取与国际评估准则协调的模式，将国际评估准则作为澳大利亚和新西兰评估准则的组成部分。鉴于两国的地理位置、历史渊源及经济上的密切联系，澳大利亚和新西兰评估准则完全采纳了国际评估准则，制定出一套与国际评估准则完全协调的评估准则，澳大利亚与新西兰评估准则由澳大

---

① J. Wayne Moore，A History of Appraisal Theory and PracticeLooking Back from IAAO's 75th Year，2009.

利亚资产学会和新西兰资产学会下设的澳大利亚和新西兰资产评估准则委员会共同制定。

第二节 资产评估准则的发展特点

一、世界范围内评估准则的发展特点

（一）准则涵盖范围的发展特点

1. 由单纯不动产评估向综合化发展

资产评估起源于不动产评估，经历了从不动产评估向市场需要的其他资产评估扩展，从单项资产评估向包括无形资产、企业价值评估在内的综合化评估扩展。在这一趋势中，历史地形成按不动产、动产、无形资产和企业价值进行业务分类的模式。评估准则以不动产评估准则为先导逐步走向综合化，反映了评估满足经济发展需要的特点。比如，英国评估准则已开始突破自评估专业创立时一直坚持的不动产评估范围，开始向企业价值和无形资产评估等新的评估业务领域拓展，2012年1月发布路径指南《企业价值与无形资产评估专业胜任能力的评估》。

2. 由一般资产评估向新型社会资源评估发展

随着环境、资源、健康与安全等在经济生活中越发重要，环境影响评价，战略环境评价，再生能源和能源利用率等概念也格外耀眼，并逐渐进入评估和评价的视野，评估准则也越来越关注生态价值和环境保护等对价值评估的影响。2012年，中国资产评估协会制定了《森林资源资产评估准则》。国际评估准则理事会正在开展森林资产评估方面的研究。由欧洲评估师协会联合会制定发布的《欧洲评估准则2012》也包含了旨在帮助评估师了解环境、能源、健康、安全、环境影响评价、战略环境评价等方面相关立法与评估的内容。

3. 由原生品资产评估向衍生品资产评估发展

随着衍生品交易实践的不断深化和发展，世界各国对衍生品市场机制和功能的认识也不断深化，衍生品将会迎来越发巨大的市场空间。市场对以金融工具为代表的衍生品资产评估需求将会不断增加，传统的评估方法已经不能满足日益发展的创新性需求。而评估行业在金融衍生品交易定价方面的缺位，进一步对金融衍生品评估体系的发展提出了迫切的要求。2012年国际评估准则理事会开始着手提升金融衍生品评估一致性的项目，该研究目的是提供这些评估方法所依托的基本准则的一个高层面概览。中国资产评估协会也开展了金融衍生品价值评估的课题研究，着力服务于评估行业运用金融衍生品定价模型，为企业提供衍生品定价服务。

（二）准则原则性和规则性更替共存

资产评估准则是资产评估执业的规范性文件，不是教科书和操作手册，总体上是原则性的技术、行为规范，对评估执业过程中的重要问题做出原则性的规定。最初评估准则侧重于指导评估师执业，因此操作性较强。随着实践的发展，经济行为和资产类型愈加复杂，准则制定注重原则性能更好地适应经济发展的需要。2011版国际评估准则不再将道德规范作为单独的行为守则列入准则体系，取消评估方法，将一些具体指南、定义、原则合并，增加了工作范围原则，使其原则性增强。操作性的相关内容通过技术文件、指引，或者问答形式提供。

（三）国际准则和国家准则共同促进

随着国际评估准则的影响力不断提升和日益扩大，越来越多国家和地区的专业机构、行业协会、监管部门开始肯定、认可和采纳国际评估准则。直接采用国际评估准则或与国际评估准则趋同的步伐越来越快。直接采用国际评估准则的有南非、斯洛文尼亚、斯洛法克和格鲁吉亚等国家。在英国评估准则中除一些针对本国会员的内容外，其业务准则也完全采用国际评估准则。澳大利亚和新西兰联合制定的《澳大利亚与新西兰评估准则（2012）》本采取与《国际评估准则（第八版）》趋同的模式。俄罗斯等国家也纷纷在国际评估准则的基础上根据本国实际对其国家评估准则进行相应的修改。

（四）国家准则和国际准则共同发展

国际评估准则在全球评估界具有旗帜性作用，国际认可度越来越高，但目前国际评估准则还不能完全替代各个国家的评估准则。因为每个国家的国情不同，所处的政治、法律、经济环境不同，国家层次的评估准则的建设工作需要根据实际情况以不同的方式采用国际评估准则，以更好地适应各国的经济社会发展状况。比如，由于各国要求存在差异，国际评估准则不再将职业道德要求纳入准则体系（作为单独的行为守则发布），而在中国评估涉及国有资产的保护，政府及相关当事方对准则中评估师职业道德的相关条文特别关注；国际评估准则中以财务报告为目的的评估准则，是以国际财务报告准则（IFRSs）为基础，中国并未完全采用国际财务报告准则（IFRSs），因此该评估准则也必然不能在中国完全采用；在中国，相关的法律法规尤其是对国有资产评估有特别的程序与技术要求，中国资产评估准则已制定与此相对应的评估准则，但国际评估准则中无相应准则。2003年，罗马尼亚评估师联合会采用了国际评估准则作为国家准则，2012年罗马尼亚评估师联合会在通过一项决议制定了一个与《国际评估准则》相一致但又适用于罗马尼亚市场的涵盖准则、方法、指导意见和实例的体系。

（五）评估理论和实践共同完善

评估准则脱胎于评估理论，来源于评估实践。评估理论与实践是评估准则赖以存在的基础，决定评估准则的发展水平。评估准则在研究制定中相关各方充分参与，积极表达利益诉求，如各方在评估工作范围、评估假设、评估结论以区间值表达、评估方法和评估技术的运用方面提出需求。因此，各方需求会有效促进评估理论的探索和突破，从而推动评估准则建设工作的不断深化，使评估准则更好地满足各方需求，服务于经济发展，同时也对评估实践进行有效的指导与规范。

二、中国评估准则的发展特点

1. **积极借鉴但彰显中国特色**

中国评估准则是按照中国法律法规体系特点、经济发展状况和评估行业需求而制定的，具有中国特色。中国国情决定了我国评估准则不可能与国外任何一个评估准则完全吻合。只有符合中国国情，我国的评估准则才具有生命力和可操作性。本着管事顶用的基本原则，中国评估准则在不断吸收、借鉴国际组织和外国评估准则的理念、基本概念、规范思路等特点基础上，结合中国的具体评估实践，逐步建立并完善，逐渐成为具有新兴国家特点的评估准则体系。随着国际经济日益一体化，我国已成为世界第二大经济体、第三大资本输出国，我国"走出去"战略正逐步实施，中国评估准则的发展除立足服务中国经济社会发展需要外，还将围绕着"走出去"战略和更为频繁的"跨国并购"等需要，继续完善现有评估准则，制定发布服务金融衍生品等新评估业务和生态文明建设等新的评估准则。

2. 结合实践进行理论创新

中国资产评估行业的发展特点是市场创造需求，实践先于理论。蓬勃发展的资产评估实践不断引导着评估理论建设，而理论建设的成果，又在不断地推动资产评估实践的发展和深化。中国评估准则不是中国评估实践的简单提练，而是在借鉴了国际评估准则的综合性定位，在核心理念、价值类型、价值区间、评估术语、评估方法、评估披露等方面实现了与国际评估准则相对趋同的情况下，密切结合中国评估实践将评估理论进一步深化创新，并依据中国评估准则框架体系及部分准则的具体内容制定的。在具体的评估准则项目方面，中国评估准则也进行积极创新。比如，目前尽管世界上各评估发达国家的评估准则中还没有正式把期权定价理论的应用作为法定的评估方法与技术加以确定，2011年中国资产评估协会首开先河，酝酿并发布了目前世界上唯一的《实物期权评估指导意见（试行）》。

3. 实现并行以至部分领行

我国评估准则制定早期，与有较强国际影响力的评估准则的关系体现了明显的"跟行"特征。2004年，随着资产评估基本准则和资产评估职业道德基本准则的发布，2007年我国的评估准则体系初步建立，经过十年磨砺，我国评估准则制定工作也积累了较丰富的经验，自主研究和创新能力不断增强。此后，我国陆续制定并发布一系列评估准则，丰富完善了评估准则体系。这一过程中，我国评估准则充分利用自身研究和创新能力，努力加强与国际评估准则的协调，实现了与国际评估准则的共同发展，体现了明显的"并行"特征。2011版《国际评估准则》做了重大改变，在结构、内容、风格方面融入了我国评估行业的意见。同时，我国评估准则中许多准则项目填补了国际评估准则的空白，如专利资产评估准则、著作权评估准则、珠宝首饰评估准则、商标资产评估准则、实物期权评估准则等。质量控制准则的制定，更是对国际评估准则现有体系的有力补充。森林资源资产评估准则项目、利用专家工作准则项目、独立性准则项目等，都已经走在国际评估准则前面。我国评估准则建设的创新成果，体现了我国评估行业对国际评估准则建设的贡献，标志着在特定领域我国评估准则制定工作已经"领行"国际评估准则。

4. 评估准则体系更加科学合理

中国的资产评估准则建设一直在评估准则体系的框架下有序进行。资产评估准则体系作为一个有机整体，系统地对评估机构和注册资产评估师执行资产评估业务进行指导和规范。根据评估准则体系规划，对评估师执行评估业务中共性的要求，单独制定准则项目，如基本执业要求、基本职业道德要求、基本评估程序要求等。在基本要求基础上，为指导特定资产的评估业务，或者特定评估目的评估业务，评估准则体系中有针对性地设计了单独的准则项目。资产评估准则体系的设计，考虑了监管和执业需求，尊重专业规范的发展规律。总体上看，资产评估准则体系体现了系统性与开放性相结合，原则性与规则性相结合，注重现实与适度超前相结合，业务规范与道德规范相结合，单项与综合相结合，评估程序与执业领域兼顾。

5. 得益于权威的评估准则制定组织

2007年，财政部和中国资产评估协会（以下简称"中评协"）分别成立财政部资产评估准则委员会、中评协资产评估准则技术委员会和准则咨询委员会。各委员会委员组成具有广泛的代表性，成员来自政府部门、行业协会、企业、高等院校和科研机构、资产评估行业等领域。各委员会的建立，标志着评估行业包括准则拟定、审议、咨询各环节的完整的评估准则建设组织体系建立。准则建设组织体系的建立，有利于提高准则的权威性和科学性，保障评估准则的建设质量；有利于各方就准则达成共识，加快我国评估准则建设速度，促进准则建设又好又快发展。

6. 从满足价值考量需要向满足社会公共需要发展

资产评估作为发现和确定资产价值的专业服务，其传统的评估对象为企业资产、金融资产等各种类型的资产。资产评估行业不仅能够利用专业优势，提供评估估值服务，而且可以利用技术优势为政府提供专业建议，使政府部门了解政策的执行情况和民众的受益情况，充分发挥评估在政策制定方面的咨询作用，将评估服务领域从服务于国企改革等经济建设事业，拓展到服务于社会管理的各项事业的具体举措。

7. 从服务于国资管理向维护社会公平正义发展

在中国，资产评估最初服务于国资管理。在评估准则的规范和引领下，资产评估行业逐步构建了一支为市场经济服务的新型现代专业服务队伍，成为市场经济发展中促进政治稳定、经济和谐的重要专业力量。资产评估具有价值发现和价值衡量功能，评估师对资产使用、企业运行具有深层次的认识，对各项政策具有较强的把握能力和专业见解，从独特的视角以其职业道德和专业能力对资产价值做出客观、科学、合理的专业判断，在经济活动中，对于协调相关方权益、促进社会和谐与稳定、维护社会公平正义，发挥了重要专业作用。

第三节　资产评估准则的应用范围

一、中国资产评估准则的应用范围

中国资产评估行业的政府主管部门对资产评估准则的制定工作非常重视。截至2013

年底，已经制定并发布的 26 项评估准则中，两个基本准则由财政部发布；基本准则以外的其他准则项目根据两个基本准则制定，由财政部授权中国资产评估协会发布，所有评估准则都具有强制性。因此，凡是作为中国资产评估协会会员的资产评估机构和注册资产评估师执行评估业务都必须遵守和执行中国资产评估准则。

二、国际评估准则的应用范围

国际评估准则属于国际性评估准则，其在国际范围内得到广泛使用和认可。目前，全球已有五十多个国家的七十多个评估行业协会接受国际评估准则。国际评估准则是由独立的、非营利性质的国际性的民间组织制定发布的推荐性和自愿性使用的评估准则，不具有强制性。

三、欧洲评估准则的应用范围

《欧洲评估准则》在欧盟范围通行，分布在欧洲的 27 个国家的 46 个专业评估协会的约七万名欧洲评估师应用该准则，其应用范围仅次于国际评估准则的范围。欧洲评估准则不具有强制性。欧盟现在没有并且将来也很难在评估领域对所有成员国进行统一执业要求、统一评估技术等方面的强制性规定，但欧盟委员会支持欧洲评估师协会联合会通过制定和发布欧洲评估准则来协调各个国家的资产评估工作，尽量减少各国不同规定导致的冲突，推进跨国评估工作的规范和发展。

四、国际估税官协会技术准则的应用范围

《国际估税官协会技术准则》可以在国际范围内提供指导。但是，该准则中的某些章节主要应用于美国和加拿大，主要服务于这两个国家的州、省或地区政府财产税征收。《国际估税官协会技术准则》本质上是咨询性的，即非强制执行。在其 2013 年的技术准则介绍中明确指出："IAAO 技术准则本质上带有'咨询'性质，使用和遵循完全出于自愿。若准则中的规定与专业评估执业统一准则（USPAP）或州法律存在冲突，要以 USPAP 或州法律的规定为准。"

五、美国评估准则的应用范围

《美国评估准则》（USPAP）经过二十多年的发展变化，一直都力图与公众、评估师监管机构、评估服务提供方以及评估服务使用者保持步调一致，满足各方对评估执业统一标准的需求。USPAP 的适用范围是全美范围的多数评估行业协会及其会员，1987 年以后，加拿大等一些国家的评估准则也接受由 AF 主导和修订的 USPAP 的主要准则条款或与其趋同。USPAP 准则是根据美国的《金融机构改革、复兴和实施法案》第 11 章的规定制定的，因此具有较强的法律效力。在美国，所有涉及联邦的金融业务都必须遵守 USPAP。美国国税局（IRS）、证券交易委员会（SEC）、商业银行和放款机构，以及各州评估师管理委员会等也都要求评估师在多数评估业务中遵守 USPAP 的相关规定。

六、英国评估准则的应用范围

《英国评估准则》的应用范围有两个：一是 RICS 会员在全球范围从事的不动产和动产评估，二是 RICS 会员在英国范围内从事的不动产和动产的评估。RICS 红皮书虽然不是由法律授权制定和发布的评估准则，但其对英国皇家特许测量师学会的会员具有强制性，凡是其会员，无论是在英国本土从事资产评估工作，还是在全球的任何一个地方执业，都必须严格遵守该准则，如果违反了 RICS 红皮书的规定，就将面临谴责、罚款、吊销执业证书甚至取消会员资格等处罚。英国的法庭在涉及评估的案件判案中也引用和参考 RICS 红皮书。在英国，涉及评估民事纠纷案中，法官在判定评估师是否存在疏忽及评估结论能否作为赔偿原告方损失的依据时，都是以评估师是否遵守了 RICS 红皮书为主要参考依据。

第四节 资产评估准则的更新方式

一、中国资产评估准则的更新方式

中国资产评估准则是在其准则制定发布体制机制的基础上实现对准则的更新。自 2001 年到 2013 年的准则更新主要有三形式：一是通过吸收行政主管部门、评估行业协会发布的规范性文件内容，结合评估理论和实践发展需要，重新制定发布评估准则，如森林资源资产评估准则；二是对制定发布并执行一段时期的准则部分内容进行更新，如对评估报告等准则中有关签章条款的更新；三是对原来制定发布并执行一段时期的指导意见和指南上升为具体准则，如《珠宝首饰资产评估准则》。从 2007 年到 2013 年，其更新和新增准则（含指南、指导意见）共 17 项。

中国资产评估准则的更新主要采用新设和修订准则的方式。中国资产评估准则体系具有较强的科学性、系统性和稳定性，因此更多地将最新的市场创新研究成果、实践经验融入准则体系，形成新的评估准则。同时，中国资产评估准则也有因国家的法律规章制度的修订而对涉及的准则中的个别条款进行修订。

二、国际评估准则的更新方式

1981 年成立的国际资产评估准则委员会（国际评估准则理事会的前身）在 1985 年制定并发布了第一版《国际评估准则》，截至 2013 年，《国际评估准则》分别于 1994 年、1997 年、2000 年、2001 年、2003 年、2005 年、2007 年和 2011 年进行更新。2011 版 IVS 于 2012 年 2 月生效。近三十年来，随着国际评估准则的内容从 20 世纪 80 年代建立以不动产评估为先导的准则，发展到 20 世纪 90 年代市场价值概念和框架下的评估准则，继而发展到 21 世纪初包含不动产、企业价值、无形资产和机器设备等评估业务在内的比较完善的综合准则体系。此外，伴随着国际评估准则更新的同时，国际资产评估准则委员会也经历了 1995 年变更为"国际评估准则委员会"和 2008 年再次变更为"国际评估准则理事会"机构名称的两次变换。

IVS 的更新是整版更新。为获得越来越多的国家评估行业组织、评估机构和其他相关国际组织的认可和支持，国际评估准则在准则应用范围、准则体系结构、行为守则等方面进行大幅度调整和变化，以便消除差异，促进各国评估准则与国际评估准则的趋同。

三、欧洲评估准则的更新方式

1978 年，为配合欧盟《公司法》的有关规定，欧洲固定资产评估师联合会出版了关于固定资产评估的指南、背景材料和论文，这些指南和论文被称为自英国 RICS "红皮书"后的第一版《欧洲评估准则》（Guidance Notes for European Application）。从 1978 年到 2009 年，欧洲评估准则经历过 6 个版本更新，2012 年出版了第七版《欧洲资产评估准则 2012》。

欧洲评估准则的更新是整版更新与具体准则更新兼顾。1996 年，TEGoVA 根据关于保险企业年度会计和合并会计的欧盟法令出版了《保险公司资产会计目的评估指南》。其他版本欧洲评估准则因为与欧洲国家的立法、政策以及各行各业紧密相关，往往采用整版更新的方式，以便被欧洲国家认可。

四、国际估税官协会技术准则的更新方式

国际估税官协会最早颁布的准则可以追溯到 1938 年。此后，国际估税官协会陆续制定并发布了《受环境污染物影响的财产的评估准则（2001）》等国际估税官协会的技术准则，有些准则经历过多次更新。2002 年发布的《不动产批量评估准则》、《比率研究准则》和《财产税的税收政策准则》等技术准则虽已先后进行过多次的修订，但仍然可能持续不断地再更新。

国际估税官协会的技术准则的更新既不是按固定时间更新，也不是每次对所有的准则都进行更新，只是对技术准则中的一些准则进行更新，对有些准则却不更新。因为国际估税官协会（IAAO）的会员主要是财产税管理部门的官员，因此更加强调准则的权威性与稳定性，更多地采用新增准则的方式进行准则更新。

五、美国评估准则的更新

自《美国评估准则》1987 年发布第一版以来，已先后更新二十多版，其中，1989—2006 每年更新，从 2007 年起，每隔两年更新一次。2007 年以后，美国出版的 USPAP 已不再明确列示是第几版，而是以年度列出。

早期，评估准则委员会需要不断了解市场的评估需求变化、客户对评估准则的新要求，以及评估执业人员的意见反馈，对《美国评估准则》（USPAP）进行了连续的修订与完善，其修订的周期也较短。随着各方逐步达成一致，该准则不断完善，逐步发展成一部结构完整、框架清晰、内容丰富的综合性评估执业准则，更新周期也逐步增加

六、英国评估准则的更新

《英国评估准则》（RICS 红皮书）自 1976 年制定发布第一版以来，已先后进行 7 个版本的十几次的更新①。RICS 的评估与估价手册最初是以两个独立标题出版的：《资产评估指南》（Guidance notes on the valuation of assets）是以《资产评估实践声明和指南》（Statement of asset valuation practice and guidance notes）为标题出版的，第一版出版于 1976 年；《评估指南手册》（Manual of valuation guidance notes）第一版出版于 1980 年。2003 年 RICS 首次出版《RICS 评估和估价标准》（The RICS Appraisal and Valuation Standards）。从 1976 年发布第一版红皮书至《红皮书 2012》，RICS 已先后发布了八版红皮书。

英国评估准则的更新常常是一"版"多"次"。如《RICS 评估准则第六版》（The RICS Valuation Standards, 6th edition）首次发布于 2008 年，2008 年 9 月修订，2009 年 3 月再版，2009 年 7 月修订，并于 2010 年 4 月再版重印。为了全面与国际评估标准接轨，使红皮书具有国际通用性，红皮书从第五版起开始部分执行《国际评估准则》（IVS）。只有当英国评估准则进行重大的调整时，才涉及其版次的调整，这样使其评估准则更具有连续性和稳定性，其准则发展的脉络也更加清晰。

学习中外资产评估准则的意义

一、服务社会经济发展

评估准则是指导和规范评估工作的规则和行动指南。资产评估专业的学生通过中外资产评估准则课程及相关资料的学习，可以有效了解和掌握国际、国外和中国评估准则产生背景与发展特点，主要准则的重要概念和核心内容，为今后运用评估准则，尤其是运用中国资产评估准则的主要内容，解决工作中遇到的问题打下基础，成为服务经济发展、提供优质服务的专业人才。

二、服务国家"引进来"和"走出去"战略实施

随着全球经济的逐步一体化，我国"引进来"和"走出去"战略实施进程逐步加快，国内外企业在进行资产交易与投资等经济活动中对国际化的评估专业人才的需求明显增加。学习中外评估准则能使资产评估专业的学生了解并掌握主要国际组织和发达国家的评估准则，开阔视野、增长见识，培养我国评估专业人才开展跨国业务专业服务能力，从而

---

① RICS 红皮书的每个版本中，有些时候的一个版本更新是经过多次的修订，所以，其版本更新和实际更新次数是不一致的。

帮助企业有效开展跨国经济活动，以专业能力和专业水平有效服务国家"引进来"和"走出去"战略实施。

三、服务世界评估事业发展

中外资产评估准则介绍了国际组织、国外和中国评估准则的概况和发展情况，以世界主要评估准则为对象开展比较研究，对评估准则的产生背景、发展特点、应用范围、更新方式进行了详细的比较，从准则的形成与定位、理念和框架、具体准则项目的基本内容等不同角度进行了较为全面的梳理，是对世界范围内评估准则的全面总结与回顾。这能使资产评估专业的学生更加全面地了解世界评估事业的历史、现状和发展趋势，有利于资产评估专业的学生研究评估准则，实践评估准则，推动评估准则建设工作，并积极投身于世界评估事业的发展。

【问题与思考】

1. 中国资产评估准则的产生背景是什么？
2. 世界范围内评估准则的发展特点是什么？
3. 国际评估准则的应用范围是什么？
4. 英国评估准则的更新方式是怎样的？
5. 阐述学习中外资产评估准则的意义。

【阅读参考】

1. 中国资产评估协会译：《国际评估准则2007》，中国财政经济出版社2010年版。
2. 贺邦靖、刘萍：《中国资产评估国际交流与借鉴》，中国财政经济出版社2013年版。
3. 郭化林：《中外资产评估准则比较研究》，立信会计出版社2012年版。

第二章 中国资产评估准则

【本章学习目的】

通过对本章的学习，了解中国评估准则的历史、现状、相关理论知识，从总体上了解中国资产评估准则的产生与发展，掌握中国资产评估准则的重要概念和准则框架，进一步学习和掌握基本准则的主要内容，了解和掌握中国资产评估准则的基本理论与知识。

在中国，由于评估行业行政管理体制等原因，评估行业分为多个专业，并由不同行政部门分别进行管理，同时也形成资产评估、房地产估价、土地估价和矿业权评估等不同的评估专业协会，相应的执业规范也由不同的主体制定，并在不同的评估专业的执业中应用，尚未构成统一的评估准则体系。目前中国评估准则除中国资产评估准则体系外，还有房地产估价规范、土地估价规程和矿业权评估准则等执业规范体系。其中，中国资产评估准则的涵盖范围最为广泛，涉及企业价值、无形资产、机器设备、不动产、森林资源资产、珠宝首饰等资产类型，包括评估技术准则和评估职业道德准则，是一个综合性的执业规范体系。

第一节 中国资产评估准则概述

一、中国资产评估准则简介

为顺应经济社会发展需求，财政部和中国资产评估协会大力推动中国资产评估准则建设，取得长足进展，建立了体现中国特色、具有国际视野的评估准则制定模式，积累了较为丰富的准则制定经验。截至2013年底，中国资产评估行业正式发布的评估准则共26项（表2-1），已经形成覆盖主要执业流程和执业领域，符合中国国情、与国际趋同、兼容性强的较为完整的评估准则体系。资产评估准则成为传播和推广评估行业专业理念、职业精髓和核心价值的重要平台,极大地提升了中国资产评估行业的专业形象和社会公信力,使评估行业更多地得到政府和公众的认可,并在经济活动中发挥了越来越重要的作用。

表2-1　　　　　　　　　　　　中国已发布的评估准则

准则层次	序号	准则名称	发布时间	施行时间
基本准则	1	《资产评估准则——基本准则》	2004年	2004年5月1日
	2	《资产评估职业道德准则——基本准则》	2004年	2004年5月1日
程序性准则	3	《资产评估准则——评估报告》	2007年	2008年7月1日
	4	《资产评估准则——评估程序》	2007年	2008年7月1日
	5	《资产评估准则——业务约定书》	2007年	2008年7月1日
	6	《资产评估准则——工作底稿》	2007年	2008年7月1日
实体性准则	7	《资产评估准则——机器设备》	2007年	2008年7月1日
	8	《资产评估准则——不动产》	2007年	2008年7月1日
	9	《资产评估准则——无形资产》	2008年	2009年7月1日
	10	《资产评估准则——珠宝首饰》	2009年	2010年7月1日
	11	《资产评估准则——企业价值》	2011年	2012年3月1日
	12	《资产评估准则——利用专家工作》	2012年	2013年7月1日
	13	《资产评估准则——森林资源资产》	2012年	2013年7月1日
	14	《以财务报告为目的的评估指南(试行)》	2007年	2007年12月31日
职业道德准则	15	《资产评估职业道德准则——独立性》	2012年	2013年7月1日
评估指南	16	《企业国有资产评估报告指南》	2011年	2012年3月1日
	17	《金融企业国有资产评估报告指南》	2011年	2012年3月1日
	18	《评估机构业务质量控制指南》	2010年	2011年7月1日
指导意见	19	《注册资产评估师关注评估对象法律权属指导意见》	2003年	2003年3月1日
	20	《金融不良资产评估指导意见(试行)》	2005年	2005年7月1日
	21	《资产评估价值类型指导意见》	2007年	2008年7月1日
	22	《专利资产评估指导意见》	2008年	2009年7月1日
	23	《投资性房地产评估指导意见(试行)》	2009年	2010年7月1日
	24	《著作权资产评估指导意见》	2010年	2011年7月1日
	25	《商标资产评估指导意见》	2011年	2012年3月1日
	26	《实物期权评估指导意见(试行)》	2011年	2012年3月1日

二、中国资产评估准则的产生与发展

中国的资产评估行业是随着经济体制改革、对外开放和社会主义市场经济的发展,在引进国外评估理论和方法的基础上发展起来的。在这一背景下,中国资产评估行业为执业标准的制定进行了长期而艰苦的努力,大致可分为以下几个阶段:

第一阶段,以政府文件为主的初创阶段。

1989年,原国家体改委、原国家计委、财政部、原国家国有资产管理局发布的《关于出售国有小型企业产权的暂行办法》和《关于企业兼并的暂行办法》中开始对资产评估做出规定。同年,原国家国有资产管理局成立了资产评估中心,并发布了《关于在国有资产产权变化时必须进行资产评估的若干暂行规定》。在这些规定基础上,1991年国务院发布了《国有资产评估管理办法》(国务院令第91号),对开展资产评估工作的程序、目的、法定评估范围、评估原则、管理主体、评估机构资质、基本评估方法、法律责任等做出规定,确立了中国资产评估工作的基本依据、方针和政策。与此同时,原国家国有资产管理局和相关政府部门发布了一系列评估执业技术要求,对评估业务操作和管理中的基本内容做出了规定。例如,对评估报告的内容、格式做出了规定,对评估对象和评估范围的选择做出了规定,对评估结果的使用有效期做出了规定,对多种评估方法的选择做出了规定。这些基础性规定,为初创时期的评估行业执业提供了明确的指导,但尚未形成全面的技术标准。

这一阶段的主要特点是:执业技术方面的要求由政府制定,而且主要采用法规制度形式,实践中发挥了执业标准的作用。中国资产评估协会在行业自律方面逐步开展工作,但主要配合政府部门进行执业标准建设。

第二阶段,政府文件和准则制定并行的阶段。

1996年至2000年,我国资产评估实践不断丰富和发展,积累了大量的执业经验,市场对评估服务的要求也逐步提高。为进一步提升评估服务质量,原国资局、财政部和相关资产管理部门发布了大量新的行政文件,对新的业务领域做出规范;修订或补充了已有的执业技术要求,对已有业务领域提高要求。其中,《资产评估操作规范意见(试行)》,对资产评估基本原则和基本方法,资产评估操作程序,包括无形资产在内的各类资产的评估,提供了细致的执业规范。《资产评估报告基本内容与格式的暂行规定》,对资产评估报告基本内容与格式进行了原则性的说明和具体规定。这两个文件的发布,进一步规范了资产评估行为,完善了资产评估业务程序,提高了资产评估行业的执业水平。特别是两个文件中对评估业务的操作和报告两个最重要环节提供的具体指引,在此后十多年中一直发挥着基础性作用,对评估行业规范发展、行业执业理念的形成产生了重要的影响。此外,财政部、原国资局、中国资产评估协会等先后制定并发布了许多资产评估管理方面的制度、规定和办法,对推动我国资产评估行业的健康发展发挥了重要作用。但由于这些制度、规定和办法主要服务于国资立项确认,都是对某一项业务和工作做出规定或提出要求,系统性和完整性不足,更不具有适合经济不断发展的开放性。

随着政府对行业管理理念的不断变化,在行业执业标准的制定工作方面逐步依托于行业协会,协会的作用日益凸显。同时,随着国际评估的发展以及国际评估理念在我国的引入，执业标准制定导向上出现了由规则导向向原则导向过渡的趋势。实践证明，研究制定系统、科学、完备、开放的评估行业执业标准和道德规范，是保证评估行业规范健康发展的重要制度基础。适应上述发展，中国资产评估协会在此期间积极开展评估准则的探索工作。

这一阶段主要特点是，政府文件和行业自律规定相互配合，为评估行业执业提供指导，执业标准建设出现了政府部门为主导到行业协会为主体的过渡趋势；政府监管部门和行业协会在积极规范评估行业执业行为的同时，通过加强理论研究、实践分析及对外交流，执业标准更加细化、操作性更强，为规范和提高资产评估操作水平发挥了重要作用；中国资产评估协会作为行业自律组织，在执业标准制定上开始发挥重要作用，制定了全面指导评估实践的操作规范意见等重要自律规定；中国资产评估协会在评估准则制定方面做了大量的探索和准备，形成了准则体系框架和一批初步成果，评估准则制定工作蓄势待发。

第三阶段，准则体系初步建成的奠基阶段。

2001年12月31日，财政部门对国有资产评估项目的立项确认审批制度取消，实行财政部门的核准制或财政部门、集团公司及有关部门的备案制。与此相适应，财政部将资产评估机构管理、资产评估准则制定等职能移交给行业协会。在财政部的领导下，中国资产评估协会充分协调行业主管部门、监管部门、委托方、评估报告使用者、科研单位和行业自身力量，积极推进并加快评估准则的制定工作。

这一阶段主要特点是：执业标准的制定主体已由政府部门转变为行业协会，理论研究与执业实践实现有效整合。执业标准的形式开始以评估准则为主，各项准则陆续出台，初步建立起比较完整的、既适应中国国情又与国际基本接轨的资产评估准则体系。本着国家标准、国际视野，"搭建体系和服务市场并重"的原则，评估准则制定取得了丰硕成果。至2007年，共发布包括两项基本准则在内的15项评估准则，并正式发布资产评估准则体系。准则体系包括职业道德准则和业务准则两部分。职业道德准则分为基本准则和具体准则两个层次。业务准则分为基本准则、具体准则、评估指南、指导意见四个层次。

第四阶段，准则体系的发展完善阶段。

2007年以来，中国评估执业标准建设继续以评估准则建设为核心，围绕服务国有企业改革、金融体制改革、国家知识产权战略实施、文化产业发展战略、国家产业结构优化升级战略、重点改革政策，以及增强企业财务信息相关性，逐步发展完善评估准则体系，实现了紧跟市场、拓展服务、纵深服务，增强了行业的专业服务能力。这一阶段，完善了无形资产评估准则框架，完善了国有资产评估报告制度，丰富了财务报告目的评估准则，对评估业务质量控制提出指导，尝试进行了准则的动态更新。这一阶段的建设成果为评估准则进一步的规范化发展，促进评估行业提供更加优质、高效的专业服务奠定了坚实基础。

这一阶段主要特点是：准则研究制定紧跟市场，创新发展，服务于因体制改革、政府经济管理方式转变等产生的新的评估服务需求。

中国资产评估准则体系如图2-1所示。

第二章 中国资产评估准则

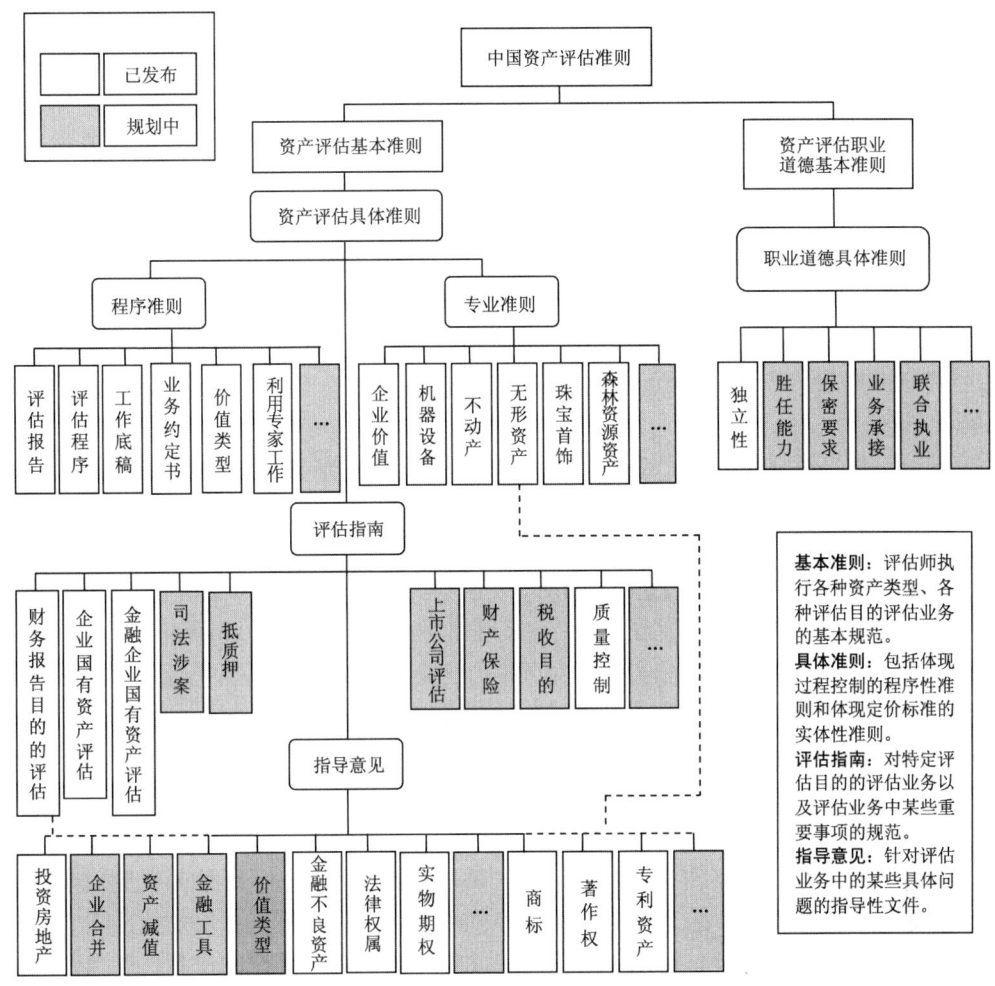

图 2-1 资产评估准则体系图

三、中国资产评估准则的基本特点和主要作用

(一) 中国资产评估准则的基本特点

1. 标尺性

资产评估准则规范的范围是全方位的,包括资产评估目的的确定、资产评估对象和范围的明确、资产评估项目的承接、资产评估程序的履行、执业人员的安排、资产评估报告的提交、资产评估责任的界定、资产评估职业道德的规范等。资产评估准则是执行资产评估业务的执业要求,发挥了"标尺"作用。

2. 科学性

中国资产评估准则依据资产评估行业理论,充分吸收国际评估界最新理论成果和实践经验,大量采用国际评估界通用的概念、原理、方法和技术,借鉴通用的国际资产评估惯例及相关执业标准,按照科学严谨的程序制定,体现了科学性。

3. 原则性

资产评估准则是资产评估执业的规范性文件，不是教科书和操作手册，总体上是原则性的技术、行为规范，对评估执业过程中的重要问题做出原则性的规定。但为有效指导注册资产评估师执业行为，准则制定过程中对执业重点、难点等需要明确的重要事项，提出了具体要求，增加了准则的操作性。

4. 实践性

中国改革开放和中国市场经济体制完善过程中各领域相关政策的出台，如国企改革、财政改革、金融改革、知识产权战略等，为资产评估行业提供了广阔的执业实践空间。中国资产评估准则正是在这一大背景下，以丰富的执业实践为基础，凝练出来的具有一般规律性和普遍指导意义的行业规范。

5. 创新性

中国资产评估准则根据实践需要，创新性地制定了评估对象法律权属、金融不良资产、评估机构质量控制等准则，将职业道德准则单独设立，构建了无形资产评估准则框架。

（二）中国资产评估准则的主要作用

中国资产评估准则是行业发展二十多年经验的积累和升华，是资产评估行业规范发展的基础。资产评估准则的制定和实施，对于提升行业公信力、规范执业行为、加强行业监管、促进行业更好服务于市场经济、增进行业国际交流具有重要作用。

1. 有助于提升行业公信力

《资产评估准则》制定过程中，各方充分参与，评估准则成为各方协调和平衡需求，以及相关各方依赖的标准。《资产评估准则》发布后，得到各方普遍认同。监管部门、委托方等普遍把是否遵循准则作为判断评估报告质量的依据。同时，评估师受到职业道德准则约束，增强了勤勉尽责、公正服务的意识和能力，可以依据准则抵制虚假或不合理的评估需求。这些措施增强了评估行业的公信力。此外，资产评估准则的出台，扩大了评估行业的影响，公众对评估行为有了客观评判的依据。

2. 有助于规范执业行为

资产评估作为一项专业性工作，要求注册资产评估师具有规范的执业行为和良好的专业能力。这是资产评估行业得以持续、健康发展的重要基础。《资产评估准则》作为资产评估行业的基本职业规范，为评估机构和注册资产评估师提供了统一、全面的执业标准，是资产评估行业规范执业行为，塑造独立、客观、公正专业形象的重要前提和保障。

3. 有助于加强行业监管

资产评估关乎国有资产保值增值，委托方及相关方、社会公众的权益和市场经济秩序的稳定。因此，资产评估专业服务的水准高低，评估结论的合理性，历来受到社会各界的关注。对资产评估专业服务的监管，既包括政府监管，也包括行业自律监管。监管需要严格的规范体系，才能做到"监管有据、处罚有据"，因此，资产评估准则的建设尤为重要，是衡量执业责任的重要标尺。资产评估准则的建设和准则体系的完善有利于行业的监管。

4. 有助于行业更好服务市场经济

中国资产评估行业随着市场经济发展而出现和发展，多年来为国有资产管理体制改革，各类所有制企业的各种经济行为提供了权威性的专家意见，为资本市场提供了客观、公正的资本价值信息。在资产评估行业发展过程中，陆续制定发布的《资产评估准则》对行业和经济社会发展发挥了积极的作用。《资产评估准则》使资产评估的价值发现功能、定价功能更加科学有效。《资产评估准则》的有效实施使行业成为市场经济运行中的一支规范、稳定的专业力量，融入市场经济发展的大潮，赢得更加广阔的发展空间，进而为市场经济的发展做出贡献。

5. 有助于行业国际交流

资产评估服务的需求最初来自于改革开放后，对外经济合作中对资产的合理定价。资产评估的理念、方法，资产定价的公允性需要得到合作双方的认可。对资产评估行为进行指导和规范的资产评估准则也就成为各方认可的"国际语言"。在中国资产评估准则建设的过程中，加快与国际评估界的协调，对国际上资产评估的概念、评估方法、价值类型等进行借鉴，这一方面加速了中国评估行业的评估准则的建设进程，同时也促进了中国评估准则与国际主要评估准则的协调，促进了中国评估行业的国际交流。

四、中国资产评估准则制定机制

《资产评估准则》的制定工作具有很强的专业性和复杂性。财政部和中国资产评估协会根据评估准则制定工作的特点，以促进资产评估行业科学发展为目标，创新评估准则制定工作机制，采取多种措施推进评估准则建设。

（一）政府领导评估准则建设

资产评估行业的服务涉及公共利益，在行业执业标准的制定方面，政府主管部门发挥了主导作用。国务院办公厅转发财政部《关于改革国有资产评估行政管理方式加强资产评估监督管理工作意见》的通知（国办发〔2001〕102号）中，要求财政部完善资产评估准则体系。财政部作为资产评估行业的主管部门，是准则制定的领导力量。财政部发布《资产评估基本准则》和《资产评估职业道德基本准则》，并负责评估准则的政策协调。两个基本准则的制定过程中，财政部在中国资产评估协会的研究起草工作基础上，对两个基本准则的结构和内容进行把关。基本准则由财政部发布，可以提升整个准则体系的地位。

中国资产评估协会协调各相关方的意愿，整合行业专业力量，借鉴国际经验，在准则制定过程中承担了主要的组织、研究、起草工作，研究制定基本准则建议稿，结合评估实践需要，及时制定具体评估准则、评估指南和评估指导意见。在两个基本准则中，财政部规定，"中国资产评估协会可以根据本准则，制定资产评估具体准则、资产评估指南和资产评估指导意见"。根据这一规定，中国资产评估协会发布了24项具体准则、评估指南和评估指导意见。

2000年，《立法法》对法律、行政法规、部门规章等的制定、效力做出规定。行政部门为执行法律、行政法规、规章和国务院文件的有关规定，可以依据法定职权制定公布决定、规定、公告、通告、通知和办法等规范性文件。与国外准则多由民间组织发布不同，中国资产评估行业的两个基本准则由财政部以规范性文件形式发布，提升了整个准则体系的法律地位和强制性，并可以对评估业务各相关当事方的责任和义务做出规定。其他准则由中国资产评估协会发布，可以保证准则项目制定、发布、修订的灵活性。

（二）建立评估准则制定组织

为了对评估准则制定工作提供组织保障，财政部和中国资产评估协会建立了多层次的评估准则制定组织。财政部设立评估准则委员会，负责审议准则制定计划，指导准则起草工作，审议准则稿，协调准则实施。中国资产评估协会设立评估准则技术委员会和评估准则咨询委员会。准则技术委员会具体负责财政部评估准则委员会交办的任务，组织准则相关研究，起草准则。准则咨询委员会就评估准则制定过程中的相关事项提供咨询意见。几个委员会的成立，整合了行业专业力量，便于吸收相关方面的专业意见，保证了有效制定评估准则。

（三）规范评估准则制定程序

为保证财政部授权制定准则的质量，中国资产评估协会确定了严格的评估准则制定程序。

第一，坚持科学立项。评估准则的立项根据评估师执业需求、监管需求和评估准则体系建设的统一规划提出，确保了立项的科学性。

第二，充分发挥行业力量。考虑到评估实践和评估业务监管对评估准则的较迫切需求，为解决自身专业力量不足的矛盾，中国资产评估协会尝试了协会自主起草、定向委托起草、招标起草等多种方式制定评估准则。通过这些方式及时组织专业力量，齐头并进开展多项评估准则制定工作，取得了良好效果。

第三，确保评估准则项目组人员具有广泛代表性。为在起草阶段充分吸收各方意见，中国资产评估协会要求每个项目组的组成人员都吸收了监管部门、科研机构、注册资产评估师、评估业务委托方、评估报告使用者等多方面的人员参加，使准则在起草过程伊始就全面反映各方意见。

第四，严格履行审议程序。在向财政部评估准则委员会提交准则审议稿之前，中国资产评估协会组织评估准则技术委员会和评估准则咨询委员会对准则稿进行审议，提出修改意见。

（四）加强评估准则制定协调

评估准则关乎方方面面，跨学科跨领域。各相关监管部门的规定不一，各相关当事方的要求各异。中国资产评估协会在准则制定过程中实现了与各方协调。

一是与监管部门的协调。注重加强与财政部、国务院国资委、中国证监会、国家工商总局等部门的协调，了解监管部门对评估准则的需求，并在保证经济行为公正性的目标下设计准则条款。

二是与评估报告使用者的协调。注重与企业、银行、资产管理公司等委托方和其他评估报告使用者的沟通，使准则体现评估的直接服务对象的需求。

三是与相关行业的协调。对某些具体评估准则项目涉及的领域，注重加强与会计、审计、森林、不动产等相关行业加强专业和管理方面的协调。

四是与相关规定的协调。评估准则制定过程中对现有政策法规中不适应评估业务发展的内容做出了新的规定，对现有政策法规中缺少的内容做出了补充，通过与相关政府部门沟通协调，使准则与相关规定相衔接。

五是与国际评估准则的协调。国际评估准则近年来影响不断扩大，许多国家和地区都直接或部分采用国际评估准则。中国的评估准则建设，在充分考虑中国执业环境和行业现状的同时，积极借鉴了国际评估准则的成果，中国评估准则基本实现了与国际评估准则的协调。

六是与评估执业界的协调。评估准则立项和起草过程中，需要充分征求执业界意见。通过公开征求意见、重点征求意见和组织座谈会等不同方式，在评估准则制定过程中吸收行业意见。中国资产评估协会制定了《征求意见工作指引》，确保公开征求意见工作质量。重点征求意见和座谈会中，也注重不同地区、不同规模、不同专业背景评估机构和评估师的选择，力求全面征集有代表性的意见。

协调工作在准则制定过程中发挥了极大的优势，统一了相关当事方的目标，增强了准则的专业性，促进了与国际准则的趋同。

（五）充分发挥地方协会作用

地方评估协会直接与评估执业界接触，是了解行业执业需求的直接窗口。中国资产评估协会充分发挥地方评估协会在评估准则制定过程中的作用，建立了地方评估协会准则联络员队伍。准则联络员制度在评估准则征求意见、了解行业对评估准则的需求方面发挥了重要作用。

五、中国评估准则的非统一性

从国际上看，美国、英国等经济发达、评估行业历史悠久的国家都执行统一的评估准则。在美国，隶属于国会的美国评估促进会（AF）从1987年开始制定《专业评估执业统一准则》（Uniform Standards of Professional Appraisal Practice，USPAP），并负责其修订、出版工作。该准则是全美各主要评估组织共同的执业标准。在英国，英国皇家特许测量师学会的发展基本上就成为英国评估行业发展的缩影。该学会目前不仅是英国最大、最具有权威性的评估行业组织，其发布的《RICS 评估准则——全球和英国》（RICS Valuation Standards – Global and UK），受到英国其他评估专业组织的认可。

在中国，由于评估行业行政管理体制等原因，评估行业分为多个专业，由不同行政部门分别进行管理，相应的执业规范也由不同的主体制定，存在相关准则如何进行协调的问题。其中，资产评估准则涵盖范围广泛，涉及企业价值、无形资产、机器设备、不动产、森林资源资产、珠宝首饰等资产类型，是一个综合性的执业规范体系；此外，还有矿业权评估准则、房地产估价规范和城镇土地估价规程等评估规范。

第二节 中国资产评估准则的重要概念及框架结构

一、中国资产评估准则中的定义

评估准则中使用的一些术语的内涵,有的与其他领域常用的内涵一致,有的也具有特定的内涵。中国《资产评估准则》在各准则项目中,根据需要提供了常用术语的基本定义。这些定义有助于准确理解准则内容,方便准则实施。与国际评估准则等国外评估准则的做法不同,中国《资产评估准则》中的定义没有单独形成独立的部分,而是根据需要分散在不同的评估准则中,陆续推出。现有26项评估准则中的定义有:

1. 资产评估

资产评估,是指注册资产评估师依据相关法律、法规和资产评估准则,对评估对象在评估基准日特定目的下的价值进行分析、估算并发表专业意见的行为和过程。

2. 注册资产评估师

注册资产评估师,是指经过国家统一考试或认定,取得执业资格,并依法注册的资产评估专业人员。

3. 资产评估准则

资产评估准则,包括资产评估基本准则、资产评估具体准则、资产评估指南和资产评估指导意见。

4. 评估报告

评估报告,是指注册资产评估师根据资产评估准则的要求,在履行必要评估程序后,对评估对象在评估基准日特定目的下的价值发表的、由其所在评估机构出具的书面专业意见。

5. 评估程序

评估程序,是指注册资产评估师执行资产评估业务所履行的系统性工作步骤。

评估程序由具体的工作步骤组成,不同的评估业务由于评估对象、评估目的、资产评估资料搜集情况等相关条件的差异,注册资产评估师可能需要执行不同的资产评估具体程序或工作步骤。

6. 业务约定书

业务约定书,是指评估机构与委托方签订的,明确评估业务基本事项,约定评估机构和委托方权利、义务、违约责任和争议解决等内容的书面合同。

7. 工作底稿

工作底稿,是指注册资产评估师执行评估业务形成的,反映评估程序实施情况、支持评估结论的工作记录和相关资料。

8. 市场价值

市场价值，是指自愿买方和自愿卖方在各自理性行事且未受任何强迫的情况下，评估对象在评估基准日进行正常公平交易的价值估计数额。

9. 投资价值

投资价值，是指评估对象对于具有明确投资目标的特定投资者或者某一类投资者所具有的价值估计数额，亦称特定投资者价值。

10. 在用价值

在用价值，是指将评估对象作为企业组成部分或者要素资产按其正在使用方式和程度及其对所属企业的贡献的价值估计数额。

11. 清算价值

清算价值，是指在评估对象处于被迫出售、快速变现等非正常市场条件下的价值估计数额。

12. 残余价值

残余价值，是指机器设备、房屋建筑物或者其他有形资产等的拆零变现价值估计数额。

13. 企业国有资产评估报告

企业国有资产评估报告，由标题、文号、声明、摘要、正文、附件、评估明细表和评估说明构成。

14. 金融企业国有资产评估报告

金融企业国有资产评估报告，由标题、文号、声明、摘要、正文、附件、评估明细表和评估说明构成。

金融企业，是指占有国有资产并取得金融业务许可证的企业、金融控股公司以及其他从事金融类业务的企业。

15. 独立性

独立性，是指评估机构和注册资产评估师在执业过程中不受利害关系影响、不受外界干扰的执业原则。

16. 利用专家工作

利用专家工作，是指注册资产评估师在执行资产评估业务过程中聘请专家协助工作、利用专业机构报告和引用单项资产评估报告的行为。

17. 金融不良资产价值评估业务和价值分析业务

- 金融不良资产，是指银行持有的次级、可疑及损失类贷款，金融资产管理公司收购或接管的金融不良债权，以及其他非银行金融机构持有的不良债权。
- 金融不良资产评估业务，包括注册资产评估师执行的以金融不良资产处置为目的的价值评估业务和以金融不良资产处置为目的的价值分析业务。
- 价值评估业务，是指注册资产评估师根据委托方的要求，对金融不良资产在基准日的价值进行分析、估算并形成专业意见的行为或过程。
- 价值分析业务，是指注册资产评估师根据委托方的要求，对无法实施必要评估程序的金融不良资产在基准日的价值或价值可实现程度进行分析、估算并形成专业意见的行为或过程。

18. 机器设备评估

机器设备，是指人类利用机械原理以及其他科学原理制造的、特定主体拥有或者控制的有形资产，包括机器、仪器、器械、装置、附属的特殊建筑物等。

机器设备评估，是指注册资产评估师依据相关法律、法规和资产评估准则，对单独的机器设备或者作为企业资产组成部分的机器设备的价值进行分析、估算并发表专业意见的行为和过程。

19. 不动产评估

不动产，是指土地、建筑物及其他附着于土地上的定着物，包括物质实体及其相关权益。

不动产评估，是指对不动产的价值进行分析、估算并发表专业意见的行为和过程，包括单独的不动产评估和企业价值评估中的不动产评估。

20. 以财务报告为目的的评估

以财务报告为目的的评估，是指注册资产评估师基于企业会计准则或相关会计核算、披露要求，运用评估技术，对财务报告中各类资产和负债的公允价值或特定价值进行分析、估算，并发表专业意见的行为和过程。

21. 无形资产评估

无形资产，是指特定主体所拥有或者控制的，不具有实物形态，能持续发挥作用且能带来经济利益的资源。

无形资产评估，是指注册资产评估师依据相关法律、法规和资产评估准则，对无形资产的价值进行分析、估算并发表专业意见的行为和过程。

22. 专利资产评估

专利资产，是指权利人所拥有的，能持续发挥作用且能带来经济利益的专利权益。

专利资产评估，是指注册资产评估师依据相关法律、法规和资产评估准则，对专利资产的价值进行分析、估算并发表专业意见的行为和过程。

23. 珠宝首饰评估

珠宝首饰，是指珠宝玉石和/或用于饰品制作的贵金属的原料、半成品及其制成品。

珠宝首饰评估，是指注册资产评估师（珠宝）依据相关法律、法规和资产评估准则，在对珠宝首饰进行鉴定分级分析的基础上，对珠宝首饰的价值进行分析、估算并发表专业意见的行为和过程。

24. 投资性房地产评估

投资性房地产，是指《企业会计准则第 3 号——投资性房地产》及其应用指南所称的投资性房地产，即企业为赚取租金或资本增值，或两者兼有而持有的房地产。

投资性房地产评估，是指按照《以财务报告为目的的评估指南（试行）》要求，对符合会计准则规定条件的投资性房地产在评估基准日的公允价值进行分析、估算，并发表专业意见的行为和过程。

25. 著作权资产评估

著作权资产，是指权利人所拥有或者控制的，能够持续发挥作用并且预期能带来经济利益的著作权的财产权益和与著作权有关权利的财产权益。

著作权资产评估，是指注册资产评估师依据相关法律、法规和资产评估准则，对著作权资产的价值进行分析、估算并发表专业意见的行为和过程。

26. 企业价值评估

企业价值评估，是指注册资产评估师依据相关法律、法规和资产评估准则，对评估基准日特定目的下企业整体价值、股东全部权益价值或者股东部分权益价值等进行分析、估算并发表专业意见的行为和过程。

27. 商标资产评估

商标资产，是指权利人所拥有或者控制的，能够持续发挥作用并且能带来经济利益的注册商标权益。

商标资产评估，是指注册资产评估师依据相关法律、法规和资产评估准则，对商标资产的价值进行分析、估算并发表专业意见的行为和过程。

28. 实物期权评估

实物期权，是指附着于企业整体资产或者单项资产上的非人为设计的选择权，即指现实中存在的发展或者增长机会、收缩或者退出机会等。拥有或者控制相应企业或者资产的个人或者组织在未来可以执行这种选择权，并且预期通过执行这种选择权能带来经济利益。

实物期权评估，是指注册资产评估师依据相关法律、法规和资产评估准则，对附着于企业整体资产或者单项资产上的实物期权进行识别、分析、价值估算并发表专业意见的行为和过程。

29. 森林资源资产评估

森林资源资产，是指由特定主体拥有或者控制并能带来经济利益的，用于生产、提供商品和生态服务的森林资源，包括森林、林木、林地、森林景观等。

森林资源资产评估，是指注册资产评估师对森林资源资产价值进行分析估算并发表专业意见的行为和过程。

二、中国《资产评估准则》中的重要理念

中国《资产评估准则》中贯穿了一些重要理念，这些理念反映了中国评估准则的制定目的和专业精神。这些理念中，既有国际普遍遵循的方面，也有体现中国评估准则特色的方面。

（一）维护公共利益

维护公共利益是中国《资产评估准则》的最根本出发点，每项评估准则的第一条中，在明确准则制定目的时都有"维护公共利益和资产评估各方当事人合法权益"的表述。《资产评估准则》在起草目的条款中突出了对公共利益的维护，充分体现了中国资产评估行业发展的特殊性要求。

在准则起草过程中，很多业内人士提出准则不应当提出或过分突出对公共利益的保护，认为公共利益的维护有许多法律、法规和政府部门在提供保证，准则应当体现出对评估师和评估行业利益的维护。经过充分研究，特别是充分听取了评估行业业内人士和政府监管部门、评估报告使用者的意见，评估准则中将维护公共利益作为评估准则和评估行业的最终目标。中国资产评估行业起步于国有资产评估，已经发展成为为各类资产所有者提供服务的中介行业。根据中国相关法律法规的规定，资产评估在国有资产管理、企业改制等方面发挥着重要作用，评估结果不仅会对相关当事人产生直接影响，而且在一定程度上会间接影响中国国有资产管理工作和社会主义市场经济体制的建立和发展。在这种背景下，强调公共利益的维护更具有重要意义，不仅突出了评估行业对社会的责任感和应尽的义务，而且也再次强调了评估行业存在的重要基础，即评估行业利益不得与公共利益相冲突，有利于提高中国评估执业人员对评估行业的认识。

（二）执业责任

中国《资产评估准则——基本准则》中规定，"遵守相关法律、法规和资产评估准则，对评估对象在评估基准日特定目的下的价值进行分析、估算并发表专业意见，是注册资产评估师的责任；提供必要的资料并保证所提供资料的真实性、合法性、完整性，恰当使用评估报告是委托方和相关当事方的责任"。

虽然中国《公司法》、《证券法》、《国有资产评估管理条例》，甚至《刑法》等重要法律、法规中，都对评估师的执业责任进行了一定的规定，但由于缺少一部独立、全面的评估法律或法规，特别是没有对评估师和评估师所对应的相关当事人（委托人、产权持有者，其他评估报告使用者等）之间的权利义务关系进行明确界定，不仅各级政府、司法部门、新闻媒体、社会公众对评估师的执业责任认识不清，甚至评估师对此问题也持有模糊的认识。这种执业责任模糊不清的状况直接体现在两种极端的认识上，在评估实践中已经引起严重的问题。一方面，有很多人认为法律并未对评估师的责任进行明确规定，在司法实践中也很难追究评估师的责任。这种认识极大地影响了评估行业的形象和公信力，同时也消极鼓励了一些评估师在评估执业过程中视执业责任和法律风险为虚拟，认为即使在评估过程中有违规或不合理行为也很难被追究法律责任，因此出现了一些为谋取不正当利益链而走险，提供虚假或不实评估报告的现象。另一方面，社会各界对评估师执业责任的认识不清导致了另一个极端，即过于严厉地追究评估师的责任，甚至将一些本不应当由评估师承担的责任归结到评估师身上。

《资产评估准则》的起草过程中，中国评估界普遍希望能够在准则中对评估师的执业责任进行明确和正面引导。中国资产评估协会根据中国评估实践的迫切需要，借鉴其他相关中介行业准则制定工作的经验，在对评估师执业责任进行充分研究的基础上，在《基本准则》中以专门章节的形式对评估师的执业责任进行了正面规定，主要目的是引导评估界和广大评估从业人员能够对执业责任形成统一的认识，进而引导中国评估界、各级政府、司法部门、新闻媒体和社会公众正确认识评估师的执业责任。应当说通过评估准则来明确评估师的执业责任的做法，是中国评估界在当前评估实践和法律背景下的一个重要努力，将对评估行业发展和相关问题的澄清产生积极的影响。评估行业还需要加快相关立法进程，通过法律法规对评估师和相关当事人的权利义务进行明确规定。

（三）原则性与规则性并重

准则制定存在两种不同的模式，即以原则为导向的制定模式和以规则为导向的制定模式。所谓原则，是指给出一些道理和逻辑，具体情况具体分析；规则是指用条文的形式来规范执业行为，不同情况给出不同处理办法。

资产评估业务的专业判断能力的要求，使得我们不可能机械地、简单地规定评估业务的做法。以原则导向模式更能体现和反映资产评估职业判断的特点和规律，为专业判断留出了空间。

对评估方法体系的细化分析，以及这些方法在特定资产或市场的运用，是专业教育和科研的任务。资产评估准则侧重规定评估师应当做什么，而不是解释如何运用具体评估程序或方法。

中国《资产评估准则》以原则性为主，同时兼顾规则性。准则制定是一个规则和原则反复转换的过程。规则发展到一定阶段，限制了执业人员的专业发挥，就要向原则发展。一段时间后，由于市场和执业环境变化，有些问题得不到解决，就又通过规则解决问题。当执业人员利用规则解决问题并熟练掌握以后，又觉得受到限制，就会再次推动规则变成原则。这样循环往复，不断提升。不同准则所处发展阶段不同，需要解决的问题不同，在同一个时期，规则性准则和原则性准则并存。

（四）基本评估程序

由于资产评估业务的共性，资产评估基本程序是相同或相通的。通过对资产评估基本程序的规范可以有效地指导注册资产评估师开展各种类型的资产评估业务。长期以来，由于中国资产评估发展的特殊性，中国资产评估界对资产评估程序没有引起足够的重视，在实践中往往将《国有资产评估管理办法》中所确定的申请立项、资产清查、评定估算、验证确认等国有资产评估管理程序作为资产评估程序，没有反映出资产评估程序的本质属性。资产评估程序应当以资产评估机构和注册资产评估师为主体，反映为执行资产评估业务、形成资产评估结论所必须和必要履行的系统性工作步骤。

履行资产评估程序对评估机构和注册资产评估师来讲是非常重要的。

首先，资产评估程序是规范资产评估行为、提高资产评估业务质量和资产评估服务公信力的重要保证。资产评估机构和注册资产评估师接受委托，不论执行何种资产类型、何种评估目的的资产评估业务，都应当履行必要的资产评估基本程序，按照工作步骤有计划地进行资产评估。这样做不仅有利于规范资产评估机构和注册资产评估师的执业行为，而且能够有效地避免由于评估机构和注册资产评估师水平不同而导致的在执行具体资产评估业务中可能出现的程序上的重要疏漏，切实保证资产评估业务质量。恰当的资产评估程序对于提高资产评估机构业务水平乃至资产评估行业整体业务水平具有重要意义。另一方面，作为一项专业性较强的中介服务工作，注册资产评估师履行严格的评估程序也是赢得客户和社会公众信任、提高评估行业社会公信力的重要保证。

其次，资产评估程序是相关当事方评价资产评估服务的重要依据。由于资产评估结论是相关当事方进行决策的重要参考依据之一，因此资产评估服务必然引起许多相关当事方的关注，包括委托人、产权持有者、资产评估报告使用者、相关利益当事人、司法部门、证券监督及其他行政监督部门、资产评估行业协会以及社会公众、新闻媒体等。评估程序不仅为评估机构和注册资产评估师执行资产评估业务提供了必要的指导和规范，也为上述相关当事方提供了评价资产评估服务的重要依据，也是委托人、司法和行政监管部门及资产评估行业协会监督资产评估机构和注册资产评估师的主要依据。

最后，资产评估程序是资产评估机构和注册资产评估师防范执业风险、保护自身合法权益、合理抗辩的重要手段之一。随着资产评估行业的发展，资产评估机构和注册资产评估师与其他当事人之间就资产评估服务引起的纠纷和法律诉讼越来越多。从各国的实践来看，由于资产评估工作专业性，无论是当事人还是司法部门，由于在举证、鉴定方面存在较大难度等原因，都倾向于追究资产评估机构和注册资产评估师在履行必要资产评估程序方面的疏漏和责任，而避免在专业判断方面下结论。随着中国资产评估实践的发展，中国资产评估委托方和相关当事方、政府和行业监管部门及司法部门也从早期对资产评估结论的"高低"、"对错"的简单判断，开始转为重点关注资产评估机构和注册资产评估师在执行业务过程中，是否恰当履行了必要的资产评估程序。因此，恰当履行资产评估程序是资产评估机构和注册资产评估师防范执业风险的主要手段，也是在产生纠纷或诉讼后，合理保护自身权益、合理抗辩的重要手段。

鉴于资产评估程序的重要性，资产评估机构和人员在执行资产评估程序中应当符合以下要求：

第一，资产评估机构和人员应当在国家和资产评估行业规定的范围内，建立、健全资产评估程序制度。由于资产评估机构和人员专业胜任能力、经验各自不同，所承接的主要业务范围和执业风险也各有不同，各资产评估机构应当结合本机构实际情况，在资产评估基本程序的基础上进行细化等必要调整，形成本机构资产评估程序制度，并在资产评估执业过程中切实履行，不断完善。

第二，资产评估机构和人员执行资产评估业务，应当根据具体资产评估业务的情况和资产评估程序制度，确定并履行适当的资产评估程序，不得随意简化或删减评估程序。

第三，资产评估机构应当建立相关工作制度，指导和监督资产评估业务经办人员及助理人员实施资产评估程序。

第四，如果由于资产评估业务的特殊性，资产评估机构和人员无法或没有履行资产评估程序中的某个基本环节，资产评估机构和人员应当考虑这种状况是否会影响到资产评估结论的合理性，并在资产评估报告书中明确披露这种状况及其对资产评估结论可能具有的影响，必要时应当拒绝接受委托或终止资产评估业务。

第五，资产评估机构和人员应当将资产评估程序的组织实施情况记录于工作底稿，并将主要资产评估程序执行情况在资产评估报告书中予以披露。

准则允许注册资产评估师在执业过程中有限度地背离准则中程序和方法，但评估师必须确信所执行的评估程序和采用的评估方法没有背离准则的基本要求。在启用背离条款时，评估师必须做到：（1）评估师应在评估报告中详细披露与准则的背离情况。（2）评估师应证明其执行的评估程序和采用的评估方法对于所执行的资产评估业务是合适的。（3）评估师应在报告中详细说明因评估程序的背离而对评估结论所产生的影响，并确信评估结论不会引起误解或被错误使用；在评估之前取得客户同意并认为这种背离对其所要求的特定评估是合适的。

（五）基本评估方法

基本评估方法包括市场法、收益法和成本法。每一种基本评估方法下有很多具体评估方法，评估准则中有时统称"评估方法"。

评估方法是注册资产评估师评估资产价值的技术手段，在资产评估中具有重要的地位和作用。客观地讲，在资产评估过程中具体使用的技术方法，并不为资产评估所独有。事实上资产评估过程中运用的许多技术方法都是借用了工程技术、统计、财务等专业和学科中的技术方法。但是，资产评估又不是简单地将工程技术、统计和会计等专业和学科的技术方法照抄照搬过来，而是在工程技术、统计、会计等学科中技术方法的基础上，按照资产评估自身的运作规律和行业特点形成的一整套方法体系。资产评估中技术方法与其他学科的技术方法既有联系又有区别。区别就在于资产评估是将其他学科的技术方法按照资产评估运作的内在要求和规律，用资产评估的技术思想加以重组和规范，从而构成了资产评估方法体系。该体系由多种具体资产评估方法构成，这些具体的评估方法按分析原理和技术思路不同可以大致归纳为三种基本类型，即市场法、收益法和成本法。所以说，准则中提出的资产评估三大基本方法并不是指具体的评估技术方法，而是三种评估分析思路和途径的总称。

评估方法选择实际上包含了不同层面的资产评估方法的选择过程，即三个层面的选择。其一是关于资产评估技术思路层面的选择，即分析三种资产评估基本方法所依据的资产评估技术思路的适用性；其二是在各种资产评估技术思路已经确定的基础上，选择实现各种评估技术思路的具体评估技术方法；其三是在确定了资产评估方法的前提下，对运用各种评估方法所涉及经济技术参数的选择。

资产评估中的市场法、收益法和成本法，以及由以上三种基本评估方法（途径）衍生出来的其他评估方法共同构成了资产评估的方法体系。资产评估的基本目标和专业性质决定了构成资产评估方法体系的各种评估方法之间存在着内在联系。而各种评估方法的独立存在又说明它们各有特点。准则要求注册资产评估师恰当选择评估方法，并不是要求注册资产评估师在执行每一评估业务时只能选择一种评估方法，而是应当选择适用的评估方法。正确认识资产评估基本方法之间的内在联系以及各自的特点，是注册资产评估师正确理解准则关于评估方法选择的要求和恰当选择评估方法的前提。

各种评估基本方法是从不同的角度去表现资产的价值。不论是通过与市场参照物比较获得评估对象的价值，还是根据评估对象预期收益折现获得其评估价值，抑或是按照资产的再取得途径判断评估对象的价值，都是从某一个角度对评估对象在一定条件下的价值的描述，它们之间是有内在联系并可相互替代的。纯评估技术思路层面上的方法选择本身并不能完全决定评估结论是否合理，这种选择更多的是从提高评估效率和减少评估风险的角度考虑。

（六）时点理念

评估结论是资产在评估基准日特定评估目的下的价值。资产价值会随时间的变化而变化。根据这一性质，评估报告应当明确使用有效期。通常，只有当评估基准日与经济行为实现日相距不超过一年时，才可以使用评估报告。时点理念还在评估工作日的时间和提交评估报告的具体时间上体现。

（七）价值类型理念

中国《资产评估准则》规定，注册资产评估师执行资产评估业务，应当根据评估目的等相关条件选择适当的价值类型，并对价值类型予以明确定义。对价值类型的要求，使得评估结论的经济内涵更加明确。

1. 价值类型的重要性

价值类型理论是资产评估基本理论的重要组成部分。《国际评估准则》和一些外国评估准则对评估师执业的基本要求之一，就是评估师必须根据评估目的选择适当的价值类型，并在评估报告中对所选择的价值类型予以明确说明并给出定义。《国际评估准则》更进一步指出，评估师应当避免使用未经定义的价值概念。长期以来，由于中国资产评估行业发展的特殊性，价值类型理论没有被系统地引入中国资产评估理论和实践，这一瓶颈已经影响了中国评估行业的健康发展。在资产评估准则起草过程中，中国资产评估理论工作者和执业人员对价值类型相关理论进行了大量研究，在基本准则中正式引入价值类型概念，也体现了中国资产评估行业与国际评估业逐步接轨的发展方向。

资产评估结论是一个某种条件或某种状态下的价值，具有特定的内涵，评估师必须对评估结论进行定义，指出本次评估结论是一种什么类型及其形式的结果。重视价值类型的核心并不是为了从理论上区分各种具体的价值类型，而是避免评估报告使用者将某种特定价值类型的评估结论理解为另一种价值类型评估结论，特别是不要将某种特殊的、不常见的价值类型（如清算价值）误以为常见的、通用性较强的价值类型（如市场价值）。

2. 价值类型基本划分

市场价值和市场价值以外的价值（非市场价值）是按资产评估面临的市场条件和评估对象自身的条件为标准设定的，这种价值类型的划分实际上是以资产评估价值决定的基本要素为依据的。市场价值和市场价值以外的价值的划分既考虑了资产自身的条件、利用方式和使用状态，也考虑了资产评估时的市场条件。就是说这种价值类型的划分既考虑了决定资产评估价值的内因，同时也考虑了影响资产评估价值的外部因素，在理论上和宏观层面上为评估人员客观合理地评估资产价值，以及为清晰地披露评估结果提供帮助和依据。

某项资产对于某特定市场主体所具有的价值，可能不同于市场或特定行业对该资产价值的认同。市场价值反映了各市场主体组成的市场整体对被评估资产效用和价值的综合判断，不同于特定市场主体的判断。资产评估的目的有许多种，主要包括在财务报告中反映固定资产的现行价值或公允价值、产权交易、抵押贷款、法律诉讼、国家征用补偿、纳税等，在上述评估目的中大都要求评估资产的市场价值。

市场价值以外的价值，是指凡不符合市场价值定义条件的其他资产评估价值形式的集合。市场价值以外的价值不是一种具体的资产评估价值表现形式，而是一个集合概念，指不满足市场价值定义的一系列价值类型的总称。

3. 价值类型选择与资产评估目的等相关条件的关系

《资产评估准则》中规定的价值类型不仅要在理论和宏观层面上对注册资产评估师执业具有指引作用，同时也一定会对注册资产评估师合理把握资产评估结论，以及合理披露资产评估结论提供具体的指导。资产评估特定目的作为资产评估价值基础的条件之一，是因为资产评估特定目的不但决定着资产评估结论的具体用途，而且会直接或间接地在宏观层面上影响着资产评估的过程及其运作条件，包括对评估对象的利用方式和使用状态的宏观约束，以及对资产评估市场条件的宏观限定。相同的资产在不同的评估特定目的下，以及在不同评估特定目的宏观约束的利用条件和市场条件下，可能会有不同的评估结论和价值表现形式。

评估对象自身的功能、使用方式和利用状态，是资产自身的条件，这是影响资产评估价值的内在因素。从哲学的意义上讲，资产自身的条件对其评估价值具有决定性的影响。在资产评估实践中，不但不同功能的资产会有不同的评估结论，相同的资产在不同的使用方式和利用状态下也会有不同的评估结论。

评估时所面临的市场条件及交易条件，是资产评估的外部环境，是影响资产评估结论的外部因素。在不同的市场条件下或交易环境中，即使是相同的资产也会有不同的交换价值和评估价值。

市场价值和市场价值以外的价值这种价值类型分类正是以评估对象自身的功能、利用方式和使用状态，以及资产评估时面对的市场条件为依据的。

三、中国资产评估准则体系的框架结构

（一）中国资产评估准则体系的基本结构

中国的资产评估准则建设一直在评估准则体系的框架下有序进行。资产评估准则体系作为一个有机整体，系统地对评估机构和注册资产评估师执行资产评估业务进行指导和规范。根据评估准则体系规划，对评估师执行评估业务中共性的要求，单独制定准则项目，如基本执业要求、基本职业道德要求、基本评估程序要求等。在基本要求基础上，为指导特定资产的评估业务，或者特定评估目的评估业务，评估准则体系中有针对性地设计了单独的准则项目。

根据资产评估准则之间的相互关系，资产评估准则体系从横向关系上可分为职业道德准则和业务准则两个部分。从纵向关系上划分，资产评估准则分为不同的层次，相应规范不同的内容。纵向分为资产评估基本准则、资产评估具体准则、资产评估指南和资产评估指导意见四个层次。基本准则是评估师针对各种资产类型、对各种评估业务进行评估的基本规范。具体准则是针对具体评估程序或特定资产类型的准则。评估指南是对特定目的评估业务以及某些重要事项的规范。指导意见是针对评估业务中的某些具体问题的指导性文件。

（二）中国资产评估准则体系的主要特点

中国资产评估准则体系的设计，考虑了监管和执业需求，尊重专业规范的发展规律。总体上看，中国资产评估准则体系具有以下特点：

1. 系统性与开放性相结合

中国资产评估准则体系按照评估业务的内在规律和逻辑设计，具有系统性。系统性主要体现在两个方面：从内涵看，依次递进、结构严谨、不同类型、不同目的。基本准则具有统驭性，其他准则分别具有自身特定功能。从外延看，准则体系具有开放灵活的特点，为评估实践中新的评估领域的规范留有空间。随着评估理论和实践的发展，可以不断补充和更新，将最新的市场创新研究成果、实践经验纳入准则体系。

2. 原则性与规则性相结合

资产评估准则总体上采用原则导向，规定了评估的基本要素，反映评估执业的总体规

定。为了有效指导注册资产评估师开展业务，资产评估准则的制定也体现了规则性，关注可操作性，侧重反映评估执业的具体范围和程序、方法和目的。

3. 注重现实与适度超前相结合

中国的评估准则不但对现行评估实践进行规范，解决现有的实践问题，规范近期将要发生的评估行为，而且还考虑未来一定期间评估业务发展趋势和需求，体现了更广泛的适用性和更长远的规范作用，保证准则在较长时间内的稳定性。在现有准则中，适度超前的准则包括价值类型的规定、收益法的应用等。

4. 业务规范与道德规范相结合

中国资产评估准则分别规范职业道德和评估业务，二者并列为两项基本准则，对评估执业质量具有同等重要的作用。

5. 单项与综合相结合

单项与综合相结合是指准则中既有单项资产评估准则，如不动产、无形资产、机器设备、珠宝首饰、森林资源资产等评估准则，又有综合性资产评估准则，如企业价值评估准则等，反映了中国经济发展的需要。

6. 评估程序与执业领域兼顾

准则体系中既涵盖业务承接、业务操作、评估报告出具和工作底稿归档等整个操作过程，又规范企业价值、不动产、无形资产、机器设备、珠宝首饰、森林资源资产，以及财务报告目的、抵押目的等所有常见评估业务领域。这种方式可以防止准则内容重复，也是准则开放性和系统性的基础。

第三节

中国资产评估准则概况

一、中国资产评估准则体系——基本准则概况

2004年2月，财政部发布了中国资产评估协会起草的《资产评估准则——基本准则》和《资产评估职业道德准则——基本准则》。两项基本准则继承和发展了资产评估行业已有的其他执业规范的基础内容，融入了中国评估行业多年实践经验，汲取了评估理论的最新研究成果。两项基本准则的发布奠定了资产评估准则体系的基础，标志着资产评估行业准则体系全面建设的开始。

（一）资产评估基本准则性质

资产评估基本准则是资产评估机构持续发展、注册资产评估师规范执业的基本要求，是政府监管部门、社会公众、委托方及其他相关方研判评估行为的基本依据。随着经济社会的不断发展变化，资产评估涉及越来越多的资产类型、服务于更多的经济行为，客观上需要有基本准则在资产评估理论、资产评估方法、资产评估原则方面进行统领，提出通用要求。资产评估准则体系是一个开放的体系，随着经济体制改革的不断深入，资产评估准则也需要不断发展和完善补充。资产评估基本准则是一般性原则，是搭建资产评估准则体系的龙头，也是制定其他具体准则的根本依据。

两个资产评估基本准则由财政部以规范性文件形式发布，彰显了基本准则的地位和重要性，体现了资产评估行业行政管理部门以资产评估准则来保障社会公共利益、维护市场经济秩序、促进政府社会公共管理的宗旨。

（二）两个资产评估基本准则的主要作用

《资产评估准则——基本准则》建立了准则的指导思想、基本理念，科学定义了相关的基本概念，对评估基本方法进行了分类，明确了评估的基本程序，发挥了以下几个方面的作用：

（1）起到了归位尽责的作用。一方面注册资产评估师执业行为得到更为严格的规范，另一方面也合理保护评估师的权益，在促进和规范评估行业发展方面发挥了重要作用。资产评估基本准则从业务操作和职业道德两个方面对注册资产评估师的执业行为提出了要求，突出了职业道德准则的地位，将其与业务准则并列作为准则体系的两个组成部分，彰显其重要性，是评估行业健康发展的重要制度保证。

（2）奠定了评估准则规范发展的基础。两个基本准则的出台，标志着中国资产评估准则体系已经初步建立，必将对资产评估行业的规范化发展起到积极的促进作用，成为准则制定过程中具有里程碑意义的大事。

（3）巩固了资产评估专业服务在市场经济中的地位。在基本准则的牵动下，评估准则体系将更加丰富完善，评估行业的发展也越加规范，政府部门、报告使用者、社会公众也更会认识到资产评估的作用。基本准则的出台有利于拓展资产评估的市场，规范资产评估执业行为，防范资产评估执业风险，维护各方当事人权益，提升评估行业公信力。

（4）为中国资产评估具体准则、评估指南和指导意见的制定提供依据。两个基本准则实施后，由于其得到行政主管部门的行政授权，基本准则在中国资产评估准则体系中的地位，以及其自身功能所发挥的作用，使资产评估基本准则成为制定资产评估具体准则、评估指南和指导意见的依据之一，资产评估职业道德基本准则也成为制定资产评估职业道德的具体准则的依据之一。

（三）《资产评估准则——基本准则》的其他概况

《资产评估准则——基本准则》属于业务性准则的基本准则。该准则是通过行政部门的行政规范性文件形式发布的，具有行政法律规范和行业自律行为规范双重属性，这具有较强的约束力。

《资产评估准则——基本准则》分别由总则、基本要求、操作准则、报告准则、职业责任和附则的6章27条具体条文组成。资产评估基本准则于2004年5月1日起施行。

【准则条文阅读1-1】财企［2004］20号《资产评估准则——基本准则》。

（四）《资产评估职业道德准则——基本准则》的其他概况

《资产评估职业道德准则——基本准则》属于职业道德准则的基本准则，通过行政部门的行政规范性文件形式发布，具有行政法律规范和行业自律行为规范双重属性，具有较强的约束力。

该基本准则制定的指导思想核心可以概括为以下几个方面：

(1) 规范注册资产评估师的职业道德行为。确立注册资产评估师在执行业务时应遵循的职业道德标准，为注册资产评估师提供一个在执行资产评估业务时应当做什么或不应当做什么的职业道德基本标准，保证注册资产评估师在提供专业服务时能正确地、有效地发挥注册资产评估师的职业作用。

(2) 提高注册资产评估师职业道德素质。注册资产评估师职业道德素质主要是由其职业理想、职业态度、职业责任、职业胜任能力、职业良知、职业荣誉和职业纪律等要素综合反映出来的道德品质，旨在使注册资产评估师能通过树立职业理想、端正职业态度、明确职业责任和职业胜任能力、唤起职业良知、增强职业荣誉感和强调职业纪律等，全面提高注册资产评估师的职业道德素质。

(3) 维护注册资产评估师的职业形象。要求注册资产评估师在自身执业过程、与客户接触过程和与同行相处等过程中都应注意维护职业形象。

资产评估职业道德规范在本质上是一种自律性职业规范。它反映了注册资产评估师群体的精神，表明了注册资产评估师们实行自我约束的普遍要求和针对个别注册资产评估师损害其职业声誉和形象等不良行为的不可容忍的态度。对维护注册资产评估师职业群体在社会中的职业形象是必要的和有益的。

《资产评估职业道德准则——基本准则》由财政部发布，一方面表明其具有国家行政机关规范性文件的法律地位和法律效力，另一方面也表明了中国资产评估行业自律组织——中国资产评估协会已获得了根据《资产评估职业道德准则——基本准则》制定和发布资产评估职业道德具体准则的行政授权。

《资产评估职业道德准则——基本准则》分别由总则、基本要求、专业胜任能力、与委托方和相关当事方的关系、与其他注册资产评估师的关系和附则的6章32条具体条文组成，于2004年5月1日起施行。

【准则条文阅读1-2】财企〔2004〕20号《资产评估职业道德准则——基本准则》。

二、中国资产评估准则体系——具体准则（程序性）概况

(一) 资产评估报告准则概况

1991年国务院以91号令颁布的《国有资产评估管理办法》规定，资产评估机构对委托单位（指国有资产占有单位）被评估资产的价值进行评定和估算，要向委托单位提出资产评估结果报告书。这是中国最早的资产评估报告制度。1993年10月15日，原国家国有资产管理局颁发《关于资产评估报告书的规范意见》，专门就资产评估报告进行规范。该规范意见的特点是简明扼要，系统全面，对资产评估报告书的要素、内容等进行规范，并未对评估报告格式进行规范。1995年，原国家国有资产管理局颁发《关于资产评估立项、确认工作的若干规范意见》，其中也包括了评估报告的内容。1996年5月7日，原国家国有资产管理局转发中国资产评估协会制定的《资产评估操作规范意见（试行）》。这是中国颁布的第一个资产评估业务操作方面的规范。该规范不仅规范资产评估业务内容，而且对资产评估报告书做了具体规范。规范中指出：资产评估报告书包括正文和附件两部分，并就正文和附件内容做了规定。《资产评估操作规范意见（试行）》进一步完善了资产评估报告制度。1999年3月2日，财政部颁发《资产评估报告基本内容与格式的

暂行规定》，对原有的资产评估报告要求进行了修改完善。1998年2月19日，中国资产评估协会印发《资产评估报告签字制度（试行）》，明确了注册资产评估师的责任，有助于注册资产评估师及其评估机构不断提高评估质量，规范资产评估报告，规避评估风险。

但从过去评估报告规范工作的分析可以看出，存在着以下几个问题：一是规范资产评估报告缺乏理论分析。只要求评估师应该怎么做，而对为什么应这样做缺少理论阐述。二是以统一格式代替规范内容。这种做法有利于资产评估行政管理部门对资产评估报告的验证确认工作，但忽略了资产评估内在的规律，以致于有些评估师不知道资产评估报告应提供给谁。而且，这种做法会使一些评估师只会做国有资产的评估报告，而不会做非国有资产的评估报告，等等。

对资产评估报告规范工作的历史分析后，我们还可以发现，不管资产评估报告形式、格式的规定如何变化，对评估结果取得的依据和前提条件分析的要求越来越重视，对注册资产评估师的责任越来越明确，这是资产评估报告规范的趋向。

新的评估业务类型不断出现，各相关当事方对评估报告的要求也出现了新的变化。国有资产管理部门和证券监管部门也都从各自监管角度对评估报告提出新的要求。中国资产评估协会通过制定专门的评估报告准则，统一评估报告的专业语言和内容要素，便于各方在使用评估报告过程中，合理理解和使用评估结论，建立沟通和理解的专业平台。

评估报告准则规定，注册资产评估师应当清晰、准确地陈述评估报告内容；披露的信息应使评估报告使用者能够合理理解评估结论；可根据评估对象的复杂程度、委托方要求，合理确定评估报告的详略程度；如评估程序受到限制，应在评估报告中说明受限情况及其对评估结论的影响，并明确评估报告的使用限制；应明确评估报告的使用有效期；评估报告应由两名以上注册资产评估师签字盖章，并由评估机构盖章等。

《资产评估准则——评估报告》分别由总则、基本要求、评估报告的内容和附则的4章30条具体条文组成，重点对注册资产评估师执行资产评估业务，编制和出具评估报告进行了规范。

评估报告的内容部分主要是对评估报告的主要内容提出了具体要求，规定了评估报告应当包括标题及文号、声明、摘要、正文、附件等几项主要内容，并对每项内容提出了具体的要求。规定了评估报告正文应当包括：评估报告使用者、评估目的、评估对象和评估范围、价值类型及其定义、评估基准日、评估依据、评估方法、评估程序实施过程和情况、评估假设、评估结论、特别事项说明、评估报告使用限制说明、评估报告日及签章等内容。

《资产评估准则——评估报告》于2008年7月1日起施行。2011年，为贯彻落实《资产评估机构审批和监督管理办法》（财政部令第64号）相关规定，满足评估机构执业需要，进一步规范评估机构和注册资产评估师在评估报告上签字盖章的行为，中国资产评估协会对《资产评估准则——评估报告》中有关签字盖章条款进行了修订，明确了有限责任公司制评估机构法定代表人可以授权其他高级管理人员签署评估报告；分支机构负责人可以根据授权签署评估报告。这次修订遵循了"适当授权、风险共担"的原则。修改后的签字盖章制度既适应评估机构做大做优做强的需求，方便执业，又可以合理界定执业责任，满足了执业质量管理的需求。

【准则条文阅读 2-1】中评协 [2007] 189 号《资产评估准则——评估报告》。

(二) 评估程序准则概况

为提高评估执业质量,防范法律风险,引导司法实践从注重评估结果转向兼顾评估程序的恰当履行,需要评估行业对评估程序进行规范,中国资产评估协会开展了评估程序准则的研究制定并于 2007 年 11 月发布。

《资产评估准则——评估程序》分别由总则、基本要求、评估程序要求和附则的 4 章 33 条具体条文组成,重点对注册资产评估师执行资产评估业务应当履行的评估程序行为进行了规范。

该准则规定,注册资产评估师执行资产评估业务应当遵守法律、法规和资产评估准则的相关规定,履行适当的评估程序;基本评估程序包括明确评估业务基本事项、签订业务约定书、编制评估计划、现场调查、搜集评估资料、评定估算、编制和提交评估报告、工作底稿归档八项内容,注册资产评估师不得随意删减基本评估程序;由于受到客观限制,无法或者不能完全履行评估程序,可以根据能否采取必要措施弥补程序缺失和是否对评估结论产生重大影响,决定继续执行或终止评估业务。准则对注册资产评估师应当执行的八个基本评估程序的具体内容做出了具体的规定。资产评估程序准则于 2008 年 7 月 1 日起施行。

【准则条文阅读 2-2】中评协 [2007] 189 号《资产评估准则——评估程序》。

(三) 评估业务约定书准则概况

为促进评估机构和注册资产评估师提高风险意识,指导评估机构和注册资产评估师合理界定评估业务各方当事人权利、义务,需要对资产评估业务约定行为做出进一步规范。在 1999 年中评协发布的《资产评估业务约定书指南》的基础上,结合资产评估实践,于 2007 年 11 月 28 日发布了《资产评估准则——业务约定书》。该准则的发布,对于防止约定不足、约定过度和约定不当具有重要意义。

《资产评估准则——业务约定书》分别由总则、业务约定书的签订、业务约定书的内容、业务约定书的变更、违约责任和争议解决及附则的 6 章 23 条具体条文组成。

该准则规定,评估机构应当在决定承接评估业务后与委托方签订业务约定书;业务约定书应当包括签约各方的权利和义务等基本内容,明确了当评估程序受到限制并对与评估目的相对应的评估结论构成重大影响时,评估机构可以中止履行业务约定书,相关限制无法排除时,评估机构可以解除业务约定书等内容;业务约定书内容可以变更,但需要根据具体情况签订补充协议或重新签订业务约定书;业务约定书应当对违约责任和争议解决的方式和地点做出约定。

该准则于 2008 年 7 月 1 日起施行。2011 年,为贯彻落实《资产评估机构审批和监督管理办法》(财政部令第 64 号) 相关规定,满足评估机构执业需要,进一步规范评估机构和注册资产评估师在业务约定书上签字盖章的行为,中国资产评估协会对《资产评估准则——业务约定书》中有关签字盖章条款进行了修订,规定了有限责任公司制评估机构法定代表人可以授权其他高级管理人员签署业务约定书、评估机构可以授权分支机构签订业务约定书、分支机构负责人可以根据授权签署业务约定书。这次修订遵循了"适当授权、风险共担"的原则。修改后的签字盖章制度既适应评估机构做大做优做强的需求,方便执业，又可以合理界定执业责任，满足了执业质量管理的需求。

【准则条文阅读2-3】中评协［2007］189号《资产评估准则——业务约定书》。

（四）工作底稿准则概况

充分完备的工作底稿对于规避和防范注册资产评估师和评估机构的法律风险，保障各方合法权益发挥了越来越突出的作用。因此，中国资产评估协会开展了工作底稿准则的制定工作，完善工作底稿编制和管理的相关规范，于2007年11月28日发布了《资产评估准则——工作底稿》。

《资产评估准则——工作底稿》分别由总则、基本要求、工作底稿的内容、工作底稿的编制和管理及附则的5章21条具体条文组成。

该准则规定，注册资产评估师应当遵守法律、法规和资产评估准则的相关规定，编制和管理工作底稿；工作底稿应当反映评估程序实施情况，支持评估结论；工作底稿应当真实完整、重点突出、记录清晰、结论明确；工作底稿可以是纸质文档、电子文档或者其他介质形式的文档。工作底稿的内容部分规定了工作底稿分为管理类工作底稿和操作类工作底稿，并指出了两大类工作底稿的基本内容。在工作底稿的编制和管理部分规定，搜集的工作底稿应当由提供方签字、盖章或者以其他方式进行确认；工作底稿应当反映内部审核过程；工作底稿应妥善保管，保管期自评估报告日起至少保存10年；除特殊情形外，工作底稿不得对外提供。工作底稿准则于2008年7月1日起施行。

【准则条文阅读2-4】中评协［2007］189号《资产评估准则——工作底稿》。

（五）利用专家工作准则概况

为规范评估机构利用专家工作，明确其中的专业衔接、职责划分、专业机构的选取和专业报告的合理运用等事项，防范执业风险，便于监管方判断各方责任，中国资产评估协会于2012年12月28日发布了《资产评估准则——利用专家工作》。

《资产评估准则——利用专家工作》分别由总则、聘请专家协助工作、利用专业报告、引用单项资产评估报告、披露要求和附则的6章36条具体条文组成。

该准则规定，注册资产评估师执行资产评估业务，需要特殊专业知识和经验的专家提供协助时，可以聘请专家协助工作；并对聘请专家协助工作的内容和专家的要求做出了规定，要求注册资产评估师应当采取必要措施，恰当理解和合理使用专家工作成果；应当在工作底稿中记录聘请专家协助工作的情况以及专家工作成果等内容。在利用专业报告部分中规定，注册资产评估师执业中涉及特殊专业知识和经验时，可以利用专业机构出具的专业报告作为评估依据，并对专业机构及其出具的专业报告做出了要求。在引用单项资产评估报告部分中，对注册资产评估师引用单项资产评估报告的条件、内容、要求和应当关注的事项等方面进行了规定。在披露要求部分中规定，注册资产评估师聘请专家协助工作，应当在评估报告中说明聘请专家工作的内容；对注册资产评估师利用相关专业机构出具的专业报告作为评估依据和引用单项资产评估报告作为资产评估报告的组成部分，应当在评估报告中披露的内容做出了规定。

利用专家工作准则的发布，一是将评估实务中利用专家工作的类型归纳为聘请专家协助工作、利用专业报告和引用单项资产评估报告三种类型，有助于执业人员和监管方对利用专家工作的理解；二是对评估行业特有的引用单项资产评估报告行为提出较细致的操作要求，通过规范操作，促进评估机构和注册资产评估师合理控制执业风险；三是明确了专业衔接中需要关注的重点、难点问题，如引用报告与评估报告的适用性、评估范围、资产类型、评估依据的一致性，以及相关评估参数的匹配性等，有助于规范利用专家工作行为。

利用专家工作准则于2013年7月1日起施行。

【准则条文阅读2－5】中评协［2012］244号《资产评估准则——利用专家工作》。

（六）资产评估职业道德独立性准则概况

资产评估职业道德具体准则是根据评估实践中存在的与职业道德有关问题和已发布资产评估职业道德基本准则，对职业道德行为中的一些重要内容进一步明确规范。为指导评估机构和评估师遵守独立性原则，得出客观、公正的评估结论，维护社会公众利益和自身声誉，防范独立性风险，得到监管方和社会公众的认可，中国资产评估协会组织制定了《资产评估职业道德准则——独立性》并于2012年12月28日发布。

该准则明确了可能影响独立性的主要情形，包括评估机构、注册资产评估师及其亲属与委托方或者相关当事方之间的经济利益关联、人员关联和业务关联；提出了维护独立性的补救措施，包括人员回避、业务回避、消除关联关系、第三方审核、充分披露等。独立性准则是第一项职业道德具体准则，丰富了职业道德准则体系的内容，提升了职业道德要求的操作性，为评估机构和注册资产评估师开展评估业务提供了有效指导，为监管方审核、评判评估业务提供了技术支持。《资产评估准则——独立性》分别由总则、基本要求、操作要求和附则的4章16条具体条文组成。

该准则规定，评估机构和注册资产评估师应当恪守独立性理念，执业中应当独立进行分析、估算并形成专业意见，不受委托方或者相关当事方的不利影响。在执行评估程序过程中，应当保持必要的职业审慎态度，识别可能影响独立性的情形，合理判断其对独立性的影响，采取恰当措施保证在评估过程中保持独立性。要求评估机构应当建立和实施独立性风险控制制度。独立性职业道德准则于2013年7月1日起施行。

【准则条文阅读2－6】中评协［2012］248号《资产评估职业道德准则——独立性》。

三、中国资产评估准则体系——具体准则（实体性）概况

（一）无形资产评估准则概况

《资产评估准则——无形资产》是中国第一部资产评估实体性准则，于2001年7月由财政部发布。2008年，根据评估理论和实践发展的需要，中国资产评估协会对该准则进行了修订。

现行的无形资产评估准则是2008年发布的《资产评估准则——无形资产》，其分别由总则、基本要求、评估对象、操作要求、评估方法、披露要求和附则的7章34条具体条文组成。

该准则规定，注册资产评估师执行无形资产评估业务，应当具备相应的专业胜任能力，恰当选择价值类型，应当获取充分、可靠的信息，合理使用评估假设和限定条件等。在评估对象部分中规定，应当关注评估对象的权利状况及法律、经济、技术等具体特征；谨慎区分可辨认无形资产和不可辨认无形资产，单项无形资产和无形资产组合；关注评估

对象的影响因素等。在操作要求部分中规定，应当明确评估对象、评估目的、评估基准日、评估范围、价值类型和评估报告使用者；分析所评估无形资产在整个资产中的作用，合理确定该无形资产的价值；关注无形资产影响因素对无形资产价值产生的影响等。在评估方法中要求注册资产评估师应当恰当选择一种或者多种资产评估方法，并对使用收益法、市场法和成本法评估无形资产提出了具体要求。在披露要求部分中要求应当在评估报告中明确说明无形资产的具体状况、价值类型、评估方法的选择和应用等内容。

2008年发布的无形资产评估准则于2009年7月1日起施行。

【准则条文阅读3-1】中评协［2008］217号《资产评估准则——无形资产》。

（二）珠宝首饰评估准则概况

2003年，针对中国迅速发展的珠宝首饰评估业务，中国资产评估协会制定了《珠宝首饰评估指导意见》，这是中国第一个专门关于动产评估的准则性文件。2009年，中国资产评估协会根据珠宝评估业务和管理发展情况，对珠宝首饰评估指导意见及其实践进行总结和修订，将《珠宝首饰评估指导意见》上升为实体性具体准则之一的《资产评估准则——珠宝首饰》，并于2009年12月18日发布。

《资产评估准则——珠宝首饰》分别由总则、基本要求、操作要求、评估方法、披露要求和附则的6章29条具体条文组成。

该准则规定，从事珠宝首饰评估业务的资产评估机构，应当具有财政部门颁发并在业务范围中标明"珠宝首饰艺术品评估"的资产评估资格证书；签署珠宝首饰评估报告的人员应当具有中国注册资产评估师（珠宝）证书。注册资产评估师（珠宝）执行珠宝首饰评估业务，应当对珠宝首饰进行鉴定和品质分级；应当根据评估对象的具体情况确定适当的市场级别；应当考虑珠宝首饰的品质因素及其他因素对评估对象价值的影响。在评估方法部分中，对珠宝首饰评估的市场法、成本法和收益法三种基本评估方法的选择和应用提出了具体要求。在披露要求中规定，珠宝首饰评估报告应当反映珠宝首饰评估的特点，并根据评估业务的性质，合理确定评估报告的详略程度。该准则于2010年7月1日起施行。

【准则条文阅读3-2】中评协［2009］211号《资产评估准则——珠宝首饰》。

（三）企业价值评估准则概况

中国资产评估协会于2004年12月发布了《企业价值评估指导意见（试行）》。2011年，为进一步规范企业价值评估行为，以适应中国新的经济形势的变化和委托方及监管部门的更高要求，在总结《企业价值评估指导意见（试行）》实施经验的基础上，借鉴吸收国际企业价值评估准则最新成果，中国资产评估协会发布了《资产评估准则——企业价值》。

《资产评估准则——企业价值》分别由总则、基本要求、操作要求、评估方法、披露要求和附则的6章53条具体条文组成。

该准则规定，注册资产评估师执行企业价值评估业务，应当根据评估目的和委托方要求，明确评估对象，谨慎区分企业整体价值、股东全部权益价值和股东部分权益价值；应当尽可能获取被评估企业和可比企业的审计报告；运用收益法和市场法评估企业价值时，应对被评估企业和可比企业财务报表进行必要的分析和调整，以合理反映企业的财务状况和盈利能力，应谨慎识别非经营性资产、负债和溢余资产，并对其进行单独分析和评估；应当知晓评估对象在持续经营前提下的价值并不必然大于在清算前提下的价值；评估具有多种业务类型、涉及多种行业的企业价值时，应当根据业务关联性合理界定业务单元，并根据被评估企业和业务单元的具体情况，采用适宜的财务数据口径进行评估。评估师应当知晓股东部分权益价值并不必然等于股东全部权益价值与股权比例的乘积，应关注流动性对评估对象价值的影响。准则对收益法、市场法和成本法（资产基础法）三种方法评估企业价值时的方法选择和应用等方面做出了具体规定，对企业价值评估报告应当披露的内容提出了明确的要求。该准则于2012年7月1日起施行。

【准则条文阅读3-3】 中评协〔2011〕227号《资产评估准则——企业价值》。

（四）不动产评估准则概况

2007年，中国资产评估协会针对土地、不动产评估实践中产生的问题及新的需求，制定并发布了《资产评估准则——不动产》，从市场角度根据不动产评估业务特点提出了新要求，如对隐蔽不动产的现场调查关注要求、利用其他评估机构报告应关注的事项等；对企业价值评估中的不动产评估安排专门章节加以规定；对构筑物评估的要求进行了专门表述等。

《资产评估准则——不动产》分别由总则、基本要求、操作要求、评估方法、企业价值评估中的不动产评估、披露要求和附则的7章45条具体条文组成。

该准则规定，注册资产评估师执行不动产评估业务，应当关注不动产的权属，并进行必要的查验；应当在评估对象符合使用管制要求的情况下进行评估；应当以不动产最优利用方式进行评估。在操作要求部分中，要求注册资产评估师应当明确不动产评估目的，掌握评估对象的主要特征；应当考虑不动产组成部分的价值存在相互影响；应当对所评估的不动产进行现场调查，特殊情况下，可以采用抽样等方法；对于不动产处于隐蔽状况或者因客观原因无法进行实地查看的部分，应当采取适当措施加以判断并予以恰当披露等。在评估方法部分，主要是对市场法、收益法和成本法三种资产评估基本方法以及假设开发法、基准地价修正法等衍生方法的选择、应用提出了具体要求。在企业价值评估中的不动产评估部分，规定了在企业价值评估中，不动产作为企业资产的组成部分，评估时应关注的具体事项。在披露要求中，要求注册资产评估师应当在报告中披露不动产的总体情况、主要特点和权属状况等内容。该准则于2008年7月1日起施行。

【准则条文阅读3-4】 中评协〔2007〕189号《资产评估准则——不动产》。

（五）机器设备评估准则概况

2007年，中国资产评估协会针对机器设备评估的特点，制定了《资产评估准则——机器设备》。机器设备评估是专业性非常强的一个领域，机器设备种类繁多、特点鲜明，机器设备评估除遵循一般的评估理论和方法，还具有独特的专业特性。机器设备评估准则借鉴了国际上机器设备评估的原则和概念，对中国的评估实践提出了指导。

《资产评估准则——机器设备》分别由总则、基本要求、操作要求、评估方法、披露要求和附则的6章28条具体条文组成。

该准则规定，注册资产评估师执行机器设备评估业务，应当区分评估对象为单台机器设备和机器设备组合；在对持续经营前提下的企业价值进行评估时，机器设备的价值取决于它对企业价值的贡献程度;应当选择恰当的价值类型,充分考虑影响机器设备价值的各种因素。在操作要求部分中要求注册资产评估师应当了解评估结论的用途,明确评估目的、评估假设;应考虑机器设备移位或者改变用途对其价值产生的影响;应对机器设备进行现场逐项调查或者抽样调查,合理确定现场调查内容;应当关注机器设备的权属;应当通过恰当方式获得机器设备的市场信息,并对其真实性、可靠性进行必要的判断。在评估方法部分中要求注册资产评估师应分析三种资产评估基本方法的适用性,进行恰当选择,并对成本法、市场法和收益法评估机器设备提出了具体要求。在披露要求部分中要求注册资产评估师应当在评估报告中恰当披露必要的信息,并应反映机器设备的相关特点。机器设备评估准则于2008年7月1日起施行。

【准则条文阅读3-5】中评协[2007]189号《资产评估准则——机器设备》。

(六) 森林资源资产评估准则概况

2012年,在财政部和国家林业局的指导下,中国资产评估协会制定了《资产评估准则——森林资源资产》,并于2012年12月28日发布。

《资产评估准则——森林资源资产》分别由总则、基本要求、评估要求、评估方法、披露要求和附则的6章30条具体条文组成。

该准则要求评估人员执行森林资源资产评估业务应当考虑国家法律法规和林业政策,以及森林资源的自然属性、经营特性、使用期限、用途等因素对森林资源资产价值的影响;应当关注评估基本事项,对现场核查等评估程序做出了要求;应当恰当选择评估方法,并明确了市场法、收益法和成本法评估森林资源资产时应当考虑的因素;应当在评估报告中披露被评估森林资源资产的权属、数量、质量、地理位置、生产经营条件、经营期限、经营管理水平等总体情况,及对评估结论可能产生影响的重大事项等内容。森林资源资产评估准则于2013年7月1日起施行。

【准则条文阅读3-6】中评协[2012]245号《资产评估准则——森林资源资产》。

四、中国资产评估准则体系——指南概况

(一) 以财务报告为目的的评估指南概况

会计准则引入公允价值的概念和计量模式以后,许多资产或负债并无活跃的市场,这就需要外部专业评估机构通过运用评估技术,为会计公允价值计量提供专业上的支持。为此,中国资产评估协会为了使行业尽快适应新兴业务的需求,规范和提高服务水平,积极组织行业内外专家,开展对相关业务领域的研究和准则制定工作,于2007年11月9日发布了《以财务报告为目的的评估指南(试行)》。《以财务报告为目的的评估指南(试行)》分别由总则、基本要求、评估对象、价值类型、评估方法、披露要求和附则的7章45条具体条文组成。

该指南的基本要求中规定,注册资产评估师执行以财务报告为目的的评估业务,应当理解相关会计准则的概念和原则,知晓会计准则涉及的概念、原则与资产评估准则涉及的相关概念、原则之间的联系和区别;应当明确评估业务基本事项并充分理解会计准则或相关会计核算、披露的具体要求等。在评估对象中规定,评估对象可以是各类单项资产、负债,也可以是资产组或资产组组合;并对执行合并对价分摊、资产减值测试、投资性房地产、金融工具确认和计量评估业务的评估对象做出了规定。明确了各种会计计量属性与资产评估中的市场价值和市场价值以外价值类型间的关系。提出了以财务报告为目的的评估方法选择和运用市场法、收益法及成本法评估的具体要求。规定了以财务报告为目的的评估报告中应当披露的事项。以财务报告为目的的评估指南于2007年12月31日起施行。

【指南条文阅读4-1】中评协［2007］169号《以财务报告为目的的评估指南（试行）》。

（二）企业国有资产评估报告指南概况

为了适应国有资产监管部门审核评估报告的需求，在《资产评估准则——评估报告》的基础上，中国资产评估协会于2008年11月发布《企业国有资产评估报告指南》，对企业国有资产评估报告的内容与格式做出规定。这项程序类准则满足了国有资产监管部门审核评估报告的需求，增强了相关评估报告的专业化和精细化，是评估行业服务市场、服务监管精神的具体体现。

《企业国有资产评估报告指南》是在具有普适性的评估报告准则框架下制定的，反映非金融企业国有资产评估项目监管和执业的个性化要求。

《企业国有资产评估报告指南》分别由总则，标题、文号、声明和摘要，正文，附件，评估明细表，评估说明，出具与装订和附则的8章45条具体条文组成。

该指南规定，评估报告提供的信息，应当使企业国有资产监督管理机构和相关机构能够全面了解评估情况，使评估报告使用者能够合理理解评估结论。企业国有资产评估报告应由标题、文号、声明、摘要、正文、附件、评估明细表和评估说明构成，并对每个构成要素应当包括的主要内容和报告的出具与装订要求做出了具体的规定。企业国有资产评估报告指南于2009年7月1日起施行。

【指南条文阅读4-2】中评协［2008］218号《企业国有资产评估报告指南》。

（三）金融企业国有资产评估报告指南概况

根据金融企业资产特点及经营方式的不同，对金融企业国有资产评估报告的编制提出了细化要求，中国资产评估协会根据财政部令（第47号）《金融企业国有资产评估监督管理暂行办法》、财政部令（第54号）《金融企业国有资产转让管理办法》等文件，以及《资产评估准则——评估报告》的相关规定，于2010年12月18日发布了《金融企业国有资产评估报告指南》。

《金融企业国有资产评估报告指南》分别由总则，标题、文号、声明和摘要，正文，附件，评估明细表，评估说明，出具与装订和附则的8章45条具体条文组成。

该指南是对占有国有资产并取得金融业务许可证的企业、金融控股公司以及其他从事金融类业务的企业编制和出具资产评估报告进行的规范。该指南规定，评估报告提供的信息，应当使金融企业国有资产监督管理部门和相关机构能够全面了解评估情况，使评估报告使用者能够合理理解评估结论。金融企业国有资产评估报告应由标题、文号、声明、摘要、正文、附件、评估明细表和评估说明构成，并对每个构成要素应当包括的主要内容和报告的出具与装订要求做出了具体的规定。金融企业国有资产评估报告指南于2011年7月1日起施行。

【指南条文阅读4-3】中评协［2010］213号《金融企业国有资产评估报告指南》。

(四) 评估机构质量控制指南概况

2010年，中国资产评估协会制定了《评估机构业务质量控制指南》。指南发布对建立健全评估机构业务质量控制体系，保证机构管理工作和评估执业行为的合法性与合规性，切实提高评估执业质量，为评估机构做大做强做优及可持续发展提供坚实的规范基础和制度保障。

《评估机构业务质量控制指南》分别由总则、质量控制责任、职业道德、人力资源、评估业务承接、评估业务计划、评估业务实施和报告出具、监控与改进、文件和记录以及附则的10章52条具体条文组成。

该指南规定，评估机构应当针对质量控制责任、职业道德、人力资源、评估业务承接、评估业务计划、评估业务实施和报告出具、监控和改进、文件和记录等方面制定相应的控制政策和程序。规定了最高管理层对业务质量控制承担最终责任，并明确了首席评估师、项目负责人、项目审核人员、项目团队成员、评估机构其他人员的责任。此外，该指南还对评估机构在职业道德、人力资源、评估业务承接、评估业务计划、评估业务实施和报告出具、监控和改进、文件和记录等环节应当制定的控制政策和程序做出了规定。

评估机构业务质量控制指南于2012年1月1日起施行。

【指南条文阅读4-4】中评协[2010]214号《评估机构质量控制指南》。

五、中国资产评估准则体系——指导意见概况

(一) 注册资产评估师关注评估对象法律权属指导意见概况

资产的价值与其法律权属状况有着密切关系，而中国的资产产权状况多年来经历了逐步理清的过程，因此评估师在执业过程中应当关注评估对象法律权属状况。2003年，《注册资产评估师关注评估对象法律权属指导意见》出台，该准则的发布开启了资产评估程序性准则的制定工作。

《注册资产评估师关注评估对象法律权属指导意见》共13条，分别对注册资产评估师在承接业务、执业和披露等不同环节关注评估对象法律权属做出了相应的规定。该指导意见要求注册资产评估师执行资产评估业务，应当关注评估对象法律权属并予以恰当披露；不得明示或暗示具有对评估对象法律权属确认或发表意见的能力，不得对评估对象的法律权属提供保证；应当对评估对象法律权属资料及其来源进行必要的查验，并对查验情况予以披露，但不应超越执业范围明示或暗示承担验证评估对象法律权属资料真实性、合法性和完整性的责任。注册资产评估师关注评估对象法律权属指导意见于2003年3月1日起施行。

【指导意见条文阅读5-1】会协[2003]18号《注册资产评估师关注评估对象法律权属指导意见》。

(二) 金融不良资产评估指导意见概况

《金融不良资产评估指导意见（试行）》是针对中国金融体制改革中金融不良资产处置工作而制定的一项准则，于2005年3月发布，对金融不良资产评估基本要求、评估对象界定、业务类型和价值类型选取、专业意见披露和合理使用等进行了明确规定。

《金融不良资产评估指导意见（试行）》分别由引言、基本要求、评估对象、价值类

型、价值评估要求、价值分析要求、披露要求和附则的 8 章 49 条具体条文组成,其分别对注册资产评估师执行以金融不良资产处置为目的的价值评估业务和价值分析业务进行了规范。

该指导意见规定,注册资产评估师执行金融不良资产评估业务,应当区分价值评估和价值分析两种不同的业务服务,在实施必要评估程序的基础上形成专业意见;应当关注评估对象可能是债权资产,也可能是用以实现债权清偿权利的实物类资产、股权类资产和其他资产;金融不良资产评估业务中的价值类型包括市场价值和市场价值以外的价值两种价值类型,并对两种价值类型下的价值评估和价值分析做出了具体要求。该指导意见还对金融不良资产评估报告和价值分析报告的内容和披露要求做出了规定。金融不良资产评估指导意见于 2005 年 7 月 1 日起施行。

【指导意见条文阅读 5 - 2】中评协 [2005] 37 号《金融不良资产评估指导意见(试行)》。

(三) 资产评估价值类型指导意见概况

为充分体现评估结论的经济内涵,资产评估基本准则和其他相关准则中都强调注册资产评估师在评估过程中应当根据评估目的等相关条件恰当选择价值类型。但实践中存在价值类型选择不恰当、价值类型定义混乱等问题。为落实基本准则和相关准则对价值类型的要求,中国资产评估协会于 2007 年 11 月 28 日发布了《资产评估价值类型指导意见》,对价值类型的选择、使用和定义提供指导。

《资产评估价值类型指导意见》分别由引言、价值类型及其定义、价值类型的选择和使用和附则的 4 章 27 条具体条文组成。

该指导意见要求,注册资产评估师执行资产评估业务时应当恰当选择价值类型,并将价值类型分为市场价值和市场价值以外的价值类型两种。该指导意见将市场价值定义为是指自愿买方和自愿卖方在各自理性行事且未受任何强迫的情况下,评估对象在评估基准日进行正常公平交易的价值估计数额;市场价值以外的价值类型包括投资价值、在用价值、清算价值、残余价值等;明确了价值类型的选择和使用要求。资产评估价值类型指导意见于 2008 年 7 月 1 日起施行。

【指导意见条文阅读 5 - 3】中评协 [2007] 189 号《资产评估价值类型指导意见》。

(四) 专利资产评估指导意见概况

为加强知识产权评估管理,规范专利资产评估行为,使知识产权资产评估更好地服务于国家创新经济建设和知识产权保护工作,在财政部和国家知识产权局的指导下,中国资产评估协会于 2008 年 11 月发布了《专利资产评估指导意见》。

《专利资产评估指导意见》分别由总则、基本要求、评估对象、操作要求、披露要求和附则的 6 章 38 条具体条文组成。

该指导意见将专利资产评估业务的评估对象确定为专利资产权益,包括专利所有权和专利使用权,其中专利使用权有专利权独占许可、独家许可、普通许可和其他许可多种形式。注册资产评估师执行专利资产评估业务,应当明确专利资产的权利属性;应当关注专利的法律状态,关注专利资产的技术状况、实施状况及获利能力。该指导意见对专利资产评估应调查和搜集的资料、分析的内容,以及收益法、市场法和成本法的具体应用做出了明确规定,对专利资产评估报告的内容提出了要求。专利资产评估指导意见于 2009 年 7 月 1 日起施行。

【指导意见条文阅读 5-4】 中评协 [2008] 217 号《专利资产评估指导意见》。

(五) 投资性房地产评估指导意见概况

投资性房地产是现代经济社会中的重要资产。会计准则引入公允价值计量模式后,投资性房地产是企业采用公允价值计量的主要资产之一。投资性房地产公允价值的确定建立在很强的专业性理论和评估技术的基础上,会计人员通常很难独立完成。这就需要外部专业评估机构通过运用评估技术,为会计公允价值计量提供专业上的支持。为指导执业人员合理评估投资性房地产价值,2009 年,中国资产评估协会在《资产评估准则——基本准则》、《资产评估准则——不动产》和《以财务报告为目的的评估指南(试行)》基础上,制定并发布了《投资性房地产评估指导意见(试行)》,就投资性房地产评估业务中评估对象的界定、评估方法的选择、对会计准则的考虑等内容提出了较具体的指导。该指导意见的发布,丰富、深化了评估准则体系中财务报告目的评估准则的内容。

《投资性房地产评估指导意见(试行)》分别由引言、基本要求、评估对象、评估方法、评估披露和附则的 6 章 28 条具体条文组成。

该指导意见规定,注册资产评估师执行投资性房地产评估业务,应当与企业和执行审计业务的注册会计师进行必要的沟通;明确了公允价值与市场价值的关系,指出了当符合会计准则计量属性规定的条件时,会计准则中的投资性房地产的公允价值一般等同于资产评估准则中的市场价值。该指导意见还对投资性房地产评估方法的选择和市场法、收益法的应用提出了具体的要求。投资性房地产评估指导意见于 2010 年 7 月 1 日起施行。

【指导意见条文阅读 5-5】 中评协 [2009] 211 号《投资性房地产评估指导意见(试行)》。

(六) 著作权资产评估指导意见概况

为加强知识产权评估管理,规范著作权资产评估行为,使著作权资产评估更好地服务于国家创新经济建设和著作权保护工作,在财政部和国家知识产权局的指导下,中国资产评估协会于 2010 年 12 月 18 日发布了《著作权资产评估指导意见》。

《著作权资产评估指导意见》分别由引言、基本要求、评估对象、操作要求、披露要求和附则的 6 章 35 条具体条文组成。

该指导意见规定,著作权资产的财产权利形式包括著作权人享有的权利和转让或者许可他人使用的权利。注册资产评估师执行著作权资产评估业务,应当明确著作权资产的权利形式;应当对享有著作权的作品相关情况进行调查,了解与著作权资产共同发挥作用的其他因素。该指导意见对著作权评估中收益法、市场法和成本法的选择和应用提出了具体要求,对评估报告中披露的内容做出了规定。著作权资产评估指导意见于 2011 年 7 月 1 日起施行。

【指导意见条文阅读 5-6】 中评协 [2010] 215 号《著作权资产评估指导意见》。

(七) 商标资产评估指导意见概况

为加强知识产权评估管理,规范商标资产评估行为,使商标资产评估更好地服务于国家创新经济建设和商标保护工作,在财政部和国家工商总局的指导下,于 2011 年发布了

《商标资产评估指导意见》。

《商标资产评估指导意见》分别由引言、基本要求、评估对象、操作要求、披露要求和附则的6章24条具体条文组成。

该指导意见规定,注册资产评估师执行商标资产评估业务,应当明确商标资产的权利属性,关注商标资产的法律状态;应当对商标资产相关情况进行调查,分析商标商品或者服务的使用和市场需求状况,恰当选择收益法、市场法和成本法,并对三种方法的具体运用提出了要求,对商标资产评估报告的内容做出了规定。商标资产评估指导意见于2012年7月1日起施行。

【指导意见条文阅读5-7】中评协〔2011〕228号《商标资产评估指导意见》。

(八)实物期权评估指导意见概况

2011年,为指导注册资产评估师执行评估业务时合理分析高科技企业和无形资产等特殊收益形式资产的价值,特别是文化产业中相关资产的价值,中国资产评估协会研究制定了《实物期权评估指导意见(试行)》。

《实物期权评估指导意见(试行)》分别由引言、基本要求、评估对象、操作要求、披露要求和附则的6章23条具体条文组成。

该指导意见将实物期权定义为附着于企业整体资产或者单项资产上的非人为设计的选择权,即指现实中存在的发展或者增长机会、收缩或者退出机会等。拥有或者控制相应企业或者资产的个人或者组织在未来可以执行这种选择权,并且预期通过执行这种选择权能带来经济利益。注册资产评估师在执行涉及实物期权评估的业务时,涉及的实物期权主要包括增长期权和退出期权等;评估时应当按照识别期权、判断条件、估计参数、估算价值四个步骤进行;应当根据实物期权的类型,选择适当的期权定价模型,对测算出的实物期权价值,应当进行必要的合理性检验。该指导意见对涉及实物期权评估的评估报告披露的内容做出了规定。实物期权评估指导意见于2012年7月1日起施行。

【指导意见条文阅读5-8】中评协〔2011〕229号《实物期权评估指导意见(试行)》。

【问题与思考】

1. 资产评估准则发挥了哪些作用?
2. 中国资产评估准则体系基本结构是什么?
3. 简要阐述中国资产评估准则体系的主要内容。

【阅读参考】

1. 中国资产评估协会:《中国资产评估准则2013》,中国财政经济出版社2013年版。
2. 贺邦靖、刘萍:《中国资产评估制度与准则》,中国财政经济出版社2013年版。

第三章 中国资产评估准则选讲

【本章学习目的】

通过本章的学习,进一步了解和把握中国资产评估准则体系中的基本准则、程序性准则、实体性准则的重点内容,以便更好地掌握中国资产准则的实质。

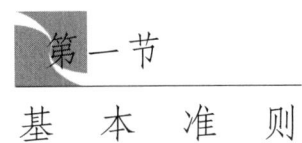

第一节 基 本 准 则

资产评估基本准则是注册资产评估师执行各种资产类型、各种评估目的资产评估业务的基本规范。由于我国资产评估行业的综合性定位,基本准则在整个评估准则体系中占有极为重要的地位。2004年2月,财政部发布了中国资产评估协会起草的《资产评估准则——基本准则》(以下简称《基本准则》)和《资产评估职业道德准则——基本准则》(以下简称《职业道德基本准则》)。两项基本准则继承和发展了上述执业规范的基础内容,融入了中国评估行业多年实践经验,汲取了评估理论的最新研究成果。两项基本准则的发布奠定了资产评估准则体系的基础,标志着资产评估行业准则体系全面建设的开始。

一、《资产评估准则——基本准则》

(一)《基本准则》制定目的

从各国及国际组织评估准则制定历史来看,评估准则主要起到两方面作用:一方面,评估准则规范和约束评估师执业行为;另一方面也起到合理保护评估师的作用。在此基础上,《基本准则》明确提出制定资产评估准则的目的是:

1. 规范注册资产评估师执业行为,保证执业质量

《基本准则》中关于专业胜任能力、评估程序、评估方法、评估报告等的规定,都体现了对评估师执业行业进行约束和规范的指导思想,对于提高评估师执业水平、保证评估执业质量有着积极的作用。

2. 明确执业责任

《基本准则》中以专门章节的形式对评估师的执业责任进行了正面规定，主要目的是引导评估界和广大评估从业人员能够对执业责任形成统一的认识，进而引导我国评估界、各级政府、司法部门、新闻媒体和社会公众正确认识评估师的执业责任。

3. 维护社会公共利益和资产评估各方当事人合法权益

维护公共利益和资产评估各方当事人合法权益是基本准则的最根本出发点。准则突出了对公共利益的维护，不仅吸收了外国评估准则和国际组织评估准则制定工作的经验，更充分体现了我国资产评估行业发展的特殊性要求。基本准则中许多条文都体现了对公共利益的维护，重点回答了两个问题，即处理好评估行业利益和公共利益的关系，以及处理好评估师与评估师所对应的其他相关当事人之间的关系。

（二）资产评估的定义

"资产评估，是指注册资产评估师依据相关法律、法规和资产评估准则，对评估对象在评估基准日特定目的下的价值进行分析、估算并发表专业意见的行为和过程。"定义强调了资产评估行为是一种专业行为和过程，其目的是形成有关价值的专业意见。评估结论是专业意见的定位在各国评估界得到了充分的体现，在评估教材和学术研究资料中都突出强调了这一点。这种定位符合市场经济体制对资产评估行业的认识和需求，也与我国评估界在经过多年发展后对资产评估的认识是基本一致的。因此，基于对资产评估是提供专业意见的行为或过程的认识，突出强调了资产评估的结果是注册资产评估师作为一种专业人员所提供给客户的专业意见。专业意见的定性，表明评估结论是专业评估人员依据专业知识和经验，通过对影响评估对象价值的各种因素的分析，在一定假设和限定条件下所形成并提供给客户的价值意见，供客户在做出相关决策时参考，而不是一种绝对的逻辑判断，不应当被简单地、直接地用于决策。客户等当事方需要根据自身所处的市场地位、投资战略等，在参考评估结论的基础上进行相关决策。同时，本定义也强调了资产评估的两个重要原则，即时点原则和特定目的原则，指出评估师所提供的价值意见仅在评估基准日和特定目的下成立，以引导社会公众从更加专业的角度合理理解资产评估行为。

（三）《基本准则》的效力

《基本准则》强调"注册资产评估师执行资产评估业务，应当遵守本准则"。这是准则的效力条款，指出注册资产评估师执行各类资产评估业务，均须遵守基本准则。《基本准则》是注册资产评估师执行各类资产评估业务所应当遵守的基本规范，即无论评估师评估任何类型的资产，如不动产、机器设备、企业价值、无形资产等，或是提供任何评估目的的服务，如股份制改组、中外合资、资产转让等，都应当遵守《基本准则》的规定。

（四）注册资产评估师守法性要求

遵守本国或执业地所在国的法律、法规和评估准则，是各国对评估师执业的首要要求之一，这也是任何国家评估准则及国际组织评估准则所突出强调的内容。

1. 法律、法规

注册资产评估师首先必须遵守国家的法律、法规。这些法律法规包括：（1）针对资产评估管理的法律规范，主要涉及调整资产评估关系，规范资产评估的组织管理、机构、人员、范围、程序、方法以及法律责任的法律法规；（2）全国人大及其常委会、司法机关和政府部门颁布的相关法律、行政法规、司法解释和规章制度中有关资产评估方面的规定；（3）其他法律法规和规范性文件。

注册资产评估师在执业过程中，不但要遵守国家有关资产评估的法律法规，也要遵守所涉及的其他法律法规。

2. 行业准则

注册资产评估师为客户提供的是专业性服务，为保持高度的专业水准，注册资产评估师必须严格遵守财政部和中国资产评估协会颁布的资产评估准则。

（五）资产评估价值类型

资产评估中的价值类型是指人们按照某种标准对资产评估结论及其表现形式的价值属性的抽象和归类。简单地说，价值类型就是指同一资产相对于不同所有（持有）人、不同目的和不同市场条件而言，可能具有不同的价值，每一种价值都有不同的内涵。评估师的职责就是在评估执业过程中，选择与评估目的相适应的具体价值类型，并对其进行明确定义。定义的目的是说明所评估具体价值类型的内涵，同时也说明了该评估结论的适用范围。只有在此基础上，才能使评估报告阅读者和使用者正确理解评估结论并合理使用评估结论。资产评估结论是一个某种条件或某种状态下的价值，具有特定的内涵，评估师必须对评估结论进行定义，指出本次评估结论是一种什么类型及形式的结论。重视价值类型的核心并不是为了从理论上区分各种具体的价值类型，而是避免评估报告使用者将某种特定的价值类型评估结论理解为另一种价值类型评估结论，特别是不要将某种特殊的、非常见的价值类型（如清算价值）误以为常见的、通用性较强的价值类型（如市场价值）。

关于价值类型的选择与资产评估目的等相关条件的关系应该从两个方面来认识和把握。其一要从正确选择价值类型的角度，而关注资产评估目的等相关条件对所选择价值类型的影响和约束；其二要从价值类型的选择对实现资产评估目的，以及满足其他相关条件的角度，而关注价值类型的正确选择。

（六）资产评估方法

资产评估方法是注册资产评估师评估资产价值的技术手段，在资产评估中具有重要的地位和作用。

选择评估方法可能会受到许多因素影响，其中评估对象自身的条件、评估结果的价值类型和注册资产评估师掌握的数据资料是影响因素中较为重要的。

各种资产评估方法之间存在着内在联系和相互替代关系是评估方法之间关系的一个方面。另一个方面，各种评估方法之间的区别也是明显的，它们是从不同角度和不同方面实现评估目的和目标的手段。每一种评估方法都有其自成一体的运用过程，都要求具备相应的信息基础。由于具体评估业务的特定目的、市场条件、评估对象功能和使用状态，以及由上述条件决定的评估结论价值类型，在评估时点构成了既定的评估条件和信息基础，不同的评估方法由于自身的特点对既定信息基础和评估条件下的资产评估就存在着是否适应的问题。不同的评估方法在评估不同资产，以及评估不同特定目的、不同评估条件和不同价值类型的相同资产的价值时，都有效率上和风险程度上的差别。从这个意义上讲，恰当选择评估方法，既包含了对评估方法是否适合、直接、有效和能否防范风险的选择，也包括了评估目的、评估条件和评估价值类型等的对评估方法选择的约束。

(七)合理使用评估假设

在评估执业过程中,评估师面对不断变化的市场,以及不断变化着的影响资产价值的种种因素,需要借助于适当的假设,将市场条件及影响资产价值的相关不确定因素暂时"凝固"在某种状态下,以便对资产价值进行判断。

从本质上讲,评估假设就是评估条件的某种抽象。科学合理地设定和使用评估假设,需要与评估业务具体情况相联系和匹配,包括:资产评估的特定目的及其对评估的市场条件的宏观限定的情况,评估对象自身的功能和在评估时点时的使用方式与状态,产权变动后评估对象的可能用途及利用方式和利用效果,国家的产业政策、税收政策、货币政策,以及本次资产评估所要实现的价值类型和价值目标等。

注册资产评估师不仅要清楚如何设定、选择和使用评估假设,同时还必须清楚在评估报告中充分披露评估假设具有重要意义。充分披露资产评估中所依据和使用的评估假设既是评估报告撰写的基本要求,也是评估报告使用人正确理解和使用评估结论的必备条件。资产评估是专业人士向非专业人士及社会提供专业咨询的活动,资产评估报告和评估结论是资产评估的基本产品。在评估报告中充分披露资产评估所依据和使用的评估假设,披露评估结论成立的前提条件、必要条件和限制条件,对于评估报告使用人正确理解和使用结论是至关重要的。

(八)执业责任

资产评估作为一种专业服务的合同行为,评估师作为专业服务的提供者应当根据国家法律、法规和评估准则的要求,为客户提供满意的评估服务,并对所提供评估结论的合理性承担责任,而不能将评估师本身应当承担的责任予以推卸。准则对评估师的责任做出了正面规定,既体现了资产评估专业服务的本质要求,也是对社会公众和公共利益的一种承诺,即评估师作为专业人员必须对其服务成果的合理性负责。在强调注册资产评估师应当对评估结论合理性承担责任的同时,不应当将这种责任无限扩大。资产评估是评估师对评估对象在评估基准日特定目的下价值的专业意见,评估师应当而且也只能对该专业意见的合理性承担责任,而不可能对评估结论及相关决策行为提供保证。

资产评估服务由注册资产评估师提供,但资产评估行为不仅涉及注册资产评估师,还涉及与注册资产评估师相对应的另一方当事人,即委托方和相关当事方。委托方是指与评估机构签订业务约定书、委托评估机构提供资产评估服务的当事人,委托方与注册资产评估师之间的关系和责任划分十分重要。所谓资产评估行为的相关当事方主要包括资产产权持有者和委托方以外的其他评估报告使用者,在我国目前的评估实践中,资产产权持有者可能是委托方,也可能不是委托方。在资产评估行为中,相关当事方与注册资产评估师之间的关系和责任划分也是十分重要的。

注册资产评估师仅是资产评估行为的一方当事人,良好的资产评估服务不仅取决于注册资产评估师的服务水平,还有赖于注册资产评估师与委托方和相关当事方之间的配合。因此有必要对双方责任进行基本划分,从基本准则的角度对双方的责任做基本性和原则性的划分,指导注册资产评估师在评估执业过程中正确处理,并引导相关当事方形成正确认识,进而引导政府部门、司法机关和社会公众能够合理理解。

准则在强调注册资产评估师应当对资产评估结论的合理性承担责任的基础上,强调注册资产评估师的责任是遵守相关法律、法规和资产评估准则,对评估对象在评估基准日特定目的下的价值进行分析、估算并发表专业意见。这一规定实质上对注册资产评估师提出了很高要求,要求注册资产评估师在执业时,应当遵守包括《基本准则》和其他评估准则文件中所提出的合理假设、充分披露、恰当选择评估方法、正确计算等各种要求。

而委托方和相关当事方的责任原则上主要体现在两个方面:

第一,作为委托方,在提供与评估服务相关资料方面的责任。资产评估服务是一种合同行为,作为合同的委托方,应当提供与评估服务有关和进行资产评估所必需的资料,如委托方和资产产权持有者基本情况、评估对象基本情况、评估目的及相关经济行为情况等,同时应当保证所提供资料的真实性、合法性、完整性。

第二,作为评估报告使用者(包括委托方和其他评估报告使用者)恰当使用评估报告的责任。资产评估服务的最终产品是专业意见或体现专业意见的评估报告,不同于一般的商品和服务产品。资产评估结论是注册资产评估师提供的有关评估对象价值的专业意见,专业意见虽然最终表现为一定的数量指标,但该专业意见仅反映了评估师对评估对象在评估基准日特定目的下价值的分析意见,是建立在一定的假设条件基础上,并可能受到一些限制条件的影响。因此评估师在提供评估报告时需要遵守准则和相关评估规范性文件的规定,提供必要的信息。而评估报告使用者在使用评估报告时应当知晓资产评估服务的专业特点,并以合理的方式理解、使用评估报告,而不能滥用、误用甚至是恶意使用评估报告。

(九) 评估对象的法律权属

资产的价值与其法律权属状况有着密切关系,评估师在执业过程中应当关注评估对象法律权属状况。评估师关注评估对象法律权属的目的是通过分析评估对象法律权属状况对其价值的影响,形成客观、公允的价值结论,从这一点上说与评估师关注评估对象物理状况、经济状况等并无区别。这与律师、产权管理部门和法院以确认法律权属为目的,对相关资产法律权属状况的关注、调查等行为有着本质的区别。因此评估师有必要采取措施使其他当事人或第三方认识到这种区别,社会公众、管理部门等也应当尊重资产评估的专业程序,不能仅仅因为评估师在执业中对评估对象法律权属给予了必要的关注,而要求或误认为评估师应当对此承担法律责任。鉴于当前我国经济和法律环境的不完备状况,有必要明确注册资产评估师不得对评估对象的法律权属提供保证。基于维护公共利益的需要和职业道德的基本要求,评估师如果明知委托方和相关当事方提供虚假法律权属资料,不得承接业务。

(十)《资产评估准则》的发布主体

《基本准则》是由财政部发布的规范性文件。根据我国资产评估准则体系,今后还将陆续制定资产评估具体准则、资产评估指南和资产评估指导意见。《基本准则》明确了财政部授权中国资产评估协会,根据基本准则的要求发布相关准则性文件。

 刘萍:《资产评估准则基本准则——基本准则》;《〈资产评估准则基本准则——基本准则〉》释义,机械工业出版社2004年版。

二、《资产评估职业道德准则——基本准则》

从职业道德准则与其相关的技术准则关系看,资产评估职业道德准则是使注册资产评估师的评估工作真正达到专业水平的基础,它与资产评估技术准则相辅相成,紧密交织在一起。职业道德基本准则对注册资产评估师道德规范要求的总纲,表达了职业道德及职业行为的基本信条,是制定注册资产评估师职业道德具体准则的基本依据。

(一)《职业道德基本准则》制定目的

《职业道德基本准则》制定目的可以概括为以下几个方面:

(1) 规范注册资产评估师的职业道德行为。准则确立注册资产评估师执行业务时应遵循的职业道德标准,为注册资产评估师提供资产评估业务的职业道德基本标准,保证注册资产评估师在提供专业服务时能正确地、有效地发挥注册资产评估师的职业作用。

(2) 提高注册资产评估师职业道德素质。通过对注册资产评估师树立职业理想、端正其职业态度、明确其职业责任和职业胜任能力、唤起其职业良知、增强其职业荣誉感和强调职业纪律等内容来全面提高注册资产评估师的职业道德素质。

(3) 维护注册资产评估师的职业形象。要求注册资产评估师在自身执业过程、与客户接触过程和与同行相处等过程时刻都应注意维护其职业形象。

(二)职业总体要求

《职业道德基本准则》要求注册资产评估师在执业过程中应坚持勤勉尽责的工作原则和独立、客观、公正的执业操守。

1. 勤勉尽责

勤勉尽责是资产评估行业及其他一切专业服务行业赖以存在和发展的基础,注册资产评估师在执业过程中必须以维护当事人的合法权益和公共利益为中心,努力维护资产评估的客观性和公正性。第一,必须严格执行资产评估准则,不得随意背离。第二,必须以确信评估结论的客观性、公正性为工作目标,来检查自己的执业行为,做到勤勉尽责。第三,不可以使用敷衍的手段,规避应尽的努力。

2. 独立、客观、公正

独立、客观、公正是注册资产评估师应该遵守的基本工作原则,这三项原则是资产评估的基础,它们是相互联系的,独立是客观的保证,客观是公正的基础,公正是目的。

独立性,是指评估机构和注册资产评估师在执业过程中不受利害关系影响、不受外界干扰的执业原则。独立性包括实质上的独立和形式上的独立。实质上的独立是一种精神状态、一种自信心以及在判断时不依附和受限于外界的压力和影响,在执业过程中持有超然性,不主观袒护任何一方当事人,尤其不应使自己的结论依附或屈从于持反对意见利益集团或人士的影响和压力。形式上的独立是指评估机构和注册资产评估师不能拥有被评估企业及相关当事方股权或担任其高级职务,不能与其管理当局有亲属关系等,即评估机构及注册资产评估师在为委托方提供服务时,应在社会公众和第三者面前呈现出一种独立于委托人及相关当事方的形象。

客观原则是指评估机构应当以事实为依据,客观地发表评估意见。评估过程中的任何分析及形成的评估结论,都应当有充分的依据;评估报告中的描述不包含任何个人偏见。

公正原则是指评估机构在从事资产评估业务的过程中，在独立、客观执业的基础上，遵照国家有关法律、法规及行业准则，不偏不倚地公正发表资产评估意见，不得损害委托人、其他当事人和公共利益。

（三）维护职业形象

资产评估行业的职业形象主要是通过注册资产评估师在执业过程中表现出来的良好职业信誉而在社会公众、服务对象及有关人员心目中形成的职业印象。所以，其行业特点要求注册资产评估师在执业过程中坚持独立、客观、公正的工作原则，保持资产评估中介服务行业的社会公信度，为社会公众和各种服务对象服务。如果注册资产评估师做出与其身份不符或有损其职业形象的活动，则势必导致社会公众对资产评估职业公信度的怀疑，危及资产评估机构和行业的整体形象。因此，要求注册资产评估师从事资产评估业务的过程中不得做出可能损害职业形象的行为，在本行业中互相尊重，共同维护行业信誉和形象。

（四）形成专业意见的整体要求

注册资产评估师接受委托，以专业人士的身份提供评估服务，应当在执业过程中始终保持独立性，包括独立搜集资料、独立分析资料和独立估算，不应当受到委托方或相关当事方的影响。在评估实践中，由于资产评估结论可能会对委托方或相关当事方如资产产权持有者等具有一定的影响，他们往往会通过各种方式对注册资产评估师施加一些影响。对于由委托方和相关当事方提供的与资产评估服务有关的信息资料，注册资产评估师应当采取必要措施对其进行分析，确信信息的合理性，而不能简单地、直接采用和接受委托方及相关当事方提供的信息资料。

注册资产评估师在进行价值评估时，不得以委托方或相关当事方预先设定的价值量作为评估结论。接受预先设定的价值量，不仅使注册资产评估师失去独立性的立场，而且也表现出失去注册资产评估师应有的专业判断能力，其后果必然丧失客观性和公正性，损害非委托方或其他相关当事方的利益，不仅严重违背注册资产评估师职业道德规范，同时也会极大地损害评估行业的社会公信力。

（五）保密原则

注册资产评估师职业性质决定了其能够掌握客户的大量信息和资料，其中，有些属于客户的商业秘密，如客户的重大经营决策、企业财务安排、生产经营技术、供货和销售渠道和即将进行的合并等，这些商业秘密和有关业务资料一旦外泄或被其他人利用，可能会给客户造成经济损失。因此，保守商业秘密和有关业务资料是注册资产评估师应尽的义务和职业道德。由于对客户或委托方保密的重要性，各国评估职业道德准则或评估行为准则都有对客户或委托方保密的具体要求。注册资产评估师在履行保密义务时应当注意：

（1）注册资产评估师在评估机构及外出工作的任何地点，均不得谈论客户的业务情况、评估目的等可能涉及客户的机密情况。同样，在公共场所应尽量不提客户的单位名称，未经客户允许不得对外发布有关客户的信息资料，等等。

（2）注册资产评估师除本人不得泄露客户商业机密外，还应采取措施确保协助工作的助理人员保守秘密。

（3）未经委托方书面许可，注册资产评估师不得将执业过程中所知悉的客户商业秘密和业务资料披露给任何其他人。法律、法规另有规定的以及资产评估行业协会根据专门程序进行业务检查的除外，但必须履行必要的程序。

（六）招揽业务行为

准则禁止注册资产评估师"采用欺诈、利诱、强迫等不正当手段招揽业务"。

（1）欺诈。欺诈是指采用欺骗、误导等手段向客户招揽业务的行为，包括：超越自身专业胜任能力范围招揽业务的行为；宣称与客户的上级主管部门或利害相关单位有密切关系，可以帮助客户解决难题招揽业务的行为；编造虚假工作经验，骗取业务等行为。

（2）利诱。利诱是指利用财物等利益引诱的手段向客户招揽业务的行为，包括：承诺提供满足客户预期结果的评估结论，引诱客户，招揽业务的行为；通过给客户赠送财物，帮助客户获取相关利益等诱惑客户、招揽业务的行为；不恰当地以答应在正常评估业务范围之外帮助客户解决相关问题为条件，招揽业务等行为。

（3）强迫。强迫是指通过向客户施加压力、迫使其接受委托业务的行为，包括：借助行政、司法等力量，实行行业垄断、地区垄断等形式强行抢拉业务的行为；动用各种关系，施压强行抢拉业务的行为；利用客户的不利条件或弱点，威胁强迫抢拉业务等行为。

（七）不得谋取不正当的利益

资产评估是社会专业服务行业，注册资产评估师在执行资产评估业务过程中，客观上可能存在能够利用执业机会为自己或他人谋取不正当利益的机会。而资产评估行业特别要求执业者必须恪守独立、客观、公正的职业道德原则，注册资产评估师一旦突破了利益道德防线，其执业行为不仅与"独立，客观、公正"的原则相冲突，也会与"相关法律、法规和资产评估准则"相矛盾，还会与"维护职业形象，不得从事与注册资产评估师身份不符或可能损害职业形象的活动"相矛盾，更重要是这种做法会对资产评估行业的形象和公信力产生恶劣影响。

（八）注册资产评估师的管理

职业道德的培育形成是靠社会氛围的熏陶和烘托，靠典型范例的感召和启示，靠组织和行业的开导和指引。除有关法律、法规授权外，主要依靠行业自律组织对违反职业道德的会员追究道德责任。因此，在注册资产评估师履行义务要求的内容中，也包括要求注册资产评估师应当履行协会的相关义务，并接受协会做出的处罚决定。目前，各国资产评估的职业团体都普遍认识到注册资产评估师违反职业道德会对整个职业和社会带来严重后果，自发地采取了警告、训诫、不予注册、通报批评等自律惩戒措施。只有这样做才能保证行业自律的有效性。

中国资产评估师协会是由注册资产评估师和从事资产评估业务的机构等组成的行业自律组织，对我国资产评估活动实行行业管理，直接负责注册资产评估师和资产评估机构的日常管理工作。注册资产评估师和评估机构是中国资产评估师协会的当然会员。因此，注册资产评估师应当自觉接受中国资产评估师协会的管理，并履行中国资产评估师协会规定的义务。

（九）专业胜任能力

《职业道德基本准则》从规范注册资产评估师专业胜任能力的角度着手，要求评估行业切实将专业胜任能力提到应有的高度，具体为：

1. 要求注册资产评估师必须经过专门教育和培训

（1）我国的注册资产评估师在已经接受相关专业学历教育的基础上，参加专门的资产评估专业学习、培训，通过全国统一的注册资产评估师考试取得执业资格。

（2）由于资产评估的复杂性，要求注册资产评估师在整个职业生涯过程中不断接受后续教育，在执业中保持并提高执业能力，不断地接受专门教育和培训。

2. 注册资产评估师应当具备相应的专业知识和经验

注册资产评估师除了应具备一定的专业知识、专业技能，也应具备一定的专业经验。

3. 注册资产评估师必须确保具有胜任所执行评估业务的能力

注册资产评估师对所承接的资产评估项目，必须确信具有相应的专业知识和经验，能够胜任该项业务。不得接受其能力无法完成的资产评估业务，除非采取其他有效措施保证能够有效地完成该项评估业务，包括：与具有相关专业知识和经验的评估师联合进行评估；聘用具有所需专业知识或经验的专业人士；评估师通过学习达到要求等。

（十）与其他注册资产评估师的关系

"注册资产评估师"与"其他注册资产评估师"两者的关系是职业道德规范的重要内容。

1. 保持良好的工作关系

（1）两者在同一家评估机构执业，应当相互尊敬、相互学习、相互帮助、共同提高。

（2）两者不在同一家评估机构执业，但一起执行联合评估业务，应当精诚合作，及时沟通，共同高质量地完成整体评估业务。

（3）两者不在同一家评估机构执业，但在执业过程中向某一方提供技术支持。两者应当在专业技术范围内，虚心请教，真诚地提供帮助。

（4）"其他注册资产评估师"对"注册资产评估师"所执行评估业务中的评估对象在不同时间发表过专业意见。"注册资产评估师"仍然应当独立形成专业意见，但可以了解"其他注册资产评估师"的专业意见或向其进行咨询，但应当认真分析"其他注册资产评估师"意见的基准日、限制条件、假设条件等。"注册资产评估师"不得对"其他注册资产评估师"的意见进行不负责任的批评。

（5）"其他注册资产评估师"曾经或正在执行与"注册资产评估师"与所执行评估业务相关的评估业务。如果两者需要进行业务沟通，应当经委托方同意并在职业道德框架内配合工作。

2. 不得贬损或诋毁

注册资产评估师不得以任何理由、任何方式对其他注册资产评估师进行公开或非公开的贬损或诋毁，这里的"其他注册资产评估师"还包括注册资产评估师在拓展业务过程中潜在的竞争对手。

3. 不得以恶意降低服务费等不正当的手段争揽业务

注册资产评估师应当维护行业竞争秩序，合理参与竞争。在竞争中，恶意降低服务费已经成为当前评估行业争揽业务和恶性竞争的主要方式和手段。关于服务费的收取，应当注意以下几个方面：

（1）在确定服务费收取标准时，应当考虑以下因素：执行评估业务所需的技能和知识；需配备评估人员的水平和经验；完成评估业务所需时间；评估业务的风险和需承担的责任。

（2）在拓展业务过程中，注册资产评估师应当以优良的执业质量获取委托方信任，而不应当通过降低服务费的方式获得业务。

（3）在项目竞争中，注册资产评估师可能根据项目的具体情况如复杂程度等将服务费在一定范围内合理降低，但应当保持应有的职业谨慎，确信服务费的降低不会影响获取评估业务后的执业质量。

（4）不考虑评估业务性质、专业胜任能力、服务质量，仅仅通过降低服务费收取标准获取业务，属恶意降低服务费。

（5）长期业务关系中，单项业务服务费的收取应当合理。

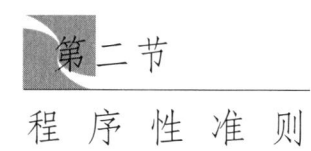

第二节 程序性准则

资产评估程序性准则包括具体准则、评估指南、指导意见中涉及资产评估业务执业流程的准则。资产评估程序性准则是评估业务质量的基本保证，是执行各种资产类型、各种评估目的的评估业务应当遵守的基本评估程序要求。程序性准则为各方评判评估业务质量提供依据，为提升评估服务质量提供保证。

一、《资产评估准则——评估报告》

评估报告是资产评估的最终产品，评估报告的质量影响到资产评估行业被市场的认可程度，影响行业的荣誉，直接关系到资产评估行业的生存和发展。评估报告是评估机构、注册资产评估师和委托方、相关当事方、监管部门、社会公众之间的桥梁，通过制定专门的评估报告准则，有利于统一评估报告的专业语言和内容要素，便于各方在使用评估报告过程中，加强沟通和交流，合理理解和使用评估报告，建立沟通和理解的专业平台，更好地维护经济秩序，保障有关各方的合法权益。《资产评估准则——评估报告》适用于所有的评估业务。

（一）评估报告的定义

准则规定，"评估报告，是指注册资产评估师根据资产评估准则的要求，在履行必要评估程序后，对评估对象在评估基准日特定目的下的价值发表的、由其所在评估机构出具的书面专业意见"。

（1）评估报告是发表专业意见的书面文件。按表现形式，评估报告可分为书面评估报告和口头评估报告。在许多国家，口头评估报告是得到认可的。例如，美国许多评估师在出庭作证时就是提供口头评估。口头评估报告是反映评估师专业意见的一种具有效力的报告形式，并不因为评估师采取了口头评估报告的形式就可以省略评估师应当执行的评估程序，口头评估报告应当得到工作底稿的支持。根据我国评估行业的惯例和社会各界的接受程度，准则要求，我国注册资产评估师只能提供书面评估报告。

（2）资产评估报告由注册资产评估师编制，但需由所在机构法定代表人（或合伙人）签发，并且评估机构盖章后方为有效。根据相关规定，注册资产评估师必须在评估机构执业，不得以个人名义承揽业务，应由具有专业资格的评估机构统一承接评估业务并出具评估报告。

（3）评估报告是依据资产评估准则出具的专业意见。注册资产评估师除了从事资产评估业务以外，也可以从事与资产评估相关的业务及其他业务。注册资产评估师从事的不符合资产评估准则要求的业务，不得出具评估报告。因此，评估报告是专指注册资产评估师依据资产评估准则出具的专业意见，注册资产评估师不得以评估报告的形式出具不符合资产评估准则要求的专业意见。同样，符合资产评估准则要求的业务，应该出具评估报告。

（二）评估报告详略程度

注册资产评估师可以根据评估对象的复杂程度、委托方要求，合理确定评估报告的详略程度。注册资产评估师应当根据评估业务性质，在满足委托方和其他评估报告使用者需求的前提下，合理确定报告的详略程度。也就是说，这种详略程度是以评估报告中提供必要信息为前提的。

委托方和其他评估报告使用者是评估报告的服务对象，因此评估报告的内容要考虑报告使用者的合理需求。随着市场经济体制的逐步完善，市场主体对评估专业服务的需求也日趋多样化，这与以往评估报告单纯为国有企业和国有资产管理部门服务的状况有着较大区别。作为理性的评估报告使用者，可能会要求注册资产评估师在评估报告中不仅提供评估结论，还要提供形成评估结论的详细过程，或者要求在评估报告中对某些方面提供更为详细的说明。因此，注册资产评估师应当根据委托方和其他评估报告使用者的合理需求，提供相应的评估报告。

（三）评估报告签章

准则规定"评估报告应当由两名以上注册资产评估师签字盖章，并由评估机构盖章。有限责任公司制评估机构的法定代表人或者合伙制评估机构负责该评估业务的合伙人应当在评估报告上签字"。

我国评估机构一般在内部管理上采取项目负责人的一级复核、项目复核人的二级复核和机构法人的三级复核制。因此规定至少两名注册资产评估师和机构法人代表签字反映了机构的内部管理情况，具有普遍意义。

注册资产评估师签字时对签署的资产评估报告的真实性、客观性、公正性负责，并承担相应的法律责任。对于公司制评估机构来说，法定代表人签字与否，只要评估机构盖章，法定代表人都应承担责任。但对于合伙制评估机构来说，只有评估机构盖章，并不能明确合伙人的责任。特别是实行有限责任合伙制的评估机构，负责该项目的合伙人承担的责任，与其他合伙人承担的责任也是不一样的。因此，准则中除了要求评估机构盖章，同时要求法定代表人（公司制评估机构）和负责该项目的合伙人签字（合伙制评估机构）。2011年，为贯彻落实《资产评估机构审批和监督管理办法》（财政部令第64号）相关规定，满足评估机构执业需要，进一步规范评估机构和注册资产评估师在评估报告上签字盖章的行为,中国资产评估协会对《资产评估准则——评估报告》中有关签字盖章条款进行了修订,明确了有限责任公司制评估机构法定代表人可以授权其他高级管理人员签署评估报告;分支机构负责人可以根据授权签署评估报告。这次修订遵循了"适当授权、风险共担"的原则。修改后的签字盖章制度既适应评估机构做大做优做强的需求,方便执业,又可以合理界定执业责任,满足了执业质量管理的需求。

(四) 评估报告使用有效期

评估报告中有两个重要期限:评估报告日和评估基准日。评估报告日与评估基准日、评估基准日与报告使用有效期之间存在着密切的关系。

1. 评估报告日与评估基准日的关系

根据评估基准日与评估报告日的相互关系,可以分为三种评估类型:

(1) 现时性评估。基准日与报告日是相同或接近的,大多数项目属此类评估。

(2) 追溯性评估。需要确定资产过去价值的评估,基准日早于报告日。在资产纳税、司法诉讼等情况下,需此类评估。

(3) 预测性评估。即资产的未来价值。对正在开发的项目(如房地产开发)的资产权益进行评估时需要确定资产的未来价值。

2. 评估基准日与评估报告有效期

评估结论反映评估基准日的价值判断,仅在评估基准日成立,其有效期的规定受外部市场环境变化的影响。但在我国,由于大量的评估业务服务于国有资产,国有资产管理主管部门往往要求原则上规定一个评估报告使用有效期,便于对国有资产的交易行为进行监督管理,所以,准则规定评估报告应当明确评估报告使用的有效期限。

评估报告有效期应该从下列方面理解:

其一,评估结论在评估基准日成立,在基准日后的某个时期经济行为发生时,市场条件或资产状况未发现较大变化,评估结论在此期间有效。因此,规定评估报告通常为自评估基准日至经济行为实现日一年内有效。

其二,对于追溯性评估,评估基准日的评估结论出具时,其经济行为即已发生。追溯性评估的价值结论不存在现实市场条件对其影响的问题,因此,追溯性评估报告不存在有效期限的限制。

(五) 评估报告主要内容

1. 标题及文号

只有符合准则所定义的评估报告,才能以"评估报告"标题出具。注册资产评估师执行与价值估算相关的其他业务时,可以参照评估报告准则出具相关报告,但此类报告并不是评估报告,不得以"评估报告"标题出具,以免给委托方和报告使用者造成误解。

2. 声明

评估报告的声明应当包括以下内容:(1) 注册资产评估师恪守独立、客观和公正的原则,遵循有关法律、法规和资产评估准则的规定,并承担相应的责任;(2) 提醒评估报告使用者关注评估报告特别事项说明和使用限制;(3) 其他需要声明的内容。

对于上述第(2)项,为了使注册资产评估师有效地防范评估风险,防止评估报告被滥用,并使报告使用者更好地理解报告的内容,注册资产评估师在评估报告中应当重点提醒评估报告使用者关注特别事项可能对评估结论产生的影响，提醒报告使用者注意评估结论所对应的使用限制条件，如评估目的与评估用途、评估报告的使用者等。

3. 摘要

评估报告摘要旨在以较少的篇幅描述评估报告中的关键内容，以便委托方和评估报告使用者了解评估报告的主要信息及评估结论。评估报告摘要披露的内容包括：评估目的；评估对象和评估范围；价值类型及其定义；评估基准日；评估方法；评估结论；评估报告日；注册资产评估师签字、盖章和评估机构盖章。

注册资产评估师可以根据评估业务的性质、评估对象的复杂程度、委托方要求等，合理确定摘要中需要披露的其他信息。"摘要"应当与评估报告揭示的结果一致，不得有误导性内容。

4. 正文

评估报告正文应当包括：（1）委托方、产权持有者和委托方以外的其他评估报告使用者；（2）评估目的；（3）评估对象和评估范围；（4）价值类型及其定义；（5）评估基准日；（6）评估依据；（7）评估方法；（8）评估程序实施过程和情况；（9）评估假设；（10）评估结论；（11）特别事项说明；（12）评估报告使用限制说明；（13）评估报告日；（14）注册资产评估师签字盖章、评估机构盖章和法定代表人或者合伙人签字。

上述13项评估报告要素可以基本归纳为以下三类：一是基本事项要素，包括委托方和评估报告使用者、评估目的、评估基准日、评估对象和范围、评估对象和评估范围等内容；二是与评估程序执行相关的要素，包括评估依据、评估方法、评估程序实施过程和情况、评估假设等内容；三是报告结论要素，包括评估结论、特别事项说明、评估报告使用限制、评估报告日等内容。

5. 附件

将报告附件定位为报告的组成部分，是为了强调委托方提交的有关文件、评估机构资格以及其他的证明性文件在整个评估服务中的重要性。附件的内容包括：评估对象的权属证明资料；评估各当事方的相关承诺函；评估机构及签字注册资产评估师资格资质证明文件；评估对象涉及的资产清单或资产汇总表；其他相关资料等。

（六）**评估报告使用者**

评估报告使用者包括委托方、业务约定书中约定的其他报告使用者和法律、法规明确的评估报告使用者。除此之外，任何机构或个人不能由于得到评估报告而成为评估报告使用者。

评估报告使用者应当由资产评估机构通过与委托方的沟通来确定，通常会在业务约定书中进行约定，并在评估报告中明确说明非委托方的其他报告使用者。若无约定其他报告使用者，任何得到评估报告的第三方都不应被视为评估报告使用者。除法律、法规另有规定外，评估机构和注册资产评估师也不会因第三方对评估报告的误用而产生的损失承担任何责任。

如果在业务约定书中没有约定除委托方以外的其他报告使用者，也不存在国家法律、法规规定的使用者的情况下，则评估报告仅供委托方使用。当委托方需要将评估报告提供给委托方以外的其他报告使用者（除法律另有规定以外），注册资产评估师和资产评估机构可以与其他报告使用者明确报告的使用方式及各方的责任。

准则要求在评估报告中阐明委托方和其他评估报告使用者的身份,包括名称或类型,该名称可以是可确指的法人、自然人,如某某公司、某某人,也可以是不确指的一类群体,如国有资产管理部门、证券市场投资人等。

以下几种关于"评估报告使用者"情况也应予以关注:

(1) 在某些法律诉讼情况下,通常法院会作为委托方聘请注册资产评估机构对诉讼标的进行评估,评估报告会作为法院审判时的依据之一。在此情况下,法院是评估报告的当然使用者。

(2) 国资委及其相关机构通常会作为委托方,同时也可以根据国有资产的相关法律法规,如《企业国有资产法》、《国有资产评估管理办法》、《关于改革国有资产评估行政管理方式加强资产评估监督管理工作意见》,成为法律、法规规定的评估报告使用者。

(3) 其他因行政、管理目的而使用报告的相关当事人或机构,如证监、税务、工商管理等部门,法院(非前述委托方情况下)等,通常委托方会将评估报告作为支持性文件递交给这些机构,在此情况下,这些机构仅为评估报告的相关当事方,而非实质的、当然的评估报告使用者。

(七) 评估目的描述

注册资产评估师应当在评估报告中清晰、明确地表明是基于何种评估目的下出具的,即本次评估是为哪一种经济行为服务,同一个评估报告只能用于惟一的评估目的,其结论是服务于评估目的的。一般而言,评估报告只能在特定的评估目的下具有有效性。目前中国资产评估业务涉及的评估目的包括:涉及国有资产各项产权变动经济行为的评估报告;涉及上市公司需要公开披露的评估报告;以财务报告为目的的评估报告;以抵押贷款为目的的评估报告;以满足外资并购的评估报告;以税收为目的的评估报告;其他评估目的。

(八) 评估对象和评估范围描述

准则特别将评估对象和评估范围两个概念进行了区分。评估对象是评估的客体,在业务约定书中,评估对象是评估标的,它是签约当事人权利义务指向的对象。评估范围是指评估对象的周围界限,是评估对象的具体化。不同的评估对象和评估范围所产生的评估结论不同,其所采用的评估方法也不完全相同。

对于企业价值评估而言,评估对象为企业整体价值、股东全部权益价值和股东部分权益价值,而评估范围则是评估对象涉及的资产及负债内容,包括房地产、机器设备、股权投资、无形资产、债权和债务等。准则不仅规定在评估报告中应该载明评估对象和评估范围,还规定要具体描述评估对象的基本情况,通常包括"法律权属状况"、"经济状况"和"物理状况"。

（九）评估基准日

评估基准日的确定在资产评估中影响重大，评估基准日应根据经济行为的性质确定，并尽可能与评估目的的实现日接近。注册资产评估师应当在报告中明确揭示项目资产评估的基准日为某年某月某日。该基准日应与业务约定书中明确的基准日一致。在选择和利用评估基准日时，注册资产评估师应考虑以下因素：

（1）评估基准日应由委托方确定，注册资产评估师可以根据专业经验提供建议。

（2）评估基准日应根据经济行为的性质确定，并尽可能与评估目的的实现日接近，尽量减少和避免评估基准日后的调整事项。

（3）注册资产评估师根据评估基准日，合理选取评估作价依据。注册资产评估师应当在评估报告中申明评估中所采用的价格是不是评估基准日的标准，如不是则说明原因。如基准日是周日无外汇牌价，又如股票市场受宏观经济影响产生巨幅波动等。

（4）一项评估业务只能有一个评估基准日。评估基准日的变更，应当视为一项新的资产评估业务。

（5）委托方若为国有大型企业，评估基准日的确定应事先由其与主管部门沟通，避免评估基准日的变更给评估工作带来不利影响。

评估基准日通常是现在时点，即现时性评估。评估基准日也可以是过去或将来的时点，即追溯性评估和预测性评估。市场经济的不断发展，对资产评估的需求越来越大，除了现时性评估以外，追溯性评估和预测性评估业务也会越来越多。

（十）评估结论表达方式

准则规定了评估报告中评估结论表达的方式，即以文字和数字的形式清晰说明评估结论。因此，能够以文字和数字形式清晰说明评估结论成为注册资产评估师执业中的重要要求之一。以文字和数字形式清晰说明评估结论的重要性不仅体现在对注册资产评估师执业的技术性或业务性的基本要求，即注册资产评估师从技术和业务角度出发，应当做到用文字和数字形式清晰说明评估结论；更体现在各国评估界都将其列为对注册资产评估师的基本职业道德要求之一，即从职业道德的角度出发，注册资产评估师要能做到用文字和数字形式清晰说明评估结论。因为只有注册资产评估师拥有这样的主观动机和愿望，才有可能真正做到清晰地阐述评估结论。

考虑到评估业要适应以后多种业务的需求，准则规定，评估结论通常应当是明确的数值，经与委托方沟通，可以使用区间值表示评估结论。允许以区间值形式表达评估结论，是评估报告准则的一项重大突破。需要强调和注意的是，引入区间值的表达形式，并不是对以确定数值表达评估结论的否定，实际上，评估结论的表达，更多的情况下仍应以确定数值表达。在国外有关的评估准则中，都是要求评估结果为确定数值，在特殊情况下才可以采用区间值表示。可见，以确定数值表达评估结论是评估行业中的客观要求，区间值可以作为一个特殊的表达方式。因此，在通常情况下，评估结论应当是确定的数值。在特定情况下，经与委托方沟通，评估结论可以使用区间值表达。

（十一）特别事项说明

注册资产评估师在撰写评估报告的时候应当对一些特别事项进行说明，并应当重点提醒评估报告使用者关注特别事项可能对评估结论产生的影响。为进一步做好评估报告的特别事项说明，注册资产评估师应当深入理解如下几个方面：

1. 评估报告特别事项说明的定义

特别事项是指在已确定评估结论的前提下，注册资产评估师揭示在评估过程中已发现可能影响评估结论，但非注册资产评估师执业水平和能力所能评定估算的有关事项；特别事项的说明提示评估报告使用者应注意特别事项对评估结论的影响，揭示注册资产评估师认为需要说明的其他问题。

2. 评估报告特别事项披露的意义

评估报告特别事项披露是评估师执业的基本要求，是评估报告使用者在理性阅读评估报告之后合理理解评估结论的基础。评估报告特别事项披露有助于规避评估风险。由于特别事项不是注册资产评估师执业水平和能力所能评定估算的有关事项，而且这些事项可能影响评估结论。评估报告中特别事项说明是注册资产评估师提醒评估报告使用者应注意特别事项对评估结论的影响，揭示企业未纳入评估范围的相关资产和负债账面情况以及揭示注册资产评估师认为需要说明的其他问题。

3. 评估报告特别事项说明的内容

评估报告的特别事项说明中主要包括产权瑕疵、未决事项、法律纠纷等不确定因素以及在不违背评估准则基本要求的情况下，采用的不同于评估准则规定的程序和方法。例如：

（1）产权瑕疵。即评估中所发现评估对象产权中存在的问题。例如：①房产证上所列示资产与实际所勘查的资产存在不一致的现象；②融资租赁的机器设备贷款未付清；③车辆所有人与持证人不统一；④房屋所有人与产权证所列示的所有权人不一致。

注册资产评估师在评估过程中发现评估对象中存在产权瑕疵的问题，应当在特别事项说明中列示，让评估报告使用者能够更好地了解评估报告的信息。

（2）未决事项、法律纠纷等不确定因素，包括：①所有对评估结论产生重大影响的未决事项；②所有对评估结论产生重大影响的法律纠纷；③存在影响生产经营活动和财务状况的重大合同、重大诉讼事项。

注册资产评估师在评估过程中发现所有对评估结论产生重大影响的未决事项和法律纠纷，应当在特别事项说明中列示，让评估报告使用者能够更好地了解评估报告的信息。

（3）重大期后事项。根据监管部门或委托方要求，注册资产评估师可以对评估基准日后重大事项做出披露。具体包括：①说明评估基准日之后出具评估报告前发生的重大事项；②特别提示评估基准日的期后事项对评估结论的影响；③说明发生评估基准日后事项时，不能直接使用评估结论的事项。

（4）在不违背资产评估准则基本要求的情况下，采用的不同于评估准则规定的程序和方法。在具体的评估实践中，注册资产评估师往往会遇到由于客观且不可控的原因，在不违背评估准则基本要求的情况下，采用不同于评估准则规定的程序和方法的情况，对此，注册资产评估师应当在特别事项说明中加以列示。

除了以上特别事项之外，注册资产评估师在评估的过程中如发现其他需要特别说明的事项，需要在报告中披露。

二、《资产评估准则——评估程序》

（一）评估程序定义

准则规定，"评估程序，是指注册资产评估师执行资产评估业务所履行的系统性工作步骤"。关于评估程序定义可以从以下几个方面理解：

（1）《资产评估准则——评估程序》属于程序性准则，承继基本准则中对评估程序的原则规定，是对注册资产评估师履行评估程序的总体要求，涵盖各类评估业务的评估程序要求，从评估业务纵向角度对主要评估程序的履行做出相关规定。

（2）评估程序涵盖评估业务全过程，按照评估业务的进展步骤阐述具体程序。只有履行了合理有效的评估程序，才能出具评估报告。

（3）《资产评估准则——评估程序》是执行各种资产类型、各种评估目的的评估业务所应当遵守的评估程序基本要求，其他各项程序性准则将对评估程序中重要环节的相关事项提出具体要求。

八项基本评估程序的具体内容，有些是强调过程，有些是强调步骤或先后顺序。为综合反映评估程序的内涵，将这些内容定义为系统性工作步骤。

（二）基本评估程序

注册资产评估师通常执行下列基本评估程序：（1）明确评估业务基本事项；（2）签订业务约定书；（3）编制评估计划；（4）现场调查；（5）搜集评估资料；（6）评定估算；（7）编制和提交评估报告；（8）工作底稿归档。

《业务基本准则》第十三条明确规定了一项完整的评估业务通常执行的八项基本评估程序。一项完整的评估业务，可能有资产规模或金额的区别，可能是单项资产评估或企业价值评估，但评估时通常需履行八项评估程序，注册资产评估师不得随意删减。准则要求在工作底稿中应该有执行每一项评估程序的记录。在实际操作中由于评估对象的规模和复杂程度不同，注册资产评估师可以在执行各项评估程序时针对具体情况对每项评估程序执行的繁简程度进行适当调整。

（三）具体评估步骤

准则要求注册资产评估师在执行评估业务时，要针对每一基本评估程序制定并实施具体评估步骤安排。准则将基本评估程序与具体评估步骤在要求上进行了区分。基本评估程序是注册资产评估师执行一项完整评估业务时应该做的重点工作步骤及要求，针对每一基本程序还应有具体的实施安排或步骤。评估师应当根据评估对象、评估范围、业务规模的不同，在制定评估计划时明确现场调查、搜集评估资料、确定估算方法等基本评估程序的具体实施步骤，并确信所制定和实施的具体步骤是合理有效的，能够支持形成的评估结论。例如，利用成本法（资产基础法）执行一项整体企业价值评估业务时，注册资产评估师在履行现场调查程序过程中，应当根据每一单项资产的不同情况制定每一单项资产具体调查的实施步骤。

（四）评估程序受到限制的处理方式

注册资产评估师无论是在接受委托环节，还是在项目操作阶段，应始终进行风险判断，以把握受托评估业务是否能合理完成。当评估程序执行中受到限制，继续执行评估业务存在风险时，评估师应关注以下几点：

1. 分析所受限制的性质

评估师执行评估业务过程中，可能遇到一些具体问题，或履行评估程序受到限制。评估师应当对所受限制的性质进行分析，确定主观限制和客观限制。准则重点对评估师遇到客观限制时做出规范性要求。客观限制的情况通常表现为：

（1）有关方面不配合。例如，长期股权投资的评估，特别是少数股权投资的评估，委托方与产权持有者不一致，可能会出现评估对象管理层或控制人不配合、不提供有关资料的情况；评估范围界定不清或当事人有意隐瞒不配合。

（2）评估对象无法勘查。如轮船未停泊在国内，资产在有危险的地带，关系国家安全保密需要，少数股权投资在国外。

（3）主要的资料、证明无法取得。如由于历史原因没有办理相关产权手续，无法核实到产权资料；对某项实物资产的评估，注册资产评估师无法取得有关技术参数、图纸资料，等等。

2. 评估程序受到限制的处理方式

注册资产评估师遇到客观限制时应进行分析，采取如下方式处理。

（1）终止评估业务。如果所受限制对报告评估目的下的评估结论的合理性产生重大影响，并且无法采取必要措施保证评估结论合理性，注册资产评估师应提出终止评估业务的要求，解除业务约定书。

（2）继续履行评估业务，在特别事项说明和评估报告使用限制中做出相应说明。注册资产评估师在通过采取必要措施弥补评估程序缺失，认为不会对评估结论产生重大影响时，可以继续执行评估程序。同时，应当在评估报告特别事项说明中予以披露执行评估业务过程中受到的限制、无法履行的评估步骤和采取的必要措施，以及对评估结论的影响。

注册资产评估师无法采取必要措施弥补评估程序缺失时，首先应当与委托方进行充分沟通，商定是否继续执行评估业务。如双方商定继续执行评估业务，注册资产评估师应当采取如下措施：

第一，应当在评估报告特别事项说明中予以披露，执行评估业务过程中受到的限制、无法履行的评估步骤和采取的必要措施，以及对评估结论的影响。

第二，在评估报告的使用限制说明中，明确限定评估报告使用者仅为委托方，且仅限用于双方商定的评估目的。

（五）评估业务基本事项

（1）注册资产评估师首先应当明确评估业务的委托方和产权持有者以及是否存在委托方以外的其他报告使用者，在适当及切实可行的情况下了解评估报告使用者及其与委托方的关系。了解委托方与相关当事方的关系很重要，关系到评估业务有关资料搜集与现场调查等有关方面的配合程度，从而关系到评估程序的执行程度。如果在委托环节了解到委托方与被评估方没有投资关系或不是关联方，那么注册资产评估师就应该考虑是否在委托环节重点提出有关的配合问题，引起委托方的重视并明确责任。

（2）注册资产评估师应当与委托方协商，了解与评估业务相关的经济行为，并明确评估目的。评估目的是由引起资产评估的特定经济行为所决定的，对价值类型、评估方法、评估结论等有重要影响。

（3）注册资产评估师应当与委托方沟通，明确评估对象和评估范围。注册资产评估师应当了解评估对象基本情况及纳入评估范围资产的具体类型、分布情况和特性；了解产权持有者所处行业、法律环境、会计政策、股权状况等相关情况。注册资产评估师应当建议委托方合理确定评估范围，并确信所委托的评估范围与评估目的相适应。

（4）注册资产评估师应当与委托方沟通，选择恰当的价值类型，确信选择的价值类型适用于评估目的，并与委托方就具体价值类型的定义达成一致理解。价值类型确定后注册资产评估师才能够确定评估方法，搜集相适应的评估资料，得出合理的评估结论并与评估目的相对应。

（5）注册资产评估师应当与委托方沟通，明确评估基准日。确定评估基准日是委托方的权利与责任，注册资产评估师对评估基准日的确定，只是利用专业经验从咨询角度提出建议。评估报告的使用有效期与评估基准日的确定密切相关，评估基准日的选择应以有利于评估结论有效服务于评估目的为根本，因此要尽量与经济行为的实现日接近，使委托方的评估目的得以实现。

（6）明确评估报告使用限制主要是明确评估报告使用人和使用范围等情况，并在业务约定书中进行明确。委托方有时将评估报告用于审批环节，有时将评估报告公布在报纸等媒体或用于公开发行上市面对广大投资者等，无形中增加了评估机构及注册资产评估师的潜在风险。因此，为更好地根据使用者的需求，提供良好服务，降低风险，应尽量在委托环节了解是否存在潜在的报告使用环节，明确责任并约定报告的使用方式。

（7）注册资产评估师应当与委托方沟通评估报告的提交时间和方式。评估报告的提交时间是指评估机构完成必要评估程序，出具评估报告并提交的时间。提交方式可确定为当面提交或邮寄等。

（8）注册资产评估师应当与委托方沟通，明确评估服务费总额、支付时间和方式。注册资产评估师必须根据了解的情况提出评估收费标准及报价，并与委托方就评估费用、支付时间和方式进行沟通。

（9）注册资产评估师应当根据评估业务具体情况，与委托方沟通，明确委托方与注册资产评估师工作配合和协助等其他需要明确的重要事项。委托方的配合程度对评估业务的执行有直接影响，明确评估业务基本事项时应当明确委托方对评估业务的配合及相关要求。

（六）评估计划

制订评估计划是评估机构对注册资产评估师在执行评估业务中一贯要求的基础工作，为引导评估机构及评估师重视评估计划的实质作用，而不将评估计划流于形式，评估程序准则重点强调以下方面：

（1）注册资产评估师编制评估计划，应当涵盖现场调查、搜集评估资料、评定估算、编制和提交评估报告等评估业务实施全过程。

（2）评估计划内容不仅是对时间及人员的安排，还对制定具体评估步骤提出了更高的要求。

（3）在高标准要求的同时，针对评估行业的评估业务有大有小，评估对象有单项资产及权益资产的实际情况,提出评估师在确定评估计划的繁简程度上可自行安排。

(七) 初步评估结论和最终评估结论的形成

1. 初步评估结论的形成

注册资产评估师应当根据所采用的评估方法,选取相应的公式和参数进行分析、计算和判断,形成初步评估结论。

2. 最终评估结论的形成

注册资产评估师应当对评估资料的全面性、客观性及适时性,参数选取的合理性及适时性,计算公式的正确性,计算表格链接的正确性等进行分析;将评估结论再次核实是否与评估目的及价值类型相适应。进行相关增减值分析,判断评估结论的合理性。

当采用多种评估方法时,注册资产评估师应当对各种评估方法所得出的价值结论进行比较,在分析所使用评估资料、数据、参数的质量和数量等因素的基础上,综合考虑不同评估方法和初步评估结论的合理性,分析可能存在的问题并做出相应的调整,最终确定出合理的评估结论。

(八) 必要沟通

在提交正式评估报告前,注册资产评估师可以与委托方或委托方许可的相关当事方就评估报告有关内容进行必要沟通。沟通的内容包括但不限于:是否存在与评估对象实际情况不一致的情况;是否履行了业务约定书约定的内容;在不影响评估师独立性的前提下,对评估方法的适应性、参数选取的合理性、具体公式选取及计算的正确性,评估目的、价值类型和评估方法是否匹配等进行沟通。

注册资产评估师与委托方的沟通是听取委托方、产权持有者等对评估结论的反馈意见,并引导委托方、产权持有者等合理理解资产评估结论的过程。

三、《资产评估准则——业务约定书》

随着评估行业管理体制的变迁、评估行业的发展和评估业务的扩展,评估机构和注册资产评估师日益成为评估行业风险主体,评估业务中新的风险点也不断出现,需要进一步明确的相关各方责任义务等内容也随之增加。为促进评估机构和注册资产评估师提高风险意识,指导评估机构和注册资产评估师合理界定评估业务各方当事人权利、义务,需要对资产评估业务约定相关行为做出进一步规范。本准则制定的主要目的是:规范业务约定书签约各方在签约、履约等环节的有关行为,明确签约各方的权利和义务,维护社会公共利益和资产评估各方当事人合法权益。

(一) 业务约定书定义

准则规定:"业务约定书,是指评估机构与委托方签订的,明确评估业务基本事项,约定评估机构和委托方权利、义务、违约责任和争议解决等内容的书面合同"。

准则适用范围是评估机构与委托方为实现一定目的,明确相互权利义务关系而订立的合同。业务约定书具有自己特定的范围:一是合同主体。合同一方为评估机构,另一方为委托单位或个人。二是合同的内容。主要是确认委托基本事项、委托方与被委托方的权利和义务、违约责任和争议解决方法等。三是合同订立方式。业务约定书要采取书面的方式订立。

（二）业务约定书的基本内容

业务约定书主要条款应当包括：

（1）评估机构和委托方的名称、住所。

（2）评估目的。

（3）评估对象和评估范围。

（4）评估基准日。

（5）评估报告使用者。

（6）评估报告提交时间和提交方式。

（7）评估服务费总额、支付时间和方式。评估服务费是委托方向评估机构支付的价款，评估服务费应当在业务约定书中规定清楚或者明确计算方法。有些业务约定书比较复杂，涉及其他可能支出的费用，在这种情况下，由谁支付、支付时间和支付的方式要在业务约定书中清楚规定。

（8）评估机构和委托方的其他权利和义务。因评估业务的委托和受托所涉及的权利和义务内容多且复杂，通过列举的方式难以穷尽。为了保证准则能对评估业务的委托和受托所涉及的权利和义务的内容不遗漏，故在列举的同时加上评估机构和委托方其他权利和义务的内容。

（9）违约责任和争议解决。违约责任是指当事人一方或者双方不履行业务约定书或者不适当履行业务约定书，依照法律规定或者按照当事人的约定应当承担的法律责任。违约责任是促使当事人履行业务约定书义务，使对方免受或少受损失的法律措施。

（10）签约时间。明确的签约时间，有利于避免由于业务约定书生效时间不确定而导致的纠纷。

此外，业务约定书还可根据不同情况设立其他条款。如当事人在不违反法律的情况下，可根据实际情况在业务约定书中约定特别权利、义务条款。

（三）业务约定书的中止和终止

评估程序所受限制对与评估目的相对应的评估结论构成重大影响时，评估机构可以中止履行业务约定书；当评估程序所受限制无法排除时，评估机构可以解除业务约定书。

业务约定书是在初步了解评估业务基本事项，在评估工作实施前签订的。在签订业务约定书之后，随着评估工作的展开和深入，产权持有者的具体情况、评估对象的具体情况以及可能影响评估结论的评估假设和限制条件可能与初步了解的情况之间存在差异，评估工作可能会受到限制，而这些限制可能会对评估结论的合理性产生重大影响。在这种情况下，如果业务约定书尚未就注册资产评估师中止和解除业务进行约定，注册资产评估师继续开展评估工作，出具评估结论，可能给注册资产评估师和评估机构带来巨大风险。因此，准则的规定能够在一定程度上防范注册资产评估师的执业风险。

（四）业务约定书的变更

（1）签约各方发现相关事项约定不明确，或者履行评估程序受到限制需要增加、调整约定事项的，可以协商对业务约定书相关条款进行变更。

业务约定书实质是经济合同，如业务约定书签订各方协商一致，可以变更业务约定书。业务约定书当事人协议变更的，其业务约定书变更适用于合同法关于要约和承诺的规定。希望变更业务约定书的一方首先向对方提出变更业务约定书的要约，该要约应包括希望对业务约定书的哪些条款进行变更，如何变更，需要删除、增加或补充哪些内容。对方收到此要约后进行研究，如果同意，以明示的方式答复要约方，即为承诺；如果不同意，或部分同意部分不同意，也可以提出自己的修改或补充意见，双方经过反复协商直至达成一致。变更业务约定书时，对变更的内容应进行明确约定，业务约定书签约各方对变更内容约定不明确的，视为未变更。需要注意的是，如果原来的业务约定书是经过公证或鉴证的，变更后的业务约定书应报原公证或鉴证机关备案，必要时还可以对变更的事实予以公证或鉴证。

（2）评估目的、评估对象、评估基准日发生变化，或者评估范围发生重大变化。

在业务约定书中，评估目的、评估对象、评估基准日，都属于业务约定书的主要条款。这些主要条款一旦变化，对业务约定书的履行有重大影响，而且当评估目的、评估对象、评估基准日中任何一项因素出现变化时，原先签订的业务约定书失去了继续履行和继续生效的基础，业务约定书的签约各方有义务对业务约定书进行变更，否则可能损害各方利益，产生不必要的风险。因此，当评估目的、评估对象、评估基准日等发生变化，或评估范围发生重大变化，就有必要签订书面补充协议或重新签订业务约定书。

（五）违约责任和争议解决

1. 违约责任

违约责任是指当事人一方或者双方不履行合同或者不适当履行合同时，依照法律的规定或者按照当事人的约定应当承担的法律责任。违约责任是促使当事人履行合同义务，使对方免受或少受损失的法律措施，也是保证合同履行的主要条款。违约责任在合同中非常重要，一般对于违约责任均做较为详尽的规定。但法律的规定是原则性的，即使细致也不可能面面俱到，照顾到各种合同的特殊情况。当事人为了特殊的需要，为了保证合同义务严格按照约定履行，为了更加及时地解决合同纠纷，应当在合同中约定违约责任，如约定定金、违约金、赔偿金额以及赔偿金的计算方法等。

按照合同是否履行与履行状况，违约行为可分为合同的不履行和不适当履行。合同的不履行，指当事人不履行合同义务。合同的不履行包括拒不履行和履行不能。合同的不适当履行，又称"不完全给付"，指当事人履行合同义务不符合约定的条件。不适当履行又分为一般瑕疵履行和加害履行。一般瑕疵履行又含迟延履行。违反合同义务，就要承担违约责任。《民法通则》第一百一十一条规定："当事人一方不履行合同义务或者履行合同义务不符合约定条件，另一方有权要求履行或者采取补救措施，并有权要求赔偿损失。"据此，承担违约责任的种类有继续履行、采取补救措施、停止违约行为、赔偿损失，此外，还有支付违约金及定金责任等形态。

2. 不可抗力处理

不可抗力造成违约的，违约方没有过错，通常是免责的。但法律规定因不可抗力造成的违约也要承担责任的，违约方也要承担无过错的违约责任。按照违约主体的不同，可分为单方违约和双方违约。当事人一方违约的,称为单方违约;双方当事人都违约的,称为双方违约。单方违约的,违约方承担违约责任;双方违约的,各自承担相应的违约责任。

3. 争议解决的方式和地点

业务约定书约定解决纠纷的方式一般有两种:仲裁裁决或人民法院诉讼解决。当事人不愿和解、调解或者和解、调解不成的,可以根据仲裁协议向仲裁机构申请仲裁。涉外业务约定书的当事人不仅可以约定向中国仲裁机构申请仲裁,也可以约定向国外的仲裁机构申请仲裁。仲裁机构是依照法律规定成立的专门裁决争议的机构。仲裁机构做出的裁决具有法律约束力。仲裁机构不是司法机关,其裁决程序简便,处理争议较快。当事人发生纠纷,可以根据事先或者事后达成的仲裁协议向仲裁机构申请仲裁。申请仲裁需要业务约定书各方当事人订立仲裁协议,没有订立仲裁协议,一方当事人不能申请仲裁。当事人没有订立仲裁协议或者订立的仲裁协议无效,可以向人民法院起诉,通过诉讼解决争议。人民法院的判决、裁定、调解书和仲裁机构的裁决书都是发生法律效力的法律文书,当事人应当自动履行;拒不履行的,对方当事人可以申请人民法院强制执行。

关于解决纠纷的地点,我国《民事诉讼法》第二十五条规定:"合同双方当事人可以在书面合同中协议选择被告住所地、合同履行地、合同签订地、原告住所地、标的物所在地人民法院管辖,但不得违反本法对级别管辖和专属管辖的约定。"所以,业务约定书中争议的解决地点,可以由签约双方在《民事诉讼法》第二十五条规定的范围内选择商定。

四、《资产评估准则——工作底稿》

工作底稿是注册资产评估师执行评估业务形成的,反映评估程序实施情况、支持评估结论的工作记录和获取的资料。工作底稿的编制和管理是评价、考核注册资产评估师专业胜任能力和工作业绩的依据,是判断评估机构及注册资产评估师责任的有效证据,是控制评估质量和监控评估工作的重要手段。规范工作底稿将对评估机构和评估行业的健康发展起到重要作用。

(一) 工作底稿类型及相关定义

工作底稿通常分为管理类工作底稿和操作类工作底稿。

1. 管理类工作底稿

管理类工作底稿是指注册资产评估师在执行评估业务过程中,为承接、计划、控制和管理评估业务所形成的工作记录及相关资料,侧重于项目的组织管理过程和评估报告的质量控制。

评估师在执行评估业务过程中的不同阶段,均应形成相应的工作底稿。在评估业务承接阶段,主要整理以下三方面内容的工作底稿:(1)关于评估业务基本事项的工作底稿,记录项目承接人对评估项目大致了解的相关信息,便于对评估项目做出风险判断并制定计划;(2)关于风险评价的工作底稿,以反映评估师对项目存在的风险水平做出的判断,当风险超过注册资产评估师可承受范围时,评估师不应承接该项目;(3)业务约定书,以反映业务约定书签订以及评估目的、评估对象和范围、评估基准日、价值类型、评估服务费、评估报告类型、评估报告提交时间等内容。

在评估业务计划阶段，评估师应该形成评估业务计划工作底稿。《程序准则》第十四条要求：注册资产评估师应当编制评估计划。评估计划的内容涵盖现场调查、搜集评估资料、评定估算、编制和提交评估报告等评估业务实施过程。

在评估业务控制和管理阶段，评估师应该形成评估业务控制和管理的工作底稿。主要包括：（1）评估过程中重大问题处理记录工作底稿，记录评估项目实施过程中，注册资产评估师遇到重大问题向评估机构负责人请示，经评估机构负责人会同有关部门商定签发处理意见，并由注册资产评估师根据批示意见处理的过程；（2）委托方的反馈意见和管理部门评审意见的工作底稿，记载委托方反馈意见和管理部门评审意见，注册资产评估师对反馈意见的处置意见，评估机构负责人的审核意见等；（3）评估报告审核情况工作底稿，主要反映评估机构内部对评估报告审核情况；（4）评估报告送达情况的工作记录，是记载评估报告送交委托方时的交接过程。

2. 操作类工作底稿

操作类工作底稿是指注册资产评估师在评估实施过程中，包括履行现场调查、搜集评估资料和评定估算程序时所形成的工作记录及相关资料。其侧重于现场调查、评定估算过程，由注册资产评估师及其助理人员编制，反映注册资产评估师在执行具体评估程序时所形成的工作成果。

操作类工作底稿名目繁多，按评估方法可分为市场法、收益法、成本法的工作底稿；按评估过程可分为现场调查、搜集资料、评定估算的工作底稿；按工作底稿的来源可分为由注册资产评估师编制的和由委托方及相关当事方提供的工作底稿。总之，注册资产评估师在现场调查、评定估算过程中所形成的工作记录及搜集的相关资料均应该成为操作类的工作底稿。

（二）工作底稿中委托方和相关当事方义务

委托方和相关当事方提供的与评估业务相关的资料，应当由提供方签字、盖章或以其他方式确认。在评估中，有相当部分的工作底稿是由委托方和相关当事方提供的，有些是反映委托方基本情况的，如企业的营业执照、国有资产产权登记证、房地产权证等，需要提供方签字或盖章确认；有些是确定评估范围的，如评估资产申报明细表，更需要提供方签字或盖章确认。这实际上是责任划分问题，提供资料的一方，原则上应当对资料的真实性、完整性、合法性负责。

（三）工作底稿归档

注册资产评估师在评估业务完成后，应当及时整理工作底稿并与评估报告一起归档，其归档完成时间应当在评估报告日后 90 日内。评估档案包括工作底稿、评估报告及与工作底稿、评估报告相关的资料等。在具体的工作中，评估机构应做到以下几个方面：

1. 确定专责人员归集档案

为了保证档案管理的规范性，各资产评估机构应当明确档案管理人员对工作底稿业务档案进行管理。评估机构的业务档案管理人员应具备良好的职业道德素质和专业素质，并接受过档案管理方面的专业培训。评估机构的业务档案实行集中统一管理，接受同级档案行政管理部门、行业监管部门的监督、指导。

每项业务完成后，项目经理应及时将档案资料完整归集，编写页码，编制目录并装订成册，经检查合格后，交档案管理人员，由双方核对交接并签字后归档。

2. 确定档案的内容及形式

在业务归档工作中，评估机构应当将评估报告和工作底稿一并进行归档。其中，工作底稿的具体内容一般包括：管理类工作底稿；操作类工作底稿。

在档案的形式方面，除了纸质文件外，还有电子文档的形式。工作底稿电子文档形式应当符合以下基本要求：

（1）同一底稿既有书面形式，又有电子文档时，电子文档应当与书面形式的内容完全相同。

（2）电子文档应当反映修改的痕迹。

（3）电子文档要有必要的备份，加贴标签、做加密和防病毒处理。

（4）评估项目完成后电子文档应及时完整地移交档案管理人员。

3. 档案的管理

各业务人员在评估项目工作结束后，必须将评估业务工作过程中形成的文件材料和工作底稿，按归档要求进行整理后及时向档案管理人员移交，任何人不得拒绝归档或据为己有。

归档后，档案管理员应登记造册，整齐存放，妥善保管，并定期（如每年年底）对档案进行核对，确保业务档案的安全、完整。

资产评估机构的业务档案管理人员因工作需要发生变动时，应办理档案交接手续，安排有关人员监交。交接手续办理完毕后，移交人、接收人都要在移交表上签章。移交人必须办完移交手续后方可离开。

资产评估机构应当建立健全业务档案归档交接、借阅、复印登记、保密等管理制度，完善业务档案借阅手续，对业务档案中涉及的商业秘密予以保密。

任何人不得对档案进行损毁、涂改、伪造和泄密。对违反规定已造成损失的人员，由档案行政管理部门、有关主管部门依法处理。

资产评估机构因撤销、解散或其他原因而终止的，应当根据相关规定妥善管理业务档案。

（四）评估业务档案保管年限

工作底稿等评估业务档案在证明注册资产评估师履行评估程序，支持评估结论等方面发挥了重要作用。为保护评估机构、评估人员的合法权益，维护社会公共利益，规范评估机构保管评估业务档案行为，工作底稿准则中对评估业务档案的保管年限做出相应规定。准则规定评估业务档案自评估报告日起均至少保存10年。超过保管年限的工作底稿评估机构可以自行处置，处置工作底稿档案应当按照国家有关规定。

（五）电子文档或其他介质业务档案管理

准则认可电子介质底稿，规定工作底稿的形式可以是纸质、电子或其他介质形式存在。但为了可能消除电子介质文档存在问题及隐患，准则同时要求评估机构应采取适当措施保证电子或其他介质的业务档案的完整性和有效性。对于评估项目中一些重要的工作底稿,如评估业务执行过程中的重大问题处理记录,对评估结论有重大影响的现场勘查记录、询价记录和评定估算过程记录等,要求同时形成纸质档案。

(六)工作底稿的保密

工作底稿涉及客户的商业秘密,评估机构、注册资产评估师有责任为客户保密。评估机构应当建立评估档案保密制度。并认真履行保密责任。

工作底稿可在下列情况下查阅:

一是司法部门按法定程序进行查询的。司法部门一般指的是法院、检察院、公安部门为办案需要,按司法程序办理相关手续前来查阅工作底稿。纪检、监察部门在我国也承担了司法部门尚未介入、但必须查清的相关案件的任务,如果办理了相关手续也可以查阅工作底稿。

二是依法有权审核评估业务的政府部门,按规定程序查阅工作底稿。如资产评估行业行政主管部门和资产监管部门,在管理、核准、备案评估项目时,或证监会在审核上市公司时,需查阅相应的工作底稿,应当允许其查阅。

三是资产评估行业协会按规定程序对执业质量进行检查的。资产评估行业协会负有监管评估机构提高评估质量,促进评估机构、注册资产评估师按法律、法规、准则做好评估工作的职责。协会定期或不定期组织对评估机构进行检查,在检查中抽查工作底稿是一个主要内容。

四是其他依法可以查阅的情形。做这一规定主要考虑目前可能存在尚未考虑到,但依法需要查阅工作底稿的情况。

工作底稿归档后,需要查阅的,应当经过评估机构负责人批准,评估机构应当建立查阅登记记录。

公司评估人员查阅业务档案资料,应当办理借阅手续,并经公司有关负责人签字批准,且在规定时间内完整归还,一般不得带出公司。外单位借调评估档案,需经负责人批准。

五、《资产评估准则——利用专家工作》

因专业知识和经验限制等原因,在评估业务执行过程中利用专家工作,是评估领域的通行做法。评估实践中,也大量存在引用一些单项资产评估机构的评估结论的情形。利用专家工作准则对于什么是专家工作、如何利用专家工作、利用专家工作的责任、披露等问题进行了规范,对于进一步完善资产评估准则体系,规范注册资产评估师利用专家工作的行为,明确利用专家工作的责任,合理防范职业风险,推动我国资产评估实践的精细化、专业化,提升整个评估行业的公信力,具有重要的现实意义。

(一)利用专家工作的情形

专家是指在评估以外某一专业领域具有特长的个人或组织,并且其工作被注册资产评估师利用,以协助注册资产评估师进行专业判断。理论上,利用专家工作是在注册资产评估师具备专业胜任能力的前提下进行的。因此,利用专家工作不是利用专家直接从事资产评估工作,而是利用专家进行与资产评估相关的工作。

实践中,利用专家工作存在三种不同的情形:一是利用个人专家协助工作或提供特殊专业领域的专业帮助;二是获取的其他专业机构曾经出具的专业报告、或评估执业中为评估工作所需聘请相关专业机构出具专业报告、或根据相关规定与评估一起服务于同一经济行为而出具的相关专业报告(如审计),评估师利用这些专业报告,作为评估参数确定的参考依据或评估依据;三是资产评估结论汇总了其他单项资产评估机构的结论,特别是企业价值评估实践中引用土地使用权估价报告、引用矿业权评估报告(参见表3-1)。

表3-1

聘请专家协助工作	利用专业报告	引用单项资产评估结论
作用:专业支持	作用:评估依据	作用:评估结论的组成部分
(1)对资产性能、先进性等的专业判断; (2)对特殊资产实物状况、技术状况和使用状况的判断; (3)对特殊行业企业运营、市场状况的判断等。	(1)对资产数量和实物状况的测定报告; (2)需用特殊技术或方法的相关测算报告; (3)特殊资产的清查,必要的技术鉴定或检测报告; (4)特殊行业或者特殊业务的分析判断报告; (5)审计报告; (6)针对预测性财务信息的审核报告; (7)资产权属、相关文件和合同等的法律意见。	(1)评估报告性质、评估目的、评估基准日及评估结论使用有效期一致; (2)评估对象范围一致或适应; (3)资产类型一致,负债完整; (4)评估参数依据一致、结果匹配; (5)假设前提和使用前提完全匹配; 上述五项条件均具备的条件下,将单项资产评估结果,汇总在资产评估报告结论中,构成结论一部分。

(二)聘请专家协助工作

在我国评估实践中,为了解、判断资产的性能,确定资产重置价值、成新程度,常常聘请专家帮助评估师,特别是在具有显著行业特点的资产的性能、资产的先进性、替代性、实物状况、技术状况、工艺流程、资产市场价格水平等方面。

1. 选择专家的基本要求

注册资产评估师聘请专家协助工作,有三个基本要求:一是所聘请专家具有专业胜任能力;二是所聘请专家的工作能够满足评估需要;三是所聘请专家的工作应独立客观。

2. 聘请专家的程序要求

首先,聘请专家是否需要委托方同意?在我国评估实践中,聘请专家协助工作,绝大多数情况是评估机构根据项目具体情况,特别是行业特殊性和资产特点,自身聘请专家协助评估工作,并不征求委托方的意见。但如果所聘请专家可能影响评估师独立性,特别是当专家与被评估单位之间存在某些特殊关联时,专家独立性可能受到损害,专家工作的客观性可能受到影响，这种情况下征得委托方同意，是十分必要的。

其次，评估机构是否需要与所聘请专家签署聘用合同，合同应当明确哪些内容？考虑到评估实践的复杂性和多样性，准则对是否一定要签署聘用合同未予明确，评估师和评估机构可以根据自身管理制度、评估项目实际情况以及专家的意愿或要求，决定是否签署聘用合同。但是，在聘请专家协助工作时，无论是否签署合同，都必须与专家明确以下事项：

（1）专家工作的目标、范围和成果。专家工作的目标是指利用专家做什么，如对特定资产的技术先进性做出判断、对资产的尚可使用年限做出估计等。专家工作的范围是指围绕专家工作的目标在哪些方面及如何开展工作。

（2）专家工作的预定用途，主要是指利用专家工作结果作为评估依据，如专家对某电厂发电机尚可使用年限做出估计，评估师据此估算该发电机的成新率。

（3）对信息保密的要求，即要求专家对在执业过程中知悉的被评估单位的信息保密。

（三）利用专业报告

各种不同的经济行为类型和繁杂的资产类型，涉及各种不同的行业。从专业角度看，每一个行业都是一个有机的整体，涉及大量十分专业的知识领域。执行具体评估业务，注册资产评估师确定评估参数时，需要详细理解行业特征、行业所属企业的资产特点、生产工艺流程、企业经营管理模式，有时需要通过利用专业报告来完成。

1. 利用专业报告的领域

（1）对资产的数量和实物状况的测定。例如，地面上堆积的各种物质（如煤炭、木材）的数量和体积的测量，矿产资源（如石油、煤、金矿等）的资源储量的估算，通常需要利用专业报告完成。

（2）需要特殊技术或方法的金额测算。例如，保险赔偿金额的计算、社会保险金和退休养老金的计算等，可能涉及利用精算师的工作。

（3）未完成合同中已完成和未完成工作的进度。例如，计量工程的进度、合同的执行情况、计算机软件开发的进度等，可能涉及利用工程师和IT专家的工作。

（4）涉及法律法规和合同的法律效力。例如，关于合同、协议、章程的解释，对未决诉讼和法律纠纷进展情况与处理结构的分析，对合同或其他法律文书的潜在重要性的解释等，通常需要律师的帮助。

2. 专业报告的种类

（1）财务报表审计报告。在我国资产评估实践中，特别是国有企业改制、产权转让、上市公司并购重组中，注册会计师出具审计报告，其中的审计后的资产负债表是资产评估非常重要的基础。对此，相关部门也做出了十分明确的规定。比如，《国务院办公厅转发国资委关于进一步规范国有企业改制工作实施意见的通知》明确要求企业实施改制必须由审批改制方案的单位确定的中介机构进行财务审计和资产评估。

（2）交通量预测报告。2010年4月16日，交通运输部发布《公路建设项目可行性研究报告编制办法（2010版）》。该办法附件3《交通量分析与预测方法》规定了交通量预测的主要内容、预测年限、预测方法、预测步骤、预测条件。评估利用"交通量分析与预测报告"确定交通流量时，应当系统分析报告中披露的公路交通调查与分析、相关运输方式的调查与分析、预测思路与方法,特别是预测结果及分析部分的内容(含比选方案),其中路段交通量、互通立交转向交通量、特征年车型构成、无此项目时相关公路交通量等结果,是十分重要的参数确定依据。

(3)矿产资源储量报告。矿产资源储量报告是指具有地质勘查资质单位编制的矿产地质勘查报告、资源储量核实报告、资源储量检测报告、资源评价报告、矿山生产勘探报告等的总称。

(4)森林资源核查报告。森林资源资产的实物量是价值量评估的基础,评估机构在森林资源资产价值量评定估算前,必须对委托单位提交的有效森林资源资产清单上所列示资产的数量和质量进行认真的核查,可以根据有关规定委托具有相应资质的林业专业核查机构对委托方或者相关当事方提供的森林资源资产实物量清单进行现场核查,由核查机构出具核查报告。

(5)可行性研究报告。可行性研究报告主要是通过对项目的主要内容和配套条件,如市场需求、资源供应、建设规模、工艺路线、设备选型、环境影响、资金筹措、盈利能力等,从技术、经济、工程等方面进行调查研究和分析比较,并对项目建成以后可能取得的财务、经济效益及社会影响进行预测,从而提出该项目是否值得投资和如何进行建设的咨询意见,为项目决策提供依据的一种综合性分析方法。

3. 聘请专业机构的程序要求

(1)关于评估机构聘请专业机构。与聘请专家协助工作性质一致,我国评估实践中,绝大多数情况是评估机构根据项目具体情况,特别是行业特殊性和资产特点,自身聘请专业机构出具专业报告,作为评估依据。

签署利用专业报告约定文件。与聘请专家不同,聘请专业机构,必须由评估机构与专业机构签署约定文件,明确工作的目标、范围和成果;工作成果的归属及预定用途以及对信息保密的要求。

(2)关于委托方聘请专业机构。评估实践中,对于涉及资产权属、与资产负债相关的法律问题,报表审计等事项,通常可以要求委托方聘请专业机构出具满足评估需要的专业报告。

4. 专业报告的利用

(1)在开展评估工作的同时聘请专业机构出具专业报告的情形。聘请专业机构时,应当提出出具专业报告的具体要求,以满足评估工作的需要。聘请专业机构的原因或出发点,是评估中涉及特殊的专业领域,需要专业机构的专业报告满足评估工作的需要。专业机构工作的任务是利用其专业背景、专业规范,经过一定的专业程序,出具满足评估需要的专业报告。

与评估同时开展相关工作的专业机构出具的专业报告作为评估依据时,应当考虑其与资产评估的专业衔接关系。这里主要是指评估师与注册会计师的关系。某些经济行为,如在企业改制中,注册会计师和评估师的工作是非常重要的两个方面。改制财务审计的内容为改制企业的会计报表。注册会计师在对改制企业的财务状况、经营成果、现金流量、资产质量等基本经营情况进行全面审计的基础上,形成审计结论,对企业编制的会计报表及其附注发表客观公正的审计意见。改制审计报告是改制方案的依据,是改制资产评估的基础,按规定未经审计不得实施改制资产评估。

(2) 利用已有专业报告时,应考虑专业报告作为评估依据的时效性。关注专业报告的时效性,其目的是专业报告的有关依据、参数及据此得出的相关结论,对资产评估来说是有效的。比如,依据的相关法律法规以及技术规范等,未被修订或废止。专业报告具有时效性并不一定表明其作为评估是可靠性的,但时效性是可靠性的必要条件(参见表3-2)。

表3-2　　　　　　　　　　　　常见的专业报告种类

情形	途径	实践中常见的报告
评估前已经有的专业报告	公开发表、出版的 已经正式出具的相关专业报告	(1) 车流量预测报告(专门); (2) 公路项目的可行性研究报告(交通量预测部分); (3) 矿山建设初步设计(或可研报告); (4) 无居民海岛开发利用具体方案; (5) 矿产资源储量报告; (6) 专利实施项目可研报告。
与评估同时进行的、法定的工作所形成的专业报告	某些经济行为,需要评估、审计、法律等专业机构共同、同一时间段、按照相关规定,进行各自工作,并出具专业报告	(1) 财务报表审计报告; (2) 盈利预测审计报告; (3) 法律意见书。
因评估需要而专门聘请的机构工作,形成的专业报告		(1) 森林资源核查报告; (2) 珠宝首饰鉴定分级报告。

(四) 引用单项资产评估报告

在评估实践中,当对一个整体企业进行评估时(特别是企业改制评估项目),受评估行业管理体制的限制,企业同时委托不同评估专业机构(如我国土地使用权和矿业权的评估)对企业资产分解评估,分解备案审批,资产评估机构将不同评估专业的评估结果合计汇总,得出企业整体价值。资产评估机构在资产评估报告评估结果中汇总土地和矿业权评估报告的评估结果,从而形成了我国独有的评估引用模式。将单项资产评估报告结果合理引用为资产评估结论的组成部分的前提,是注册资产评估师了解单项资产评估业务的基本情况,准确理解单项资产评估报告的相关内容。注册资产评估师不但要掌握相应专业评估的方法,还要了解相应单项资产评估的相关规定和技术规范。比如,采用资产基础法对涉矿企业价值评估,引用矿业权评估报告的评估结论时,应当了解矿业权价款分期缴纳的规定,判断将矿业权评估结果引用为资产评估结论时,可能存在"未交价款"的负债,从而避免将资产引用为"净资产"(或权益)。

引用单项资产评估报告操作的具体要求包括：（1）要求必须一致的评估要素，包括评估报告的性质、评估对象和资产类型、评估目的、评估基准日及评估结论使用有效期、评估结论五个方面；（2）要求必须包括的要素（资产评估报告必须包括所引用单项资产评估报告的内容），包括评估范围、假设前提、使用限制三个方面；（3）要求必须匹配的要素，包括与引用资产类型相关的负债、评估相关评估参数等的匹配性；（4）要求必须关注的要素，包括拟引用单项资产评估报告的相关备案审核文件资料、拟引用单项资产评估报告披露的特殊事项；（5）关于增减值分析的要求。

（五）利用专家工作的责任

"聘请专家协助工作"，是评估机构和注册资产评估师"自觉"和"主动"的行为，这与境外资产评估的理解和做法类似。所以，评估机构和注册资产评估师应当对利用专家工作负责，不能因利用专家工作而减轻责任。这些规定与发布实施的其他评估准则的原则保持一致。注册资产评估师在利用专家工作时，不仅应履行必要的程序，还应当采取各种措施了解专家的业务能力和水平，评价专家工作的合理性和可靠性，明确应当承担的责任。

"利用专业报告"，情况较为复杂，对于为资产评估工作而主动、自觉的获得其他专业机构已经正式出具的专业报告，或由评估机构聘请专业机构出具专业报告，作为评估参考依据的，注册资产评估师在利用专业报告时，也应履行必要的程序，还应当采取各种措施理解专业报告，评价专业报告作为评估依据的合理性和可靠性，这类似于聘请专家协助工作，一般应当承担责任。对于评估执业由委托方聘请的专业机构出具专业报告，与上述情况稍有区别，通常认为类似于委托方提供评估资料的情形。而根据相关规定与评估一起服务于同一经济行为而出具的相关专业报告，作为评估参数确定的参考依据或评估依据，与上述情形完全不同。

"引用单项资产评估报告"的责任，应当与上述两种情形区别开来。在引用单项资产评估报告时，注册资产评估师没有像对其他资产一样对单项资产进行系统的核实、评估作价工作，所引用的报告如果存在过错、虚假等，可能会牵涉到注册资产评估师。但应当认识到，评估实践中，注册资产评估师通常是与土地估价师、矿业权评估师同时开展现场工作的，即使不在同一时间进行现场工作，均受聘于企业为其相应的经济行为提供评估服务，就有关问题进行沟通，也并不困难。

六、《资产评估职业道德准则——独立性》

资产评估职业道德具体准则是根据资产评估职业道德基本准则中的一些重要内容对评估实践中存在的与职业道德有关问题做出进一步规范。《资产评估职业道德准则——独立性》是目前资产评估职业道德的第一项具体准则，其明确了可能影响独立性的主要情形和维护独立性的补救措施，不仅丰富了职业道德准则体系的内容和提升职业道德要求的操作性，也为评估机构和注册资产评估师在执业过程坚持职业道德提供了有效指导，还能为监管方审核、评判评估业务中的职业道德行为提供了技术支持和具体标准。

（一）独立性的定义

资产评估职业道德具体准则的独立性是指评估机构和注册资产评估师在执业过程中不

受利害关系影响、不受外界干扰的执业原则。

这里的"独立性"是根据《资产评估职业道德准则——基本准则》第五条提出的"恪守独立、客观、公正的原则"的精神，要求评估机构和注册资产评估师应当恪守独立性理念，执业中应当独立进行分析、估算并形成专业意见，不受委托方或者相关当事方的不利影响。在执行评估程序过程中，应当保持必要的职业审慎态度，识别可能影响独立性的情形，合理判断其对独立性的影响，采取恰当措施保证在评估过程中保持独立性，并使执业过程的职业行为在形式上和实质上都应当坚持独立性。

（二）影响独立性的情形

影响独立性的情形通常包括评估机构、注册资产评估师或者其亲属与委托方或者相关当事方之间存在经济利益关联、人员关联或者业务关联。亲属是指配偶、父母、子女及其配偶。

（1）经济利益关联。经济利益关联是指评估机构、注册资产评估师或者其亲属拥有委托方或者相关当事方的股权、债权、有价证券、债务，或者存在担保等可能影响独立性的经济利益关系。

（2）人员关联。人员关联是指注册资产评估师或者其亲属在委托方或者相关当事方担任董事、监事、高级管理人员或者其他可能对评估结论施加重大影响的特定职务。

（3）业务关联。业务关联是指评估机构从事的业务之间可能存在利益输送或者利益冲突关系。

以上关联关系的存在，将使掌握充分相关信息的第三方做出评估机构及注册资产评估师未能保持独立的结论，因此，即使以上关联关系的存在可能并不影响注册资产评估师精神独立，但也应该采取相应措施或予以回避。

（三）消除独立性不利影响的主要措施

人员回避、业务回避、消除关联关系都从根本上解决了影响形式上独立的事项，也是消除独立性不利影响的主要措施之一。

当关联关系未能在前置评估程序中发现或者虽然发现了但按照独立性风险控制目标当时可以忽略但其后演变为不可忽略时，通过项目组之外的人员对评估报告、工作底稿及评估程序等进行充分审核，以发现并纠正可能存在的影响独立性的事项。

当该事项无法避免时，在报告中就该事项予以披露，提请评估报告使用者注意该事项对评估程序的影响及对评估结论可能发生的影响。

（四）对消除独立性不利影响措施无效的处理

当所采取措施均无法消除对独立性的不利影响时，评估机构和注册资产评估师应退出该评估业务，这也是评估机构为维护机构形象、维护行业形象，保障评估机构和注册资产评估师的正当权益而付出的机会成本。

（五）在工作底稿中记录独立性风险控制和程序

为保证职业道德准则的独立性在执业中有效执行和在执业过程的独立性能得到验证，该准则也要求注册资产评估师应当在工作底稿中记录其遵守独立性风险控制和程序的情况，包括识别影响独立性的情形、所采取措施及其结论。

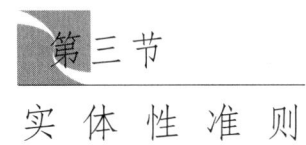

第三节 实体性准则

资产评估实体性准则包括具体准则、评估指南、指导意见中涉及资产评估执业领域的准则。资产评估实体性准则是有效指导注册资产评估师开展各种资产类型或者特定目的评估业务的执业技术标准。从整体看,资产评估实体性准则具有以规范各类资产以及一些特定经济行为的评估为目的,对各类资产以及一些特定经济行为的评估业务全过程实施指导的重要特征。资产评估实体性准则在帮助企业合理确定资产或股权的价值,帮助评估师关注各类资产或者特定经济行为评估业务中的特殊风险,规范执业行为,促进评估行业服务于特定市场、服务于特定经济行为,开拓评估市场,引领评估实践,支持国家产业经济政策实施等方面都发挥了积极作用。

一、《资产评估准则——企业价值》

企业价值评估是国际评估行业的重要业务领域之一,也是我国资产评估领域的重要组成部分。《资产评估准则——企业价值》的颁布,对指导和规范企业价值评估实践、促进评估行业更好地服务市场具有重要意义。一是总结和固化了企业价值评估中通行有效的执业实践,有助于巩固评估行业的传统核心业务,更好地适应市场对评估专业服务的要求,更好地服务我国经济发展方式的转变;二是提升了对企业价值评估的要求,为注册资产评估师提供了较为超前的实践指引,有助于提升行业专业性;三是促进了评估理念和评估方法的国际接轨,增强了准则的国际趋同。

(一) 企业价值评估对象

企业价值评估对象通常包括企业整体价值、股东全部权益价值和股东部分权益价值三类不同的评估对象。企业整体价值是股东全部权益价值和付息债务价值之和,对应的是企业股东和付息债务债权人的共同权益,其内涵假设为企业是由股东和借款人共同投资设立的,他们共同拥有最终的权益索偿权;股东全部权益价值对应的是企业股东的全部权益,即100%权益的价值,其内涵为企业是由股东投资设立的,股东拥有最终的权益索偿权;股东部分权益价值对应的是企业股东的部分权益。股东部分权益价值通常是在得到股东全部权益价值后分析确定的。由于控制权因素对股东部分权益价值的影响,股东部分权益价值并不必然等于股东全部权益价值与股权比例的乘积。

(二) 审计报告的获取

注册资产评估师执行企业价值评估业务时,应当尽可能获取被评估企业和可比企业的审计报告,对企业财务报表应当履行必要分析和专业判断的程序。

对被评估企业的审计报告进行分析有下列作用:

(1) 了解被评估企业的历史经营情况,以评价企业经营的风险、盈利能力和未来经营前景,以便理解和分析被评估企业的财务预测。

（2）有利于对被评估企业与同行业可比企业进行比较，以便分析确定有关评估参数，如收益法中对被评估企业特定风险调整系数的确定、市场法中对价值比率的调整等。

注册资产评估师对财务报表的分析和专业判断不同于对财务报表履行审计程序。这种必要的分析和专业判断可以从以下几个方面入手：

1. 对企业自身财务数据进行分析

注册资产评估师为了理解企业的财务状况和经营风险，需要对财务报表从趋势、构成和比率等方面进行分析。

（1）分析财务报表中的金额变动趋势是为了了解被评估企业收入、费用的变化趋势和相互关系，运用这些趋势和关系可以分析未来的预期收益及相应的资本投入需求。

（2）构成分析是计算利润表中各账户的金额相对销售收入的百分比，资产负债表中各账户金额相对资产总额的百分比。构成分析是为了比较被评估企业历史各期的及相对于可比企业的横向的收入与费用项目、资产负债表各项目之间关系的变化趋势。

（3）财务比率分析是为了比较被评估企业历史时间序列纵向的及相对于可比企业横向的相对财务情况。

（4）根据企业的行业特征和项目的具体情况对企业的各项具体财务数据进行分析。

2. 与同行业可比企业进行比较分析

注册资产评估师可以就被评估企业的财务数据及财务比率与可比企业的相应数据进行比较分析。通过比较分析，判断被评估企业是否存在经营风险、管理风险和财务风险，以及被评估企业财务报表是否存在错报。

对于企业价值评估过程中可能涉及的可比企业，也应履行与上述程序相同的财务报表搜集、分析和专业判断，以保证财务数据的准确性和评估结果的合理性。

（三）财务报表的分析和调整

注册资产评估师运用收益法和市场法进行企业价值评估时，应当对被评估企业和可比企业的财务报表进行必要的分析和调整，使财务报表编制基础和报表口径具有连续性或可比性，并明确了分析调整的主要事项。

对于任一企业，其资产负债表可能既包括经营性资产、负债，又包括非经营性资产、负债和溢余资产；其利润表可能既包括与经营性资产相关的营业收入和支出，又包括与非经营性资产、负债和溢余资产相关的收入和支出，还可能包括一些非经常性收入和支出等。另外，不同企业之间或同一企业不同年度之间的财务报表编制基础也可能不同。注册资产评估师运用收益法和市场法进行企业价值评估，在基于财务报表进行财务分析、财务预测，或者价值比率计算时，如果财务报表编制基础和报表口径不具有连续性或可比性，有可能对评估结论产生较大的影响。例如，在运用收益法进行企业价值评估时，如果企业历史年度财务报表编制基础不一致，或者由于非经常性收入和支出，非经营性资产、负债和溢余资产及其相关的收入和支出的影响，可能导致总资产报酬率、净资产收益率、营业收入增长率、毛利率、营业利润率等一些关键的财务指标出现大幅波动，导致根据趋势分析得出的预测推断有失公允。在运用市场法进行企业价值评估时，如果不同企业财务报表编制基础不一致，或者由于非经常性收入和支出，非经营性资产、负债和溢余资产及其相关的收入和支出的影响，可能导致基于财务报表计算的价值比率 P/E、P/B、P/S 等不具有可比性，进而导致评估结论有失公允。

通常，首先需要对同一企业不同历史年度之间或不同企业之间的财务报表编制基础进行调查了解，如果财务报表编制基础存在差异，则需要根据同一编制基础调整财务报表。其次，需要对利润表中的非经常性收入和支出进行调整，由于非经常性收入和支出一般不具有持续性且无法预测，并不能代表企业真正的盈利能力，因此进行财务分析时需要将非经常性收入和支出从利润表中调出。最后，还需要将非经营性资产、负债和溢余资产及其相关的收入和支出分别从资产负债表和利润表中调出。注册资产评估师对上述所进行的调整，应当进行充分的描述，并有充分的依据。在调整历史数据时，注册资产评估师应保持应有的谨慎，而且这些调整应当与被评估企业进行充分的讨论。只有在注册资产评估师充分掌握了有关依据后，才能进行调整。

（四）非经营性资产、负债和溢余资产的评估

在运用收益法和市场法评估企业价值时，经常遇到资产负债表上某些资产和负债与企业正常的生产经营无关的情况。这些资产和负债主要表现为非经营性资产、负债和溢余资产。它们可能不产生收益，也可能所产生的收益与企业正常的经营收益之间没有直接关系。比如，有的资产和负债所产生的收入或费用不属于主营业务现金流量的计算范围之内；有的资产和负债所产生的收入或费用与主营业务收入和费用的变化规律不同，或者所面临的风险不同，不适宜与主营业务现金流量一起进行分析、预测或折现。所以，注册资产评估师需要对评估基准日的资产、负债项目进行必要的分析和调整，重新组织评估基准日正常的经营性资产负债表，以正确判断企业经营性资产与企业收益的匹配情况，确保企业收益是由正常生产经营所必备的经营性资产带来的，资产收益率揭示的是经营性资产与收益之间的比例关系。对于非经营性资产、负债和经营性溢余资产需要进行单独分析与评估。

非经营性资产与溢余资产并不完全相同。非经营性资产是和经营性资产相对的概念。经营性资产是指可以用于企业日常活动，并产生相关经济利益流入的资产。其中，日常活动是指企业为完成其经营目标所从事的经常性活动以及与之相关的其他活动。非经营性资产是指不直接参加企业日常活动的资产。非经营性资产包括两部分，一部分是与生产经营无关的资产，另一部分则是经营性资产必需的配套资产。后者通常被纳入必备资产范畴，如单身职工宿舍、员工活动中心等。常见的非经营性资产包括：对被投资企业没有控制权的长期投资、递延所得税资产、投资性房地产、借给股东的资金等。非经营性负债是与非经营性资产相关的负债，比如企业为离退休职工计提的养老金、股东借给企业的并非用于主营业务的资金等。

溢余资产是和必备资产相对的概念。必备资产是企业持续日常活动所需资产。溢余资产是指超出了企业日常活动必备规模的资产，与企业收益无直接关系，包括与生产经营无关的部分非经营性资产、无效资产等。比如，超过企业正常经营所需的货币资金、交易性金融资产、未充分利用的生产用地、厂房和生产设备等闲置资产。

（五）持续经营前提下的价值与清算前提下的价值

持续经营假设和清算假设是企业价值评估中常见的两类基本假设前提。如果企业的投资资本长期预期收益率大于投资资本成本，说明企业在创造价值，持续经营假设前提下评

估得到的企业价值一般会大于清算假设前提下的企业价值。如果企业的投资资本长期预期收益率小于投资资本成本，说明企业在毁损价值，持续经营假设前提下评估得到的企业价值可能会小于清算假设前提下的企业价值。因此，注册资产评估师应当知晓评估对象在持续经营前提下的价值并不必然大于在清算前提下的价值。

注册资产评估师在接受企业价值评估业务委托时或执行企业价值评估业务过程中，如果相关权益人有权启动清算程序，即使委托的评估目的和企业清算无关，出于谨慎执业原则，注册资产评估师也应当分析评估对象在清算前提下价值大于在持续经营前提下价值的可能性。经过专业判断，如果评估对象在清算前提下的价值大于持续经营前提下的价值，注册资产评估师应当提请委托方关注，并就评估目的、价值类型、评估方法等关键评估要素进行协商。如果相关权益人无权启动清算程序，并且没有证据表明评估对象无法持续经营或被清算，注册资产评估师一般情况下应当基于持续经营假设前提对评估对象进行评估。

（六）合理界定业务单元

注册资产评估师在对具有多种业务类型、涉及多种行业的企业进行企业价值评估时，应当合理界定业务单元并采用适宜的财务数据口径进行评估。

1. 业务单元的界定

业务单元主要根据业务关联性进行界定，具体可理解为：同一企业，无论是分公司还是控股子公司，存在多种不同类型业务、涉及多种行业时，应分别进行分析；而对于多个控股型股权但属同一业务类型的和多个存在业务关联（或上下游关系）控股型企业的，可以合并成"业务单元"进行评估。经界定的业务单元可能是一个公司也可能是多个公司，但基本原则应是在生产、分销或营销等方面再没有相互依赖关系，即可模拟分拆出去成为一个独立的企业，或出售给另一家公司。

典型的情形是，近年来随着集团公司整体改制上市和并购项目的增多，关于集团类多业务公司评估的操作实务讨论逐渐增多。由于集团类企业母公司控制着子公司，母公司与子公司、子公司与子公司之间往往存在着复杂的关联关系，简单采用对企业集团任一成员进行独立的评估，经常会出现明显的结果不合理现象，因此首要考虑的问题是业务关联性的影响。比如，有的集团公司的子公司实质上就是一个车间，其产品相对最终产品而言仅是在产品，无法直接对外销售，产品产量和定价均是由集团确定的，此时，如果简单以集团确定的子公司的产品产量和售价进行预测并对该子公司单独进行评估，就会因产品定价可能非市场公允价、销量可能与最终产品销量不对应而产生较大的估值偏离。

2. 财务数据口径的理解

这一概念是参照企业会计核算领域中财务报表的类型提出的。根据《企业会计准则——基本准则》和《企业会计准则第30号——财务报表列报》规定，财务报表分为个别财务报表和合并财务报表。

合并财务报表是指反映母公司和其全部子公司（并表公司）形成的企业集团整体财务状况、经营成果和现金流量的财务报表。它是指由母公司编制的，将母子公司形成的企业集团作为一个会计主体，综合反映企业集团整体财务状况、经营成果和现金流量的报表。

合并财务报表需将内部交易对合并财务报表有关项目的影响进行抵销处理。常见的抵销内容有：内部营业收入和内部营业成本的抵销、存货价值中包含的未实现内部销售损益的抵销、内部债权与债务的抵销等。

母公司财务报表就是母公司的对外报表，是反映母公司作为一个单独公司的所有经济业务情况的财务报表。母公司的所有投资都反映在其报表上，子公司只是母公司长期投资中的一部分。

这里所指"采用适宜的财务数据口径"就是指采用合并财务报表口径还是采用母公司财务报表口径。

3. 业务单元的评估

（1）收益法评估时，采用合并财务报表评估的优点是可避免转移定价、总部成本、销售确认等对估值的影响，提高评估工作效率；缺点是少数股东权益价值、所得税率、资本结构（当不同企业存在不同所得税率和不同资本结构时）的估算难度大。

实务操作上若能采用适宜的方法合理扣除少数股东权益价值，并恰当考虑可能涉及的不同企业所得税率和资本结构的影响，业务单元的收益法评估应优先选用合并报表口径。在扣除少数股东权益价值时，考虑少数股东权益是外部股东对业务单元中部分子公司的权益要求权，而不是对整个业务单元的权益要求权，因此可以根据可搜集的信息量和重要性原则采用相对简化的方法进行评估，国际上通常采用的方法有收益法、市场法和原始投入成本调整等。

收益法通常采用的是简化的权益现金流，通过对子公司的关键价值动因的发展变化趋势分析和预测，估计出子公司未来的权益现金流，再按照子公司的权益资本成本进行折现。

市场法通常主要通过市盈率、市净率或者其他价值比率来计算确定子公司的权益价值。

原始投入成本调整，也称跟踪组合。通常适用于持股比例不高，且除了投资的初始成本外可能没有其他任何信息，则可在原始投入成本的基础上根据原始投资日至评估基准日的价格变化进行调整确定。

由于上述方法均是简化的评估，缺乏精确性，因此最后确定少数股东权益的价值应该同时用不同方法进行相互校验。

所得税率可以选用能体现整个业务单元的有效税率，通常需结合每个公司的适用所得税率及利润贡献情况综合测算。

资本结构可以从整个业务单元的角度考虑，估算业务单元以现行市值为基础的资本结构，结合各级公司所处的经营阶段和经营状态，可比公司的资本结构、管理层融资方式、筹资策略等综合确定。

收益法采用母公司报表口径评估的优点是评估架构清晰，不用考虑少数股东权益价值的评估，不用考虑业务单元所得税率和资本结构的复杂测算，缺点是较难避免不同企业的关联关系对整体估值的影响。收益法采用母公司报表口径评估时要尽量对影响整体估值较大的内部交易因素进行合理的调整，如转移定价、销售确认等；另外需对总部成本及费用中心等按负现金流进行评估并汇总。

对于集团本部的评估。首先需了解集团本部的职能与机构设置，是否进行资本分配、风险管理、纳税筹划，业务单元是否使用总部的服务，如会计、法律、信息、内部咨询服务以及其他总部资源，如果存在上述情况，则应把本部发生的费用列入整体预测中。同时应同口径考虑总部的节税收益和可量化的其他总部优势。

（2）市场法评估主要是看选用的价值比率，如果选用的是盈利比率指标或收入比率指标等可能会涉及内部交易因素的影响；若选用母公司报表口径进行评估，也需要尽量对影响整体估值较大的内部交易因素进行合理的调整，修正价值比率中的盈利或收入基数。

（3）资产基础法评估中，对于存货，若选用母公司报表口径进行评估，也需要尽量对影响整体估值较大的内部交易因素进行合理的调整，修正存货评估中需要测算扣减的适当净利润率；此外，对于因母公司对子公司存在大量应收款而造成子公司评估为负值时，在确定长期股权投资评估值时不能简单按零值考虑。

（七）控制权溢价或者折价

由于拥有控制权的股东享有一系列少数股权股东无法享有的权利，如任命或更换公司管理层的权利，达成重大投融资项目的权利，达成重大并购重组的权利等。拥有控制权的股东可以通过实施控制权改变目标企业的经营与政策来提升目标企业的价值，因此，控制权具有价值。

控制权或缺乏控制权不是非此即彼的关系，二者之间没有一个明显的界线。在某些情况下，不足50%的投票权就能获得有效控制；在某些情况下，即便获得50%以上的投票权，如公司清算等提案，也可能无法控制。即使是少数股权，其拥有的权利有时差异也很大。因此，在分析控股权与少数股权时，要结合相关法律法规和公司章程等对股东权利和限制的相关规定，并结合股权交易的具体情形做细致分析，不能套用某种固定的模式来处理千变万化的交易情况。

国外确定控制权溢价的主要方法是历史数据统计分析。研究控股权溢价需要事先确定一个价值比较的基准，从现有的研究文献来看，价值比较的基准往往选择上市流通的股票交易价格。当某一上市公司遭到收购时，通过比较收购价格和收购前股票交易价格之间的差异确定控制权溢价，这基本上是研究控制权溢价和缺乏控制权折价的唯一途径。但是，由于收购价格往往包含了可能的协同效应价值，很难将协同效应溢价和控制权溢价区分开来。

我国评估界借鉴国外的研究思路，根据国内控制权交易案例和缺乏控制权交易案例的市盈率差异，探讨控制权溢价或缺乏控制权折价估算的途径。

控制权价值在不同的企业之间变化很大，目前尚没有评估控制权价值的经验法则。因此，准则并没有强制要求注册资产评估师在评估股东部分权益价值时对控制权价值进行评估，只是强调应当在适当及切实可行的情况下予以考虑，并对评估结论是否考虑控制权对评估对象价值的影响进行披露。

（八）流动性对评估对象价值的影响

流动性对股权价值具有重要的影响。不同股权之间的流动性可能具有明显的差异，一般而言，上市公司的股票流动性较强，私人持有公司的股权流动性较弱。通常，对于除流动性之外其他方面均相同的两项股权，投资者愿意为流动性较强的股权支付较高的价格，为流动性较弱的股权支付较低的价格。

我国评估界借鉴国际上定量研究流动性折价的方式，结合国内实际情况提出了两种估算流动性折价的方式：（1）新股发行定价估算方式，主要是通过研究国内上市公司新股IPO的发行定价与该股票正式上市后的交易价格之间的差异来研究流动性折价；（2）非上市公司并购市盈率与上市公司市盈率对比方式，主要是通过研究非上市公司少数股权的并购案例的市盈率（P/E）与同期的上市公司的市盈率（P/E）对比分析，根据上述两类市盈率的差异来估算流动性折价。

考虑非流动性对企业价值影响的途径主要有三：（1）对企业价值直接扣除预期交易成本；（2）对投资要求回报率作非流动性调整；（3）将非流动性评价为期权。

（九）企业未来收益预测的确定

1. 未来收益预测的主体

准则规定，由注册资产评估师形成未来收益预测。其主要考虑有以下几点：一是从专业角度讲，评估中，尽管未来收益预测是企业进行编制并提供给注册资产评估师，但注册资产评估师需要进行必要的分析、判断和调整，确信相关预测的合理性，这本身就是对企业提供的预测合理性进行确认的方式。《资产评估准则——基本准则》第二十二条规定，"注册资产评估师执行资产评估业务，应当对评估结论的合理性承担责任。"第二十三条规定："遵守相关法律、法规和资产评估准则，对评估对象在评估基准日特定目的下的价值进行分析、估算并发表专业意见，是注册资产评估师的责任。"二是考虑预测离不开预测假设，预测假设（或预测基准）直接决定了预测结果。换一句话说，任何一项预测都是建立在一定的假设或基准之上，在很大程度上，假设决定了预测和结果。要确信企业预测和结论是否合理，必然首先要分析确信预测假设是否合理，注册资产评估师既然依据预测得出了结论，客观上也就应当保证假设的合理性。实际上，在评估实践中，企业能够提供的也就是自身的未来经营模式、资本结构（融资计划）、发展规划等资料，有了这个资料，注册资产评估师据此选择收益模型，并对收益模型中的收益指标进行判断。比如，企业可以提供的是产能（销量）（价格是市场的，应当是注册资产评估师判断的）、业务成本（经营模式不变，基本能够参考历史收入的结构比例）、管理费用（保持现有经营管理模式条件下）、资产使用状况等。企业提供的这些资料也足以支持注册资产评估师的收益指标预测。这样比较符合评估实践。

2. 未来收益预测的形成过程

准则规定，"注册资产评估师应当充分分析被评估企业的资本结构、经营状况、历史业绩、发展前景，考虑宏观和区域经济因素、所在行业现状与发展前景对企业价值的影响，对委托方或者相关当事方提供的企业未来收益预测进行必要的分析、判断和调整，在考虑未来各种可能性及其影响的基础上合理确定评估假设，形成未来收益预测"。

这一款规定了未来收益预测形成的过程：首先是，委托方或者相关当事方提供被评估企业的未来收益预测；第二，注册资产评估师应当充分分析被评估企业的资本结构、经营状况、历史业绩、发展前景，考虑宏观和区域经济因素、所在行业现状与发展前景对企业价值的影响，判断分析企业提供的预测的合理性并进行必要的分析、判断和调整；第三，在考虑未来各种可能性及其影响的基础上合理确定评估假设；第四，形成收益预测结果。

特别提示：

（1）关于收益预测指标，当注册资产评估师与企业判断存在差异时，注册资产评估师应当详细了解企业的经营状况、未来经营计划，并与企业充分沟通。当存在的差异不能消除时，属于评估程序规范的范畴，注册资产评估师应当考虑是否终止评估业务。

（2）关于预测和假设问题。收益法的核心问题，是对未来变量的概率估计，有的变量是无法确定概率的，就产生了假设；有的变量可以确定其发生的概率，就产生了预测。假设和预测都是对未来变量的处理。假设还有一个功能是支持预测和预测结果，不同的假设有不同的预测结果。准则规定，注册资产评估师应当考虑未来各种可能性及其影响的基础上合理确定评估假设，应当关注未来收益预测中主营业务收入、毛利率、营运资金、资本性支出等主要参数与评估假设的一致性。

3. 收益预测责任划分问题

首先，尽管评估收益预测及其对应的预测假设由注册资产评估师形成，但这并不是说，企业可以不提供预测资料。在收益法评估中，企业首先应当在《关于进行资产评估有关事项说明》中提供预测情况的说明，然后根据企业经营状况、历史业绩、发展前景等提出评估预测资料，包括收入预测、成本及费用预测、折旧和摊销预测、营运资金预测、资本性支出预测、负债预测、溢余资产分析、非经营性资产分析等。企业应当对提供给注册资产评估师的收益预测资料的真实性、完整性、合法性承担责任。

其次，注册资产评估师基于企业提供的收益预测，进行分析判断。具体来说，是分析资本结构、经营状况、历史业绩、发展前景，考虑宏观和区域经济因素、所在行业现状与发展前景对企业价值的影响，对委托方或者相关当事方提供的企业未来收益预测进行必要的分析、判断和调整。当出现差异时，应当与企业进行充分的沟通。

特别提示：

（1）注册资产评估师应当注意，在不同的执业环境、评估目的下，对收益预测的处理存在差异。如涉及上市公司业务的收益预测问题。盈利预测是其对外披露的重要信息，一般是由公司对上市后的一个会计年度内的经营成果的预计和测算，为了增强其可靠性，各国普遍存在盈利预测须经注册会计师审核的规定。盈利预测的审核目标与一般财务审计的审计目标有着重大的区别，这主要体现在：一般财务审计的审计目标主要是审计人员对被审计单位会计报表的合法性、公允性及会计处理的一贯性进行审计并发表审计意见，而盈利预测的审核目标则主要体现在：判定被审核单位编制盈利预测所依据的基本假设是否合理；判定编制盈利预测所选用的会计政策是否适当；判定盈利预测是否根据其基本假设等编制基础适当编制；判定盈利预测资料是否已恰当表达和充分披露。因此，上市公司评估业务，应当充分关注评估收益预测与盈利预测的衔接问题。

（2）目前对预测责任问题各方面有不同观点和看法，但注册资产评估师应当在上述基础上对能否承担预测责任做出自己的职业判断。无论谁做预测，注册资产评估师都需要对评估结论的合理性承担责任，而预测数据直接影响评估结论。因此，评估预测的方法技术，以及应注意的问题，注册资产评估师必须关注并掌握。

4. 收益预测注意事项

注册资产评估师可以根据对宏观经济环境、行业发展状况及发展前景、企业历史财务及经营数据、企业未来的商业计划等进行分析，至少在以下方面应当注意：

（1）销售收入。产品的市场需求情况如何？主要消费群体是哪些？影响消费的主要因素有哪些，未来发展变化趋势如何？企业产品的生产要素情况（包括劳动力、资金、技术、生产或服务设施、原材料、能源供应情况等），是否能够满足销售量增长的需要？同类企业竞争情况，企业的产品开发、营销策略如何？企业产品的定价方式，供需形势是否对产品价格有影响，预测的销售价格是否有足够的依据？销售收入的预测值及增长率是否与企业往年的经营状况的趋势一致，如果不一致，为什么？企业是否将引入新产品或采取新的策略或淘汰老产品，对销售收入预测值的影响有多大？未来资本性支出能否准确确定？企业预期的销售收入增长率与行业增长率是否一致，如果不一致，为什么？这种情况将维持多久？企业目前的市场份额及预期的变化趋势如何？

（2）毛利率。预测产品成本结构是否与历史数据相一致（人工成本、材料成本、制造费用构成，变动成本、固定成本构成），如果不一致，为什么？预测的毛利率是否与历史数据相一致？与行业中其他企业的毛利率水平相比，是否在合理的范围内，如果不是，为什么？企业未来的产品结构是否会有变化，如增加高附加值的产品，是否可行？对产品成本和毛利率的影响如何？

（3）营运资金。预测营运资金水平是否与企业实际情况（业务经营模式、结算方式、与结算方的主导关系）吻合，如存货、应收账款、应付账款等的周转天数？预测的营运资金水平是否与预测的企业增长相一致？企业是否有足够的资金来满足营运资金增长的需要？

（4）资本性支出。预测的资本性支出中有多少是用于更新现有的固定资产，多少是用于企业生产规模的扩大？重大资本性支出的总投资额、投资明细、分年度投资额、投产时间和投产后的收益是否能够明确的预测，有无依据，是否经过审批？预测用于更新现有固定资产的资本性支出时，所采用的经济寿命年限是多长？是否符合行业惯例？资本性支出是否与产品产量相匹配？企业是否有足够的资金来满足资本性支出的需要？

（十）价值比率的应用

价值比率是指以价值或价格作为分子，以财务数据或其他特定非财务指标等作为分母的比率（参见表3-3）。价值比率可以按照分母的性质分为盈利比率、资产比率、收入比率和其他特定比率；也可以按照分子所对应的权益划分为权益价值比率和企业整体价值比率。

常用的价值比率如表 3-3 所示。

表 3-3

	权益价值比率	企业整体价值比率
盈利比率	• P/E（市盈率） • PEG • P/FCFE	• EV/EBITDA • EV/EBIT • EV/FCFF
资产比率	• P/B（净资产账面值） • Tobin Q 系数（价格/净资产的重置成本）	• EV/TBVIC（总资产或有形资产账面值） • EV/重置成本
收入比率	• P/S	• EV/S
其他特定比率		• EV/制造业年产量 • EV/医院的床位数 • EV/发电厂的发电量 • EV/广播电视网络的用户数 • EV/矿山的可采储量 ……

在选择、计算和应用价值比率时应特别注意以下几点：

1. 价值比率的选择

价值比率种类众多，对于价值的最佳估计常常是通过运用最适合的价值比率得出的。例如，对于亏损企业来说选择 P/E 就不合适，可能选择收入比率或资产比率比选择盈利比率效果好；对于账面净资产为负值的，选择 P/B 就不合适，可能选择收入比率或其他比率效果会更好。

2. 口径的一致性

（1）选择价值比率应考虑其内涵的一致性。即价值比率的分子、分母应匹配，当分子是权益类时，分母的指标也应该与其对应。例如，P/FCEE 的分子是股权市值，分母是权益自由现金流；而 P/S 的分母代表整体企业的收入，分子的匹配性较弱。

（2）计算价值比率采用的数据口径应保持一致性。可比企业之间可能存在会计核算方式（如折旧的不同方法）、计量方法（如公允价值计量）、税率、非经常性损益和非经营性资产等方面的差异，在计算价值比率时应剔除差异因素的影响。

（3）计算价值比率的方式应保持一致性。计算可比企业的价值比率时可以采用某一时间点的数据（可称为"时点型"价值比率），也可以采用某一区间时间段内数据（可称为"区间型"价值比率）的平均值。无论采用上述哪种方式计算，对可比公司的价值比率计算均应保持一致的口径。采用"时点型"价值比率可以较充分地反映时点的现实价值，但也容易受到市场非正常因素的干扰，使其丧失有效性；采用"区间型"

价值比率，可以利用时间区段的均价有效地减小市场非正常因素扰动，更加接近股票的内在价值，但这种计算方式可能会部分地失去价值比率的时点性。由于市场的弱有效性，使得上述两种方式计算的价值比率各有优势和缺陷，评估实务中需要合理地处理好上述矛盾。

3. 应用价值比率时应进行调整

每个可比企业与被评估企业在成长性和风险性等方面都会存在差异。采用波特的五力分析模型、SWOT分析模型以及财务分析模型对可比企业和被评估企业进行定性和定量分析，据此对价值比率进行适当调整。

此外，如果采用交易案例比较法，还应该比照交易条款、方式和时间对价值比率进行调整。

（十一）资产基础法运用的局限

资产基础法的一个难点是判断表外资产、负债项目。这需要注册资产评估师运用相关企业财务和非财务信息，判断表外是否存在企业权益形成的资产，或企业义务构成的负债。

（1）常见的表外资产项目可能存在的形式有：

①获得专利管理机关颁发证书的专利或专利申请；
②自创无形资产，该无形资产价值在账面没有反映；
③企业毛利率明显高于同行业平均水平；
④存在某种形式的特许权利（有些特许权利可能不允许单独转让，但可以随企业权益一同转让）；
⑤企业持有较知名商标（可能被冠以驰名商标、著名商标等）；
⑥存在著作权；
⑦具有独特的经营模式；
⑧协议约定的企业获益形式，如优惠贷款利率、优厚供应条件等。

（2）常见的表外负债存在方式主要有：

①法律明确规定的未来义务，如土地恢复、环保要求等；
②和其他经济体以协议形式明确约定的义务。

虽然注册资产评估师可能分析判断出企业存在表外资产负债项目，但并非表外项目都能用适当的方法单独评估出来。不能用适当方法单独评估的表外项目价值量占企业整体价值比重较大时，资产基础法对该企业价值评估就是不适用的。

鉴于资产基础法中识别、单独评估的表外资产、负债项目往往很难穷尽所有对企业价值有影响的因素，对于持续经营的企业，一般不宜只采用资产基础法一种方法评估其价值。采用两种以上的基本评估方法进行评估时，可以分析评估结果产生差异的原因，进而判断、论证得出的评估结论的合理性。

二、《资产评估准则——无形资产》

无形资产是现代社会经济运行的重要资产，是社会资产的重要组成部分。无形资产评估也是资产评估的重要组成部分，合理发现无形资产的价值是实现评估目的不可或缺的重要环节。一个完善的评估准则体系离不开对无形资产评估的规范。无形资产评估领域专业性强，无形资产的种类繁多、特点复杂、不易把握，易产生认识偏差与法律纠纷，是国内外评估界公认的高难度与高风险领域。已发布的26项资产评估准则中，有4项是无形资产评估准则框架下的准则。具体包括：《资产评估准则——无形资产》、《专利资产评估指导意见》、《著作权资产评估指导意见》、《商标资产评估指导意见》。

（一）无形资产的定义

准则规定：**"无形资产，是指特定主体所拥有或者控制的，不具有实物形态，能持续发挥作用且能带来经济利益的资源"**。无形资产的基本特征为：没有物质实体形态，但却又依托于一定的实体；能持续地带来经济利益，并由一定主体拥有或者控制。

准则中所指的"无形资产"有别于法律领域中的定义，也有别于会计领域中的定义。法律领域中的无形资产定义主要强调无形资产的权属情况，关注无形资产的所有权与控制权，以及无形资产的取得与现实有效性；会计领域中的无形资产仅指企业的可辨认的无形资产；而资产评估领域中的无形资产不仅包括企业拥有或者控制的无形资产，还包括除企业以外的其他单位和个人等拥有或者控制的无形资产，除了可辨认的无形资产以外，还包括不可辨认的无形资产——商誉。

（二）无形资产的种类

无形资产种类很多，可以按不同标准进行分类：

（1）按企业取得无形资产的渠道，可分为企业自创（或者自身拥有）的无形资产和外购的无形资产。前者是由企业自己研制创造获得的以及由于客观原因形成的，后者则是企业以一定代价从其他单位或个人购入的。

（2）按可辨识程度，可以分为可辨认无形资产和不可辨认无形资产。凡是那些可独立存在或可以单独分离的无形资产，称为"可辨认的无形资产"；那些不可单独取得，离开企业就不复存在的无形资产，称为"不可辨认的无形资产"。

（3）按照其构成内容，可以分为单项无形资产和无形资产组合。注册资产评估师接受无形资产评估委托时，评估对象可能是独立的某一项无形资产，即单项无形资产，或者可能是一系列无形资产的组合。例如，评估对象是若干项专利、专有技术等。有时评估对象是专利，但其中包含有商标等无形资产。

（三）无形资产的内容

可辨认无形资产包括专利权、商标权、著作权、专有技术、销售网络、客户关系、特许经营权、合同权益等。不可辨认无形资产是指商誉。无形资产类别很多，综述如下：

1. 专利权

专利权是指国家专利机关依法批准的权利人或者其权利受让人对其发明创造，在一定期间内享有的独占权或者专有权。任何人如果要利用该项专利进行生产经营活动或者出售使用该项专利制造的产品，需事先征得专利权所有者的许可，并支付其报酬。

2. 商标权

商标是商品的标记，是商品生产者或者经营者为了把自己的商品与他人的同类商品区别开来，在商品上使用的一种特殊标记。

商标权一般包括排他专用权（或者独占权）、转让权、许可使用权、继承权等。排他专用权是指注册商标的所有者享有禁止他人未经其许可在同一种商品或者类似商品上使用其商标的权利。转让权是商标所有者作为商标权人，有权决定将其拥有的商标转让给他人。《商标法》规定："转让注册商标的转让人和受让人应当共同向商标局提出申请。受让人应当保证使用该注册商标的商品质量"；"转让注册商标经核准后，予以公告"。许可使用权是指商标权人依法有权通过商标使用许可合同许可他人使用其注册商标。商标权人通过使用许可合同转让的是注册商标的使用权。继承权是指商标权人可将自己的注册商标所有权让渡给其指定的继承人继承的权利，但这种继承仍应当依法办理有关手续。

3. 著作权

著作权是公民、法人或者非法人单位按照法律规定对于自己的科学或者文学、艺术等作品所享有的专有权利。 著作权也称"版权"，在我国有关出版的文件中，著作权与版权是一致的，《民法通则》在使用"著作权"一词时，在其后面加上了"（版权）"，1990年颁布的《著作权法》在附则中指出："本法所称的著作权与版权系同义语。"

4. 专有技术

专有技术又称"非专利技术"、"技术秘密"（Know-how），是未经公开、未申请专利的知识和技巧。主要包括设计资料、技术规范、工艺流程、材料配方、经营诀窍和图纸、数据等技术资料。专有技术与专利权不同，从法律角度讲，它不是一种法定的权利，而仅仅是一种自然的权利，是一项收益性无形资产。从这一角度来说，进行专有技术的评估之前，首先应当鉴定专有技术，分析、判断其存在的客观性，这一判断一般要比专利权的判断略显复杂。

专有技术与专利技术的区别表现在以下几个方面：

第一，专有技术具有保密性，而专利技术则是在《专利法》规定范围内公开的。一项技术一经公开，获取它所耗费的时间与投资远远小于研制它所耗费的时间和投资，应当要有法律手段保护发明者的所有权。而没有专利又不公开的技术，所有者只有通过保密手段进行自我保护。

第二，专有技术的内容范围很广，包括设计资料、技术规范、工艺流程、材料配方、经营诀窍和图纸等。专利技术通常包括三种，即发明、外观设计和实用新型。

第三，专利技术有明确的法律保护期限，专有技术没有法律保护期限。

第四，对专利技术的保护通常依据《专利法》进行，对专有技术保护的法律主要有《中华人民共和国合同法》、《中华人民共和国反不正当竞争法》等。

5. 销售网络

销售网络是企业在国内外所特别拥有的比较稳定的商品销售机构或者代理销售网点。通过这类销售机构或者网点，企业可以把生产的产品迅速在一定区域内销售出去。企业所拥有的分布面广、推销能力强的销售系统，会给企业带来巨大的经济效益，从而构成企业的无形资产。

6. 客户关系

企业在长期经营过程中建立起来的、与之有良好关系的一大批客户。在激烈的市场竞争环境中，一些企业之所以能够在竞争中获胜，保持稳定的收入，是因为这些企业拥有一批稳定的客户，企业与这些客户建立了相互信任、相互依赖的伙伴关系，是企业发展中的重要资源。

7. 特许经营权

广义的特许经营权，是由政府主管部门或者企业授予的，准许一定的主体在一定地区、一定期限内生产经营某项业务或者某类产品的特别权利。一定的主体可以是法人，也可以是自然人，占有这种特许经营权的单位或者个人，能够凭借这种特许权获取额外的经济利益，因而它是一种无形资产。它一般有两种形式，一种是政府机构许可的，由政府机构授权，准予企业运用公共财产或者在某一地区享有经营某种业务的独占权，如电力、通讯等公共事业的商品。另一种是使用商标、专利权、商号、专有技术等的权利，即狭义的特许经营权，或者称"商业特许权"。商业特许权是一家企业根据转让合同的规定，有限期地或者永久地授予另一家企业使用其商标、商号、专利、版权或者专有技术的权利。

根据对授权方的限制不同，特许经营权可以分为独占许可、独家许可、普通许可。

8. 合同权益

合同权益是依照已经签订的合同条件而存在的权利。合同本身规定了签订合同双方的权利和义务、权利存在的条件和时限、权力的转移和补偿的条款等。这里所说的合同是指长期合同。由于长期合同一般都包括许多有利因素，因此合同的执行会给合同签订的双方带来一定的连续性的收益。

9. 商誉

商誉通常是企业在同等条件下，能获取高于正常投资报酬率所形成的价值。这是由于企业所处地理位置的优势，或者由于经营效率高、历史悠久、人员素质高等多种原因，与同行业企业相比较，可获得超额利润。

20 世纪 60 年代以前所称的"无形资产"是一个综合体，商誉则是这个综合体的总称。20 世纪 70 年代以后，由于确认、计量的需要，无形资产逐渐分解、分化，形成了各种可独立的无形资产。因此，**现在所称的"商誉"，是指企业所有无形资产扣除各单项可辨认无形资产以后的剩余部分**。商誉是不可辨认的无形资产。

（四）无形资产的分离或者合并

在执行无形资产评估过程中，合理进行无形资产分离或者合并的重要基础，在于了解并且关注各类无形资产的价值内涵及相互之间的区别与联系。

商誉价值与企业的超额收益有关，商誉存在于少数具有超额收益的企业中，并非所有企业都有商誉。商标权与其所代表产品的超额收益有关。需要说明的是，没有商誉的企业，其某种产品商标权价值未必就低；商誉价值高的企业，企业中产品商标权的价值未必就高。

在评估实务中，专利权评估和商标权评估往往不同时进行。专利权与商标权同属于工业产权，但都有其独立的特征，需分别加以评估。但在一个企业中，有时往往支持某项商标权获利能力的是某一项专利权或者专有技术，因此，某一项商标权价值中可能包含有专利权或者专有技术的价值。这时，如果再单独评估专利权和专有技术价值，就可能造成重复评估。所以，仔细分析我国上市公司财务报告可以发现，企业改制上市过程中很少有商标权和专利权同时评估确定价值的情况，其原因就在于此。

专利权、专有技术与机器设备的重复，主要出现在一些进口机器设备方面。有的进口设备，价格高于同类型设备或者国内替代设备。如果该种进口设备价格高是由于个别原因所致，如谈判原因或者其他原因，评估时则应当按同类设备或者国内替代设备价格进行评估。但如果进口设备中含有配套的专利权或者专有技术，进口设备本身的性能就有别于其他同类型设备，其评估价值高是正常的。当然，这种情况下，在评估该进口设备的同时，就不应当再独立评估与之配套的专利权或者专有技术。

商誉作为不可辨认无形资产，是整个无形资产中除了可辨认无形资产以外的部分。我国现行有关制度列示的可辨认无形资产主要有专利权、专有技术、商标权、著作权等。目前在实际操作中，对于诸如客户名单等，是单独列示并评估，还是将它们作为商誉进行评估，做法不一，亟待规范，以避免商誉内涵界定不清而造成评估价值失实。一般情况下，如果进行单项资产的转让或者投资，可以分别就客户名单等进行评估，但此时无须评估商誉价值。但如果进行整体评估，从而确定商誉评估值时，商誉评估值中显然包含了客户名单等形成因素。在这种情况下，就不应当再单独评估诸如客户名单等的价值。总之，客户名单等应当作为形成商誉的因素，只在特殊情况下可以单独评估处理而已。当然，具体操作中，是否应当将无形资产进行分别评估，分离细化到何种程度，需要根据评估目的、经济行为需要、评估资料条件等因素进行综合判断，慎重选择。

无形资产包括知识产权。无形资产作为企业资产的重要组成部分，首先应当满足资产的定义，即能够为企业带来收益。知识产权的特征决定了其具有带来收益的潜在可能性，但知识产权本身并不一定就是无形资产。实证研究表明，企业拥有知识产权数量与其盈利水平并不存在相关性。

（五）影响无形资产价值的外部因素

分析判断影响无形资产评估价值的相关因素时，应当对与各相关因素有关的以下方面予以重点关注：

1. 无形资产的成本

对企业来说，外购无形资产较易确定，而自创成本计量更困难些。因为无形资产产生的一次性特点，使其在创造过程中所耗费的劳动不具有横向比较性。同时，无形资产的创造，与其创造中的投入、失败等密切结合，这部分成本很难确定。一般来说，这些成本项目包括创造发明成本、法律保护成本、发行推广成本等。

2. 机会成本

机会成本是指该项无形资产转让、投资、出售后所失去的市场以及损失收益的大小。

3. 效益因素

成本是从对无形资产补偿角度考虑的,但无形资产更重要的是它所能创造的收益。无形资产的价值体现了无形资产所拥有的超额获利能力。有的无形资产,尽管其创造成本很高,但不为市场所需,或者收益能力低微,其评估值就很低。

4. 使用期限

无形资产的使用期限一方面取决于该无形资产先进程度;另一方面取决于其无形损耗的大小。考虑无形资产的期限,除了应当考虑法律保护期限外,更主要地是考虑其具有实际超额收益的期限(或者收益期限),如某项发明专利,保护期20年,但由于无形损耗较大,拥有该项专利实际能获超额收益的期限为10年,则这10年即为评估该项专利时所应当考虑的期限。

5. 技术成熟程度

一般而言,科技成果都有一个发展—成熟—衰退的过程。科技成果的成熟程度如何,直接影响到评估值高低。其开发程度越高,技术越成熟,运用该技术成果的风险性越小,评估值就会越高。一项成熟程度不是很高的无形资产,在评估时应当分析预计其可能的成熟程度,正确估计其风险,从而合理确定其评估值。

6. 转让内容因素

从转让内容看,无形资产转让一般有所有权转让和使用权转让。另外,关于转让过程的有关条款的规定,都会直接影响其评估值。就所有权转让和使用权转让来说,所有权转让的无形资产评估值一般高于使用权转让的评估值。在技术贸易中,同是使用权转让,由于其许可程度不同,也会影响评估值的高低。

7. 无形资产的发展趋势、更新换代情况和速度

一项无形资产的寿命期,主要取决于其损耗程度。该项无形资产的更新换代越快,无形损耗越大,其评估值越低。因此,无形资产价值的损耗和贬值,不取决于自身的使用损耗,而取决于本身以外的更新换代情况。

8. 无形资产的市场供需状况

市场供需状况一般反映在两个方面:一是无形资产市场需求情况;二是无形资产的适用程度。对于可出售、转让的无形资产,其评估值随市场需求的变动而变动。市场需求大,则评估值就高;市场需求小,且有同类无形资产替代,则其评估值就低。同样地,无形资产的适用范围越广,适用程度越高,需求者越多,需求量越大,评估值就越高。

9. 同行业同类无形资产的交易方式

无形资产评估值的高低,还取决于无形资产交易、转让的价款支付方式、各种支付方式的提成基数、提成比例等。在评估无形资产时,应当予以综合考虑。

(六)无形资产的评估方法

注册资产评估师决定采用何种评估方法,需要考虑的因素包括评估目的、评估对象、价值类型以及可以搜集到的资料等。

评估目的:一般包括转让、出资、质押、许可使用、诉讼、拍卖、损失赔偿、财务报

告、纳税等。

评估对象：一般有三个层次的含义，即：第一个层次是无形资产评估对象所属的无形资产类型，包括被评估的无形资产属于专利、专有技术、著作权或者是其他方面的无形资产；第二层次是被评估的无形资产是单项无形资产，还是两个或者多个无形资产的组合；第三个层次是被评估无形资产的权属状态，即所谓的所有权、使用权（独占、非独占等）以及其他权利等。

根据价值类型指导意见，价值类型一般包括市场价值和市场价值以外的价值两大类。

可以搜集的资料：是指与评估对象相关的各种资料，如可比交易案例资料，被评估无形资产应用行业的行业发展规划、远景资料，拟实施无形资产的企业的现状以及未来发展情况，可以预计的未来利率、投资回报率等各类重要参数等。

三、《资产评估准则——不动产》

不动产是现代社会经济运行的重要资产，也是企业资产的重要组成部分。不动产评估是资产评估的重要组成部分，合理发现不动产的价值是实现评估目的不可或缺的重要环节。

（一）不动产的定义

准则规定：**"不动产是指土地、建筑物及其他附着于土地上的定着物，包括物质实体及其相关权益"**。不动产不仅包括生活中常见的一些土地、建筑物，也包括水库大坝、火箭发射塔、烟囱等；不仅包括独立的住宅、办公楼，也包括企业厂房、办公楼；不仅包括作为固定资产的房地产，也包括作为存货、投资性房地产、无形资产的不动产。

（二）不动产评估对象

评估对象是指不动产的"物"与"权"。不动产的"物"与"权"是统一的。不动产的全部权益是指其权益是完全的，即除受到来自国家法律法规等的权利要求或限制外，不受任何其他权益或财产限制的所有权。

由于不动产本身空间的固定性和不可移动性，不像其他商品一样通过买卖可以转移到任何地点使用，其买卖只是一种权利关系的转移，因而不动产评估实质上是某种权益的评估。这种权益通过不动产权利体现。不动产权利包括不动产所有权和他项权利，这种权利体系称为"权利束"，即不动产权利是由一束（组）权利组成的，不动产所有权是最完全、最充分的权利，由此派生出租赁权、抵押权、典当权。同时，又由于不动产使用价值的多样性，对于同一种不动产不同的人所需要的用途是不一样的，相应所需要的权利也就不一定相同，因而可以分享同一不动产的不同权利，这就形成不同权益价格，如所有权价格、租赁权价格等。

完整的不动产所有权权益是权利组合（权利束），一般为在法律规定范围内享有的占有、使用、收益、处分的权利。**占有权**指对不动产的实际占领、控制的权利；**使用权**是指对不动产实际利用的权利；**收益权**是指在不动产上获得经济利益的权利（但通过处分方式获取收益的除外）；**处分权**是指在法律允许范围内对不动产进行处置的权利。通常认为这个"权利束"除了所有权外，还包括占有权、使用权、处分（置）权、支配权、收益权、分配权等；在论及土地"权利束"时，除了包括上述权利外，一般还包括地上权、地役权、租赁权、典权、抵押权等。

不动产对应的部分权益是相对不动产的全部权益而言的。不动产的部分权益一般可分为两种情形，一种是可分割的权益，即不动产的某部分权益，如租赁权等；另一种是对部分不动产拥有权益，即未将不动产进行物理分割，而对其中部分不动产拥有权益。对于前者，其各部分权益价值之和通常不等于完全所有权的价值。可分割的不动产各部分权益价值之和通常不等于全部权益的价值。

不动产评估不仅包括单独的不动产评估，而且包括企业价值中的不动产评估。这体现了资产评估行业不动产评估的特点，即资产评估中的不动产评估既包括对单独的不动产进行评估，也包括对企业价值评估中不动产的评估。而在企业价值评估中，不是孤立地对不动产价值进行评估，而是需要关注不动产在企业价值中的作用与地位，关注不动产对相关权益价值的影响。

（三）不动产评估目的

不动产评估目的包括不动产转让、抵押、租赁、保险、税收、拆迁补偿、分割、合并、拍卖，以及财务报告目的等。

（1）在以转让为目的的不动产评估中，注册资产评估师应当了解不动产转让过程中有关税费及其承担方式的规定或约定，根据具体转让行为合理确定价值类型。将不动产权属转让给他人的下列行为，均属于不动产转让：不动产买卖；不动产交换；不动产赠与；以不动产进行出资或作价入股；以不动产进行抵债；在企业合资、合作和并购等经济行为中，不动产权属随之转让的。

（2）在以租赁为目的的不动产评估中，注册资产评估师应当了解国家和不动产所在地相关管理部门规定的租赁政策，并充分考虑这些租赁政策对评估值的影响。

（3）在以抵押为目的的不动产评估中，注册资产评估师应当了解不动产已设定的他项权利情况，了解不动产对应的法定优先受偿款，分析不动产的变现能力，关注不动产抵押价值未来下跌的风险，并对预期可能导致不动产抵押价值下跌的主要因素予以合理的分析。注册资产评估师应当在评估报告中披露是否将法定优先受偿款进行了扣除。

（4）以保险为目的的不动产评估，分为不动产投保时的保险价值评估和保险事故发生后的损失价值评估。保险事故发生后的损失价值评估，应比较保险标的不动产在保险事故发生前后的状态，进行合理确定。

（5）在以税收为目的的不动产评估中，注册资产评估师应当执行税法的有关规定。

（6）在以分割、合并为目的的不动产评估中，注册资产评估师应当关注并分析分割、合并对不动产价值的影响。注册资产评估师应当知晓，分割前、合并后的不动产价值不能简单等于各部分不动产价值之和。

（7）在以拍卖为目的的不动产评估中，注册资产评估师应当了解不动产强制处分的方式及对处分期限的具体要求，合理确定不动产的变现率。

（8）在以财务报告为目的的不动产评估中，注册资产评估师应当了解有关会计制度、会计准则及其他会计法规对不动产后续计量的要求，在此基础上合理确定不动产评估的价值。注册资产评估师还应当了解不动产的以往计量模式，关注会计科目中与不动产有关的内容。

（四）不动产与设备的关系

通常有两类设备与不动产存在直接的关系，一类是为不动产使用者提供舒适、便利等必要条件的设备，如采暖系统、空调通风系统、电梯、电气系统、热水系统等；另一类是与生产程序有关的固定设备，如大型生产装置、生产线、工艺管道、汽电油路等。

第一类设备作为不动产主要功能的保障措施，往往附属于不动产，甚至有时作为不动产的组成部分。

第二类设备一般是具有特殊功能和设计特征的，能独立发挥其生产作用的资产，在钢铁、石油化工、冶金、水利电力等行业的企业中比较常见。在企业中，这类设备与不动产在资产管理与财务核算方面是分别进行的。设备的独立运行、拆除移动、报废更新等会对不动产的状况产生较大的影响，直接影响到不动产的价值。

（五）影响不动产价值的外部因素

注册资产评估师在执行不动产评估业务过程中，应当对影响不动产价值的主要因素有较好的把握能力，特别关注对相邻关系、租约限制和动产对不动产价值的影响。

相邻关系：是指不动产的相邻权利人依照法律、法规的规定或者按照当地习惯，相互之间应当提供必要的便利或者接受必要的限制而产生的权利和义务关系。从义务方面来看，相邻关系是对不动产所有权、使用权的一种限制。

相邻关系是不动产相互影响特性的一个重要表现形式。不动产不可移动，其利用通常会对周围的不动产产生影响。反过来，周围的不动产的利用状况也会对该不动产产生影响。正是由于不动产相互影响的特性，产生了相邻关系。我国《物权法》规定"不动产的相邻权利人应当按照有利生产、方便生活、团结互助、公平合理的原则，正确处理相邻关系"。相邻关系的存在对不动产价值有一定的影响。

租约限制：是指不动产在评估基准日时点已签订租赁合同，不动产的权利受到已签订合同关系的约束。一般情况下，有租约限制的不动产，在租赁期限内租金应当采用租约约定的租金。租赁期限外的租金应当采用正常客观的市场租金。

动产对不动产价值的影响：设备、存货等对不动产的影响是直接的，如存放了特殊性质的存货——腐蚀品、放射性物质、生物等；在生产使用过程中对不动产产生影响的设备，如大型加工设备，生产过程中产生高温、强振动、腐蚀等情形。

（六）企业价值评估中的不动产评估

根据企业会计准则、企业会计制度的规定，企业所拥有的不动产通常在存货、投资性房地产、固定资产、在建工程以及无形资产等科目中核算。

（1）在存货科目核算的不动产是指企业，主要是开发企业在经营活动中持有以备出售的产成品或商品、处在生产过程中的在产品、在生产过程或提供劳务过程中耗用的材料和物料等。从存货确认的条件看，同时满足以下两个条件时，才能加以确认：该存货包含的经济利益很可能流入企业；该存货的成本能够可靠地计量。

（2）在投资性房地产科目核算的不动产是指投资性房地产，是指为赚取租金或资本增值，或两者兼有而持有的房地产，投资性房地产应当能够单独计量和出售。

（3）在固定资产科目核算的不动产是指企业拥有的符合以下条件的不动产：为生产商品、提供劳务、出租或经营管理而持有的；使用年限超过一个会计年度；单位价值

（4）在建工程科目核算的不动产是指企业以发包或自营等方式已开始建造但尚未建成、不具备使用条件的不动产。

（5）在无形资产科目核算的不动产是指企业所拥有的不是为增值而转让或未出租的土地使用权。

企业财务核算中的不动产账面价值一般是根据企业的投入金额核算的，该投资金额与不动产实际的建设进度可能存在差异。一般需到工程竣工决算和财务结算后，将不动产建设过程所发生的全部支出完整地在财务账面反映。在此之前，由于存在合同约定、付款进度与核算方式等原因，会造成不动产的建造进度与财务核算的资金支付进度不一致的情况。此外，因质量保证金、合同尾款和设计建设调整等多种因素，也会造成不动产账面价值与实体价值的差异。因此，注册资产评估师在对不动产评估时，应当特别注意不动产资金支出、财务核算的方式，合同条款的约定等，合理判断不动产建设实体形象进度与资金支付进度之间的差异，准确把握不动产的价值组成，避免遗漏或重复计算。

（七）溢余不动产的评估要求

根据企业经营业务的情况，企业的资产配置过程有可能产生预期不参与业务经营的资产，如闲置的资金、设备和不动产等。这些资产一般被定义为溢余资产。溢余资产的价值很大程度取决于该资产对企业可能贡献的效益。对于溢余不动产，其可能贡献的效益受到企业持有该不动产的目的、可能的交易或贡献方式以及现实状况的影响。因此，注册资产评估师在企业价值评估中，对于溢余不动产，应当分析上述相关的价值影响因素，采用恰当的评估方法进行评估。

四、《资产评估准则——机器设备》

机器设备是现代社会生产、工作中的重要资产，是企业资产的重要组成部分。机器设备评估是资产评估的重要领域，无论是单独评估，还是作为企业价值评估中的组成部分，合理发现机器设备的价值对于促进交易、顺利实现评估目的具有重要意义。制定机器设备评估准则对于完善准则体系、规范相应行为、指导实践、提高执业水平都具有重要意义。

（一）机器设备的定义

准则规定，"机器设备是指人类利用机械原理以及其他科学原理制造的、特定主体拥有或控制的有形资产，包括机器、仪器、器械、装置，附属的特殊建筑物等资产"。

机器设备的自然属性是：人类利用机械原理以及其他科学原理制造的装置；资产属性是：被特定主体拥有或控制的，用于生产、经营或用于管理等目的，不动产以外的有形资产。

（二）影响机器设备价值的外部因素

注册资产评估师在执行机器设备评估时应关注以下外部因素对机器设备评估的影响：

1. 资源的有限性

机器设备的使用寿命受所依赖的原材料资源有限性的影响。原材料资源的短缺可导致设备开工率不足，原材料资源的枯竭可导致机器设备的报废。

2. 所生产产品的市场竞争及市场寿命

市场竞争的加剧，产品需求减少，导致设备开工不足，生产能力相对过剩；由于所生产产品的市场寿命终结也将导致生产该产品的某些专用设备的报废。

3. 土地和房屋建筑物的使用年限

对于大部分机器设备，一般需要以某种方式安装在土地或建筑物上，移动这些设备可能对设备造成损坏；有些设备则完全不可以移动，移动这些设备将导致设备的报废。注册资产评估师在进行机器设备评估时，要考虑与之相关的土地、建筑物的使用寿命对机器设备价值的影响。

4. 国家的能源政策、环境保护政策

机器设备在提高劳动生产率和提高人类物质文明程度的同时，也对自然环境产生了破坏作用，带来了能源的大量消耗和环境的严重污染两大社会问题。为了节约能源，保护环境，实现可持续发展，国家颁布了《节约能源法》和《环境保护法》及一系列产业政策。这些法律和政策对机器设备的使用进行了严格的规定和限制，对机器设备的能耗和环保方面提出了更高的要求。限制高能耗、高污染设备的使用，加快了设备的更新换代速度。

国家的能源、环保政策对设备价值的影响主要体现在以下两个方面：

（1）缩短了设备的使用寿命。根据《节约能源法》和《环境保护法》的规定，国家实行了淘汰能耗高的老旧技术、工艺、设备和材料的政策，对不符合法律规定的机器设备应立即报废或限期报废，缩短了一些设备的正常使用寿命。许多在用设备因不符合能源、环保要求而报废或在一定时间内退出使用，甚至包括一些没有出库的新设备。

尽管我国在推广节能产品、淘汰落后工艺和产品方面制定了严格的政策，但由于种种原因，在我国使用高能耗及落后机电产品的现象还是很普遍，注册资产评估师应当了解国家的有关产业政策，在评估时充分考虑有关政策对设备价值的影响。

（2）增加运营成本。国家对不符合环保要求的设备严禁使用，对超过排放标准排污的企业要征收高额的排污费，主要用能设备能耗超过限额的，按超限额浪费的能源量加价收费，导致这些高污染、高能耗设备运营费用的提高。

（三）机器设备的评估目的

注册资产评估师在执行机器设备评估业务时，应当根据客户确定的评估用途，明确评估目的。常见的机器设备评估目的包括：

1. 整体企业价值评估

对企业进行整体价值评估一般出于更具体的目的，如企业改制设立股份公司，企业股权转让或收购、兼并等。在这种情况下，企业的生产经营一般保持不变，所评估的价值是企业持续经营条件下的价值。评估的资产范围除了机器设备，还包括其他固定资产、流动资产以及无形资产等。

当采用成本法评估企业价值时，注册资产评估师应当了解，机器设备作为企业整体资产的一个组成部分，其价值取决于它对该整体企业价值的贡献程度。注册资产评估师的工作并不是要确定这些设备在单台、独立销售时所能实现的市场价值。

当采用收益法评估整体企业价值时，注册资产评估师为了比较准确地预测未来现金流，有时也需要对目前企业正在使用机器设备的重置成本、使用寿命，或对未来需要购置的机器设备重置成本等进行评估。

2. 破产清算

破产清算是由于企业经营不善濒临倒闭，大多数情况下，评估目的是确定机器设备在强制出售条件下可能实现的货币价值。适用于快速清算价值或有序清算价值。因为债权人常常希望得到现金，而不是机器设备。破产评估还可能要求评估师确定机器设备的继续使用价值。评估师应当根据相关法律规定，与破产监管人及律师充分沟通，明确评估目的。

3. 抵押

当贷款人向银行申请发放贷款时，需要对用作抵押的资产进行价值评估。为了保证在借款人违约的情况下贷款能够全额回收，注册资产评估师通常以清算价值为前提进行评估，即抵押资产拍卖后能收回的价值。因为银行并不需要这些资产，而需要尽快获得现金。在某些情况下，如果贷款人有良好的信誉记录，信贷机构可能允许使用其他类型的价值前提。

4. 搬迁补偿

当政府机构需要征用土地用于公共事业时，需要对原土地使用单位进行搬迁，其中可能包括机械设备，所涉及的评估一般为拆迁损失评估。

5. 购买价格的分配

当企业以整体的方式购买一宗资产或一家整体企业时，在购买后需要估算每个组成部分的价值以便建立资产账，合理确定折旧，对资产进行价值管理。在上述情形下，需要注册资产评估师确定资产的市场价值。在执行上述评估业务时，注册资产评估师应充分了解有关会计准则的要求。

6. 企业、合伙关系的解体

以解体为目的的评估，无论是合伙企业还是公司制，都是以公允市场价值为基础，公平地确定每个合伙人或股东的应得利益。然而，解体评估也完全可能以清算价值为基础，尤其是相关各方都希望首先处理所有资产，然后再对所得的货币金额进行分配。

7. 保险

保险评估需要确定保险责任范围的价值以补偿损失。可保价值是所有者、出租人、承租人、保险公司、代理商以及经纪人等所关注的。

以保险损失结算为目的的评估具有非常特殊和有限的目的：核实资产价值是否符合保险单的要求，确定的价值和保险评估价值相等，惟一的区别在于损失结算的评估是在损失实际发生以后进行的。

8. 管理建议

以管理建议为目的的评估所包含的内容可能相当广泛，通常与企业内部的财务管理相关。这种评估一般是由企业所有者或经营管理者提出，其目的可能是确定企业的经济价值，也可能是其他目的。

9. 资产出售

作为多余资产，机器设备在处置时也需要进行评估。评估目的是为确定设备的处置价格提供参考。多余资产出售为目的的评估，一般需要注册资产评估师确定机器设备的变现价值。根据处置者的具体要求，可以是单台出售的变现价值，也可以是一宗机器设备整体出售的变现价值。另外，处置者对处置时间的要求对所能够实现的变现价值也有影响，注册资产评估师应根据具体情况考虑参照物市场的选择，如正常的二手设备交易市场，或拍卖市场等。

（四）机器设备的评估范围

机器设备的评估范围除了机器设备本身，还包括设备基础、附属设施等。有些设备基础是独立的，有些是与建筑物密不可分的，甚至是建筑物的一个组成部分。注册资产评估师在对工厂、车间进行整体评估时，机器设备与建筑物、构筑物的评估范围并不一定是特别清晰的。注册资产评估师除了在实体状态上对机器设备与建筑物进行合理划分，还应该对有关间接费用进行合理分摊。注册资产评估师不能孤立地评估机器设备，必须全面了解工厂的成本构成以及成本要素之间的关系，以避免在评估时发生成本的重复计算或遗漏。

机器设备往往需要动力管线为其提供动力。有些机器设备可能包括一些附属设施。注册资产评估师在进行机器设备评估时，必须根据评估目的，明确具体的评估范围。

另外，在进行机器设备评估时，注册资产评估师应当关注评估对象是否包括操作软件、技术数据、生产记录和专利等无形资产。因为，无形资产也能够影响机械设备的价值。

五、《资产评估准则——森林资源资产》

（一）森林资源资产的定义

资产是一种经济资源，但并不意味着所有的资源将成为一种资产，森林资源资产亦是如此。并非所有的森林资源均可成为森林资源资产，可以从下列几方面理解：

（1）森林资源资产是以森林资源为物质内涵的资产。根据《森林法实施条例》的第二条规定"森林资源，包括森林、林木、林地以及依托森林、林木、林地生存的野生动物、植物和微生物。森林，包括乔木林和竹林。林木，包括树木和竹子。林地，包括郁闭度 0.2 以上的乔木林地以及竹林地、灌木林地、疏林地、采伐迹地、火烧迹地、未成林造林地、苗圃地和县级以上人民政府规划的宜林地"。因此根据现行的法规认定的森林资源，森林资源资产包括了林木资源资产、林地资源资产、林区野生动物资源资产、植物资源资产和微生物资源资产五大类。

（2）根据资产的界定，资产必须已由特定主体所拥有或控制，并能够带来经济利益。因此，森林资源资产应该是由特定的主体拥有或控制的并能给经营者带来经济利益的森林资源。主体不明确或无法实施有效控制的森林资源以及不能给经营者带来经济利益的森林资源仅能作为经济资源，而不能作为资产。

（3）森林资源的生态服务功能主要指森林生态系统与生态过程所形成及维持的人类赖以生存的自然环境条件与效用。主要包括森林在涵养水源、保育土壤、固碳制氧、积累营养物质、净化大气环境、森林防护、保护生物多样性和森林游憩等方面提供的生态服务功能被社会认可并给付生态服务功能经济补偿的行为。

一般涉及商品林的林地、林木和其林下的生存的野生动物、植物和微生物的资源资产的经济行为，如转让、出售、兼并、联营、股份经营、合资、合作、清算、抵押、担保、租赁等的评估中，通常不需要对其生态服务功能价值进行测算。因为商品林经营的目的是生产木材和林副产品，其价格由所生产的木材和林副产品来确定；虽然在生产木材和林副产品的同时商品林也能产生生态服务功能，但这些功能通常经营者无法控制，也无特定的服务对象，无人购买，不被市场认可，因此不需要评估测算。另外在这些经济行为的执行过程中商品林有的权属发生了变化，但该商品林仍然在按原有的经营模式经营，其产生的生态服务功能的能力没有变化，仍然在按原有的状态产生生态效益，所以这部分的生态服务功能价值不需要评估测算。

在涉及生态公益林的林地、林木和其林下的生存的野生动物、植物和微生物的资源资产的经济行为中经常需要对其生态服务功能价值进行测算。因为生态公益林经营的目的是生产生态服务功能，其价格主要由所生产的生态服务功能的价值、生产木材和林副产品价值共同确定。而且部分生态林的服务对象明确，如农田防护林，其目的是保护农田环境，促进农田的高产、稳产，同时也生产木材和林副产品；水源涵养林、水土保持林其目的是为水库涵养水源、保持水土、减缓淤积，同时也生产木材和林副产品；环境林（居民小区、工矿企业、机关单位办公区内的绿地）其服务对象就是该区域内的居住者；旅游景区的景观林其服务对象是游客，为游客提供优美的风景和良好的环境；这类森林资源的评估必须测算生态服务功能的价值。

在一些特定目的和条件下，不论是商品林还是生态公益林都需要对森林资源的生态服务功能价值进行测算，如征占地的评估、环境毁坏的损失评估等。因为这些评估所涉及的经济行为都造成原有森林资源的灭失，其生态服务功能也同时灭失，其损失评估必须包括生态服务功能价值。

（二）影响森林资源资产价值的外部因素

森林资源评估人员在执行森林资源资产评估时应关注以下外部因素对森林资源资产价值的影响：

1. 国家法律法规和林业政策的影响

国家法律法规和林业政策尤其是林业的经济政策对评估的结果影响极大。自中央 2003 年 9 号文件以来，不断出台的林业扶持政策尤其是林业税费的减免政策等对森林资源资产评估价值产生了重大影响，使森林资源资产所有者的收益大幅度增加，资产价格快速上升。而另一方面，由于森林资源对于国家而言是一种重要的自然资源，又联系着国土生态安全问题，因此国家对于森林资源管理有其特殊规定，如森林法中对于可转让森林的界定、森林资源档案管理、森林采伐限额制度、中国采伐规程中对于采伐方式的规定、天然林保护政策等对森林资源的经营管理均具有约束性，这将直接影响其评估价值。尤其是近年来随着社会对生态环境重视，对森林生态功能日益重视，提出了许多对森林环境保护的规定，除大幅度地提高生态公益林的比重外，对商品林经营也提出了很多限制。如对天然阔叶林采伐及更新方式的限制，对采伐面积和比例的限制，对商品林树种、林种发展的限制,对伐后林下剩余物处理和更新方式的控制,这些限制都提高了营林及木材生产的成本,降低了森林资源资产经营的收益,使森林资源资产的评估价值下降。

2. 森林资源的自然属性

森林资源首先是一种生物性资源,在合适的条件下可以再生,因此其再生性是其自然属性之一。但必须认识到森林资源的再生性是有限、脆弱和可变的,保持森林资源的再生性并非易事,必须科学合理地对其进行经营利用,提高其再生的速率,不合理地利用将使其再生性灭失,森林消亡。在森林资源资产评估时必须考虑其合理利用的程度、保持再生性的合理成本以及再生的速率(森林蓄积的生长率)。

森林分布的辽阔性是其自然属性之一,地域自然条件的差异使不同地域的森林无论是种类或者是其自然生长特性产生较大的差异,这给森林资源的分析、林木生长收获的预测带来了困难;地域交通条件的差异和地形地势的差异使不同地域的森林经营成本产生较大差异,尤其是木材生产运输成本变幅极大,这给森林资源资产的估值带来很大的影响;分布的辽阔性也给森林资源的管理、森林资源的调查、森林资源资产的核查带来很大的困难。

森林资源结构的复杂性也是其自然属性之一,森林资源从大的结构分类来讲有林木资源、林地资源、野生动物资源、野生植物资源、微生物资源及森林环境(景观)资源,它们大部分是生物性的,但也有非生物性的(林地、环境)。就林木资源来讲还有林种结构、树种结构、年龄结构、林层结构、径级结构。在一片林子中(尤其是天然林中)可能有几种甚至数十种树种及林下的野生动物、野生植物。森林中的种群关系人类尚未完全了解。结构的复杂性增加了评估测算的难度,使评估方法、评估的结果更为复杂多样。在一个经营单位内通常要将森林划分为不同的林种、树种,树种内再分为不同的龄组,在评估时不同的龄组由于其资产功能状态的不同,可能采用不同的方法。

3. 森林资源的经营特性

森林资源的经营特性是指在森林资源的经营过程的特性。经营的长周期性是经营特性之一,森林经营的周期少则 5~6 年(南方的桉树短伐期人工林),长则几十年(杉木、马尾松、木荷等),上百年(北方的红松、落叶松、云杉、冷杉等)。这样长的经营周期对评估价值产生的较大的影响,主要表现为:(1)在供求关系对价格的影响方面表现为供给弹性小,且成本效应滞后。当培育成本与市场需求价格出现背离时,成本对价格效应反映非常滞后,市场需求对价格的影响会在相当长的时期内起主导作用。评估时应更多地考虑现行市场价格的因素。(2)由于经营周期长,成本的资金时间价值极为重要,收益率的微小变化将对评估结果产生重大影响。(3)由于经营周期长,对未来投入产出的预测较为困难,而收益现值法的评估是建立在对未来投入产出的预测的基础上,其预测的准确性对评估的影响很大。

自然力的主导性也是森林资源经营特性之一,森林资源的形成、发展、更替等动态过程都离不开自然力的作用。与人力相比,这种自然力有着独立性的、主导性的、决定性的作用。离开自然生产力,无论人们投入多少人力、财力、物力,都不能造就森林资源。在森林的经营中必须遵循相应的自然规律来开发与利用森林资源。在森林资源资产评估中这种自然力的价值主要体现在林地使用权价值上,在不同的地域,自然条件不同,自然力不同，林地使用权的价值也不相同。

林木产品非标准性也是森林资源经营特性之一，用材林林木资产的产品是立木蓄积，立木蓄积是非标准化非规格化的产品。一片森林中立木的大小交错各异，没有统一的规格。在不同的林分中即使其平均胸径相同、平均树高相同，但内部立木的树高结构、径级结构也不可能完全相同，其材质、出材率（等级）都有一定的差异。由于立木资产的非规格化给立木资产的估价带来了许多困难，在市场上通常无法搜集到立木的价格，搜集到的一般是各树种各种规格材的价格，它与立木的价格有很大的差异，它要按特定的参数通过复杂的测算，才能算出立木的价格。

成熟的不明显性是森林资源经营特性之一，森林成熟是指森林生长发育到最合乎经营目的的状态。对于用材林林木利用的是木材，木材口径大的有大材的用处，小的有小材的用处，何时采伐最合乎经营的目的，这个时间的界限不明显，在森林的经营中，从不同的角度出发有数量成熟、工艺成熟、经济成熟等。

在森林的经营中没有一个统一的明确的经营周期——轮伐期。某个小班的采伐时间（主伐年龄）必须根据相关的林业法规和该小班原经营的目的来确定（所在的经营类型），这也给森林资源资产的评估带来一定的困难。对经济林来讲，森林成熟是指它的经济寿命期，从经济角度需要更新换代的时间。各个林种、各级林类型都有自己最适宜的森林成熟。森林成熟龄的确定是森林经营的难点之一，它决定了森林更新换代的最佳时期，在评估中也成为森林资源资产评估的难点问题之一。

效益的多样性是森林资源经营最重要的特性，传统森林资源资产经营的目的主要是生产木材和其他林产品，但在森林的经营中，在生产木材和其他林产品的同时发挥生态的效益，如涵养水源、保育土壤、固碳释氧、积累营养物质、净化大气环境、森林防护、生物多样性保护和森林游憩等。进入21世纪以来，随着人类的生存环境的恶化及对森林认识的加深，在国家层面上已将森林的经营目的由生产木材和其他林产品转为以发挥生态效益、社会效益为中心。因此，在森林资源资产评估中，对木材、林产品的经济效益进行评估的同时，有时还需对其生态效益、社会效益的经济价值进行评估。何时要对森林资源资产的生态效益、社会效益要进行评估；哪类森林资源资产的生态效益、社会效益要进行评估；如何对森林资源资产的生态效益、社会效益进行评估成为森林资源资产评估的最大难点。另外，由于森林资源资产的生态效益、社会效益高，社会对森林经营的关注度很高，政府对森林的经营如采伐、更新等活动有一定的限制，这些限制将增加森林经营的成本，降低森林经营的经济收益，影响评估的结果。同时由于社会对森林经营的关注度很高，政府对森林的经营给予一定额度扶持，这将增加森林经营的经济收益，提高了森林资源资产的价值，尤其是生态公益林的资产价值。

4. 森林资源使用期限

受森林资源自身经营规律的约束，不同条件不同经营目的森林资源的成熟龄（即其可生产利用期限）亦不相同，并组成相应的经营单位，如经营类型。而国家或地方政府对于不同经营类型的森林采伐利用年限有相应规定，这在一定程度上约束了最佳市场价值效益的实现（即在效益最大化时，实际上并不一定允许经营者生产利用），另一方面由于森林所有权与经营权的可分离性，使林木价值的实现可能又受到林地使用期限的影响。例如，不同林地使用期限影响到对其林木的经营利用目的，可能存在可经营大径材的林地但受林地经营期限的影响而只能经营小径材或短周期工业原料林等。在森林资源资产评估中，一方面要考虑林地使用期限对评估结果的影响，另一面要考虑经营周期长短对评估结果的影响。

（三）森林资源资产评估对资产清单的要求

森林资源资产清单实际上就是一般资产评估中的评估明细表。它详细列出了影响各单项待评估森林资源资产数量、质量的相关因子，是统计和计算实物量的主要依据。森林资源资产清单通常以小班为单位编制，并配有相应的林业基本图。

森林资源资产清单的编制有不同途径。委托方可以自行编制，也可以委托森林资源调查单位编制。

目前一些具体评估业务中，往往会将评估业务所需的资产清单与林业调查形成的资产清单混淆。两个清单名称相似，但内涵和作用各异。如果委托方提供林业调查形成的资产清单作为森林资源资产评估业务所需的资产清单，则需要根据评估业务具体情况进行适当调整。

目前我国森林资源调查体系由三类构成：

（1）森林资源连续清查体系简称"一类调查"，这是中国对于森林消耗监测的主要手段之一，其调查是以固定样地的连续调查监测进而估计总体为主要方法，并不落实到小班或具体地块，因此一类调查的数据通常不能适用于森林资源资产评估。

（2）二类调查全称为"森林资源规划设计调查"，是以林业局、林场、自然保护区、县（旗）为单位，为满足森林经营、编制森林经营方案、总体设计和县级林业区划、规划等需要进行的森林资源调查。其成果是建立或更新森林资源档案、制定森林采伐限额、实行森林资源资产化管理、指导和规范林业基层单位科学经营的重要依据。二类调查通常每十年进行一次，其间隔期内的资源数据主要依靠森林资源档案续档来完成。在评估中很难获取在评估基准日当年调查的二类调查成果，因此目前的森林资源资产清单大多以三类调查、森林资源续档并经补充调查的材料，或聘请有资质的林业专业调查队伍根据二类或三类调查技术规程重新调查成果来编制森林资源资产清单。

（3）三类调查又称"作业设计调查"，它是为森林作业设计提供基本依据。在森林资源资产评估中用的三类调查主要是伐区作业设计调查，它是为伐区工艺设计提供基本依据。

在编制森林资源资产清单时要按上述方法将森林资源档案数据更新至评估基准日。由于森林资源档案数据经常是经过多年模型更新的成果，模型中的系统误差经多年的积累可能较大，这将影响森林资源资产清单的可靠性，编制森林资源资产清单时通常要求委托方或产权持有者组织技术力量进行一次补充调查，尽可能对系统误差进行修定，使森林档案的资料尽可能接近森林资源的实际状况。用补充调查修定后的资料编制森林资源资产清单是森林资源资产评估中最常用的方法。

（四）森林资源资产的现场核查

森林资源资产的数量、质量是森林资源资产评估的基础，森林资源资产核查是资产评估必须履行的程序之一，也是注册资产评估师规避评估风险的重要手段。森林资源资产的数量、质量通常包括但不局限于以下内容：林地面积、经营面积、地类、立地质量、林种、优势树种（或优势树种组）、树种组成、起源、年龄、龄组（生长期）、胸径、树高、株数、蓄积、可及度、出材率等级、经营类型等。

由于森林资源分布的辽阔性、结构的复杂性和生长状态的动态性，且森林资源多分布于野外，相对而言交通不便、地形复杂、条件艰苦，其难度与工作量较一般资产核查要大得多，专业性更为突出。因此森林资源现场核查的艰巨性是森林资源资产评估的特点之一。

由于森林资源调查与数据管理的特殊性，使森林资源调查难度大，数据的精度也较低，以二类调查调查精度而言，技术规程中要求的精度总体的蓄积量精度90%，可靠性95%，对于具体小班蓄积的精度要求一般为80%。但在二类调查基础上建立森林资源续档数据由于数据源、方法误差、时间间隔与外业调查的困难，其精度可能更低，因此作为森林资源资产评估的最重要的数据依据的二类调查和森林资源档案的数据，其准确性直接影响森林资源资产评估的结果，注册资产评估师在执行森林资源资产评估业务时必须对森林资源资产数量、质量进行现场核查，确定森林资源资产清单是否能够作为评估依据。

为保证评估的质量要求注册资产评估师必须到现场核查。在评估的面积较大，注册资产评估师无法保证核查精度时，应当聘请具有相应资质的专业机构或专业技术人员对森林资源资产进行核查，并由专业机构出具核查报告。

（五）森林资源资产的评估方法

1. 成本法

在森林资源资产评估中，成本法可适用于林木资产与林地资产评估：

（1）林木资产评估的重置成本法，该方法是按现时的工价及生产水平，重新营造一块与被评估森林资源资产相类似的资产所需的成本费用，作为被评估资源资产的评估值的方法。在森林资源管理中，对于幼龄林尤其是10年以下的林分常常不关注或不调查记录其蓄积量，这就使其未来的收获预测变得困难，收益法将难以采取，而作为营造不久的幼龄林，其各项营造林成本较清晰，测算重置成本较为容易。在市场上很难找到交易参照物时，重置成本法是最适用幼龄林林木资源资产的评估方法。

（2）适用于林地资产评估的林地费用价法，该方法是以重新购置林地购置成本、并将之改良至与待评估林地状态一致时所需的改良成本加上在此期间本金的利息之和来估算林地评估值的方法，在林业用地存在着林地改良时的评估与苗圃地评估时适用此方法。

2. 市场法

在森林资源资产评估中根据林木资产的经营特点，林木资产评估方法的市场法实际应用中增加了一种木材市场价倒算法。市场价倒算法又叫剩余价值法，它是将被评估林木资源资产采伐后所得木材的市场销售总收入，扣除木材生产经营所消耗的成本和合理利润后，剩余的部分作为林木资源资产评估价值的一种方法。这一方法与收益法很接近，是以测算林木资产的获利能力来测算其价值，但该方法测算的是林木资产当前的获利能力，不考虑折现率，其测算的技术经济指标（销售总收入、成本（含税、费等）及应得的利润等）多用市场上与被评估对象相似的或可比的参照物的状况来确定的。

在森林资源资产评估中成过熟龄林的资产评估中最常采用市场法，因为在森林资源资产市场中这一年龄阶段的林木资产交易较多，参照案例容易获得，而且有关调整的指标、技术参数搜集较容易，尤其是其测算的结果与市场非常接近，森林资源资产评估的利益相关各方都易于接受。

3. 收益法

在森林资源资产评估中根据评估对象和未来收益期的不同有多种评估测算方法：（1）有限收益期，如经济林评估的收益净现值法和用材林评估的收获现值法；（2）无限收益期，如林地和林木评估的年金资本化法和用于林地的土地期望价法。

收益净现值法是收益法的一种，通过估算被评估的林木资产在未来经营期内各年的预期净收益并按一定的折现率折算为现值，将现值累计求和得出被评估资产评估值的一种评估方法。在森林资源资产评估中收益净现值法主要用于每年都有一定收益的经济林资产评估。

收获现值法是通过预测林分生长到主伐时可生产的木材的数量，利用木材市场价倒算法测算出其立木的价值并将其折成现值，然后再扣除评估基准日后到主伐前预计要进行各项经营措施成本的折现值，将其剩余部分作为被评估林木资产的评估值。在森林资源资产评估中收获现值法理论上可以用于任何年龄阶段的林木资产评估，但实际应用中一般用于中龄林和近熟龄林的林木资产评估。

年金资本化法是将被评估的森林资源资产每年的稳定收益作为资本投资的收益，再按适当的资本化率求出资产的价值。在森林资源资产评估中年金资本化法主要用于地租收益稳定且明确的林地资产评估，以及把林木和林地作为一个整体的异龄林永续经营前提下的资源资产评估。

林地期望价法以实行永续采伐为前提，并假定每个轮伐期林地上的收益相同，支出也相同，从无林地造林开始进行计算，将主伐时林木的纯收入（立木价）的现值扣除所有的营林生产成本的现值，得到轮伐期的纯收入现值（土地的纯收益），将无穷多个轮伐期的土地的纯收益全部累加求和值，作为被评估林地资源资产的评估值的方法。在森林资源资产评估中林地期望价法是同龄林林地资源资产评估最常用的方法。

资产评估人员执行某项特定的森林资源资产评估业务时，三种评估方法都应该考虑，但不是同一资产任何时候对三种方法都适合使用。例如，评估成熟龄林林木价值一般不采用成本法和收益法，因为使用成本法评估成熟龄林由于成本搜集困难，并且用复利计算的计息时间过长而可能产生较大的偏差；成熟龄林林木可以马上采伐，没有必要去预测未来的收益再折现，直接用市场法即可。对于新造的幼龄林，一般不采用收益法，因为幼龄林生长不稳定，用其预测未来主伐时的收益不准确，可能产生大的误差；对于市场交易不够活跃的森林资源资产，一般不宜采用市场法。因此，资产评估人员应考虑上述三种方法的适用性，然后选择最适合的一种或几种方法。

六、《资产评估准则——珠宝首饰》

为了规范珠宝首饰评估执业行为，2003年我国设立了注册资产评估师（珠宝）执业资格考试制度。而《资产评估准则——珠宝首饰》对进一步完善资产评估准则体系、规范珠宝首饰评估执业行为、推动我国珠宝首饰评估事业的发展起到了重要的指导作用。

(一) 珠宝首饰的定义

珠宝首饰的定义是广义上的，不仅包括由珠宝玉石和贵金属材质组成的并用于佩戴、装饰或收藏用的成品，而且也包括珠宝玉石的原料和半成品，以及贵金属的原料和半成品，但不包括未经提炼的矿石。

1. 具有有形资产和无形资产的特性

珠宝首饰不仅是一种看得见、摸得着、可移动、具有各种形态的有形资产，同时还具有无形资产的特征。例如，名人设计的版权、名人制作的专利权；销售企业拥有的商标权、品牌的商誉等。

2. 具有高价值和便于收藏的特性

珠宝首饰作为一种资产，具有体积小、价值高、便于携带、存储和收藏的特点。珠宝首饰的这一特性是其他资产所无法比拟的，是更符合中国人内敛、不张扬的个性特点的。因此，当人们的生活日趋富有，有多余的资金时会想到购买珠宝首饰，并将其作为家庭财产的重要组成部分之一。

3. 具有保值、增值及投资功能的特性

珠宝首饰在良好有序的社会经济环境中，一般不会贬值。在正常的市场条件下，从长期来看，珠宝首饰的价格呈现上升趋势。特别是高档珠宝首饰具有较强的保值功能和较大的升值空间。

4. 具有投资的风险性

从长期来看，珠宝首饰具有保值、增值的投资功能，但在短期内珠宝首饰的投资回报受到社会稳定和经济发展形势的影响，社会动荡和经济形势的下滑对珠宝首饰投资都将产生负面影响，从这点看珠宝首饰的投资具有一定的风险性。

(二) 珠宝首饰评估的定义

准则规定，"珠宝首饰评估，是指注册资产评估师（珠宝）依据相关法律、法规和资产评估准则，在对珠宝首饰进行鉴定分级分析的基础上，对珠宝首饰的价值进行分析、估算并发表专业意见的行为和过程"。珠宝首饰评估的定义对于评估业行为具有重要意义。由于珠宝首饰评估是建立在对珠宝首饰进行鉴定分级的基础上的，因此定义中强调对珠宝首饰评估前，必须对珠宝首饰进行鉴定和分级。

(三) 珠宝首饰的鉴定和分级

珠宝首饰评估的重要前提是珠宝首饰的鉴定和分级。注册资产评估师（珠宝）可以根据自身的专业知识，借助珠宝玉石鉴定仪器对评估对象进行必要的测试或委托具有权威性的珠宝玉石首饰鉴定检测机构对评估对象进行验证和确认。

评估机构在接受珠宝首饰评估委托时，首先要对委托方送达的评估对象（被评估珠宝首饰）进行必要的验证和鉴定，以确定评估对象是否为珠宝首饰，是否为仿制品，是否经过人工优化处理。

委托方送至评估机构要求评估的珠宝首饰，有些已经过珠宝玉石首饰鉴定机构的鉴定并附带有鉴定证书，有些则没有经过鉴定。

注册资产评估师（珠宝）对已有的鉴定证书，需要进行验证和确认。这包括：查验签发珠宝首饰鉴定证书的鉴定机构的资质，判断鉴定证书的真伪，检查鉴定证书的鉴定结果是否准确。在检验和确认的基础上，可以采用具有资质的珠宝玉石首饰质检机构出具的、正确的鉴定分级结论。

（四）珠宝首饰评估方法

1. 市场法

市场法是珠宝首饰评估方法中最基本的方法，也是目前国内外珠宝首饰评估使用最广泛的评估方法。市场法是以市场中与被评估珠宝首饰相同或相似珠宝首饰的市场交易价格为基础，将被评估珠宝首饰与参照样本进行比较、分析，进而得出被评估珠宝首饰的价值。在相同的市场条件下，参照样本（参照珠宝首饰）的交易量越多、相似度越高，使用市场法得到的评估结论就越准确。

2. 成本法

成本法的评估原理建立在重置成本的基础上。成本法是以假设重新复制生产一件类似珠宝首饰所需成本为依据而评估珠宝首饰价值的方法，即重新购置一件与被评估珠宝首饰颜色、透明度、质地、净度及款式都相同的珠宝首饰所需要投入的各项费用的总和，再加上一定的利润和应缴纳的税金来得到被评估珠宝首饰的价值。该方法认为珠宝首饰的生产成本与价格之间有着密切的联系。使用成本法评估珠宝首饰的核心是计算评估珠宝首饰的重置成本和各项贬值，再用重置成本扣除各项贬值来获得评估珠宝首饰的估算价值。

3. 收益法

收益法是通过估算被评估资产未来预期收益并折算成现值，以此确定被评估资产价值的一种评估方法。对于珠宝首饰评估而言，收益法是以被评估珠宝首饰可能产生收益的能力为基础的。收益法在珠宝首饰评估中的使用尚不普遍。收益法仅适用于有收益的珠宝首饰，如可通过展览或租赁方式获得收益的高档珠宝首饰、古董珠宝首饰，收益法不适用于普通的商用销售珠宝首饰。

七、《以财务报告为目的的评估指南（试行）》

会计领域越来越多地运用公允价值计量。公允价值计量有不同的途径。国际上较通行的做法是评估专业人士为公允价值的计量提供专业意见，以财务报告为目的的评估业务已经成为国际上重要的评估服务领域。我国2006年发布的《企业会计准则》也引入了公允价值的概念和计量模式。新的会计准则体系引入公允价值的概念和计量模式以后，许多资产或负债并无活跃的市场，这就需要外部专业评估机构通过运用评估技术，为会计公允价值计量提供专业上的支持。为适应资产评估新兴业务领域的发展，规范和提高评估服务水平，中评协积极组织行业内外专家，开展对相关业务领域的研究和准则制定工作，于2007年发布了《以财务报告为目的的评估指南（试行）》、2009年发布了《投资性房地产评估指导意见（试行）》。以财务报告为目的的评估往往以资产负债表为基础，对相关的资产和负债进行评估。

（一）专业沟通与信息可靠性的基本要求

准则为满足会计信息可靠性的要求，在评估基本要求中规定了评估师要与企业、注册会计师等相关方进行沟通，通过沟通更好地理解会计准则和相关规定的要求，明确所执行评估业务涉及具体会计准则的规定和要求。同时，还要求注册资产评估师应当获取充分信息，并进行审慎分析，确信信息来源是可靠和适当的。只有可靠和相关的信息，才能满足会计计量的需求，形成高质量的会计信息。

（二）以财务报告为目的的评估对象

准则明确了以财务报告为目的的评估业务中，根据项目具体情况、会计准则和委托方的要求，评估对象可以是各类单项资产、负债，也可以是资产组或资产组组合。针对以财务报告为目的的评估服务的主要领域，准则重点明确了在企业合并、资产减值、投资性房地产和金融工具领域的评估对象以及需要在评估过程中重点关注的事项。评估对象的有关规定，有别于传统上资产评估对评估对象的划分，突出了以财务报告为目的的评估服务的特殊性。

1. 合并对价分摊事项

合并对价分摊事项是指会计准则规定的非同一控制下企业合并成本在取得的可辨认资产、负债和或有负债之间的分配。准则明确提出合并对价分摊事项涉及的评估业务所对应的评估对象应当是合并中取得的被购买方各项可辨认资产、负债及或有负债，这与被购买方所做的企业并购中的企业价值评估所对应的对象，也即企业整体价值、股东全部权益价值或部分权益价值明显不同。

2. 资产减值测试

资产减值测试是指根据企业外部信息与内部信息，判断企业资产是否存在减值迹象，有确切证据表明资产确实存在减值迹象时，则需要合理估计该项资产的可收回金额。企业所有的资产在发生减值时，原则上都应当及时加以确认和计量。对资产减值涉及的评估概念和重大问题的小结如图3-1所示。

3. 投资性房地产

投资性房地产是指为赚取租金或资本增值，或两者兼有而持有的房地产。投资性房地产应当能够单独计量和出售，主要包括已出租的土地使用权、持有并准备增值后转让的土地使用权和已出租的建筑物。评估师应当理解，投资性房地产评估与一般房地产项目评估所涉及的评估对象有可能不完全相同。

4. 金融资产和金融负债

金融工具是指形成一个企业的金融资产，并形成其他单位的金融负债或权益工具的合同。金融工具包括金融资产、金融负债和权益工具。其中，金融资产通常指企业的下列资产：现金、银行存款、应收账款、应收票据、贷款、股权投资、债权投资等；金融负债通常指企业的下列负债：应付账款、应付票据、应付债券等。从发行方看，权益工具通常指企业发行的普通股、在资本公积项下核算的认股权等。

（三）评估价值类型与会计计量属性的衔接

准则规定，"在符合会计准则计量属性规定的条件时，会计准则下的公允价值一般等同于评估准则下的市场价值；会计准则涉及的重置成本或净重置成本、可变现净值或公允价值减去处置费用的净额、现值或资产预计未来现金流量的现值等计量属性可以理解为相对应的评估价值类型。"会计准则下的公允价值是指在公平交易中，熟悉情况的交易双方自愿进行资产交换或者债务清偿的金额。从会计准则下的公允价值的定义中可以发现，会计准则下的公允价值的定义十分接近资产评估中的市场价值定义，当然两者并不完全相

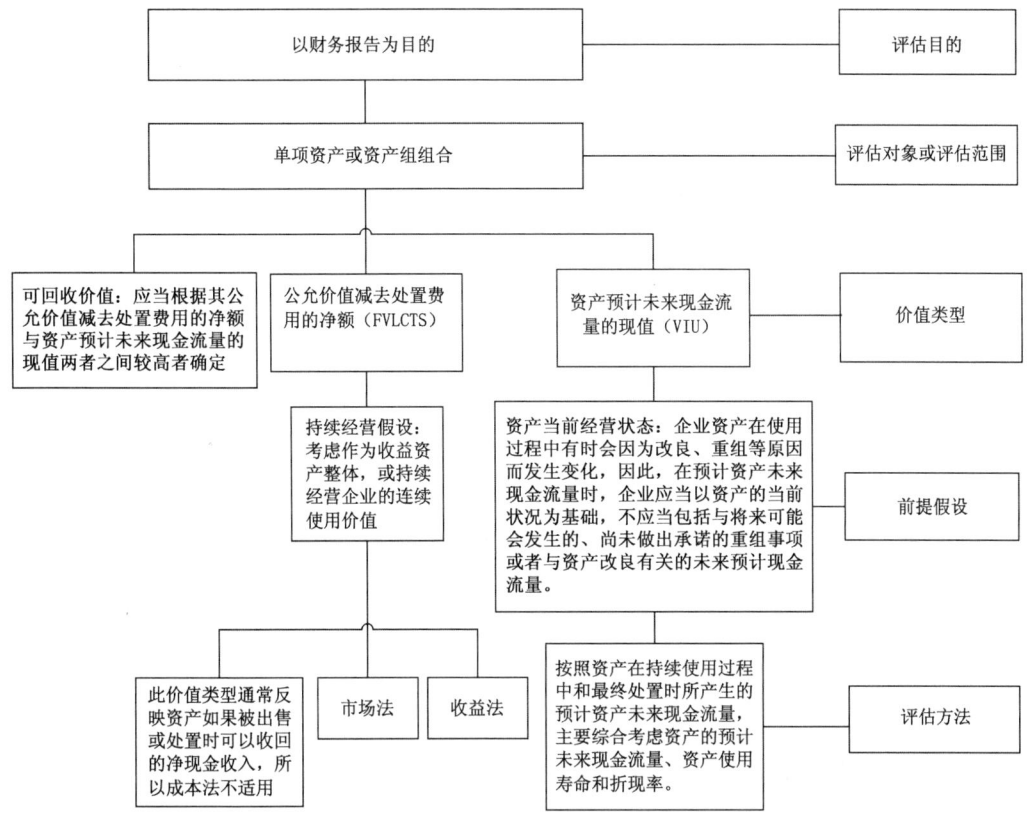

图 3-1 涉及资产减值的评估概念总结示意图

同。该规定成为联结评估价值定义与会计计量属性的重要桥梁,将评估的价值类型与会计计量属性进行了衔接,将会计计量属性中的特殊规定,直接作为评估的价值类型,避免了相关定义上的分歧,保持了理解上的一致性。

(四)以财务报告为目的评估方法的特殊要求

准则在评估方法的选择、评估数据及层级、相关的考虑因素和不同方法最终结论的确定等方面突出了以财务报告为目的评估的特点。

(1)评估方法的选择条件增加了"资料搜集情况和数据来源",反映了以财务报告为目的评估对于可靠性的严格要求;增加了"参照会计准则有关计量方法的规定",结合了会计准则中有关计量方法特殊性规定的要求;选择条件中的"分析市场法、收益法和成本法三种资产评估基本方法及其他评估方法的适用性",考虑了以财务报告为目的评估方法的多样性。

(2)评估数据及层级考虑了会计公允价值计量过程中对不同数据层级的相关要求,强调了评估数据来源的重要性和对评估方法选择的影响。公允价值获取层级实际上通过所获取的评估数据的层级来反映根据评估数据所得到的公允价值的可靠性,活跃市场的资产价格信息是公允价值的最好证据,但并非惟一证据。在不存在活跃市场时(如在"公允价值层级"的第二和第三层级),只要符合公平交易的基本条件,所形成的交易价格就可以认为是公允价值,相反,若不符合这些基本条件,即使是实际发生的市场价格,也不能认为一定是公允价值。因此,公平交易是公允价值形成的前提条件和重要基础,而资产评估正是建立在公平交易的前提之上的。

(3) 市场法参照物的选择增加了选择最接近的、比较因素调整较少的要求,以满足会计计量可靠性的要求。市场法比较因素中强调了一般评估中易被忽视的"交易背景、交易市场、交易条件、付款方式"等因素。

(4) 在收益法中,根据评估对象的特点和应用条件,可以采用现金流量折现法、增量收益折现法、节省许可费折现法、多期超额收益法等具体评估方法,借鉴了国际上目前常用的评估方法。

(5) 多种评估方法确定最终评估结论时,增加了考虑不同方法所使用数据质量和数量的因素,以最具代表性的结果作为评估结论。

【问题与思考】

1. 简要阐述中国资产评估基本准则的主要内容。
2. 简要阐述中国资产评估程序性准则的主要内容。
3. 简要阐述中国资产评估实体性准则的主要内容。

【阅读参考】

1. 贺邦靖、刘萍:《中国资产评估制度与准则》,中国财政经济出版社 2013 年版。

2. 刘萍:《〈资产评估准则——基本准则;资产评估职业道德准则——基本准则〉释义》,机械工业出版社 2004 年版。

3. 中国资产评估协会:《企业价值 著作权 商标 实务期权 评估准则讲解》,经济科学出版社 2013 年版。

4. 中国资产评估协会:《资产评估准则——无形资产专利资产评估指导意见讲解》,中国财政经济出版社 2010 年版。

第四章

国际评估准则

【本章学习目的】

通过对本章的学习，了解国际评估准则概念、产生与发展，从总体上了解国际评估准则历史和现状，掌握国际评估准则的重要概念和准则框架，进一步学习基本准则、资产准则、评估应用的有关内容和知识，全面了解和掌握国际评估准则知识。

国际评估准则概述

一、国际评估准则简介

国际评估准则理事会（the International Valuation Standards Council）是一个独立的、非营利性、非政府组织。该组织是联合国的非政府组织成员，并于 1985 年获得了联合国经济社会理事会的认可。该组织的主要宗旨是：为公共利益制定和发布资产评估准则和技术文件，以满足财务报告、国际资本市场和国际经济领域的需要；促使国际评估准则和指南在世界范围内得到认可和遵守；在世界各国之间统一资产评估准则，致力于促进地方或地区性准则规定与国际评估准则之间的协调和统一；促使国际评估准则在国际会计准则及其他相关报告准则中得到认可，促使其他专业领域理解专业评估和评估师的作用，并教育评估师了解相关专业领域的要求。

自国际资产评估准则委员会[①]于 1985 年发布第一版《国际评估准则》以来，截至 2013 年底，国际评估准则已更新到了第九版，从 20 世纪 80 年代建立以不动产评估为先导的准则，发展到 20 世纪 90 年代市场价值概念和框架下的评估准则，21 世纪初已发展

---

① 国际资产评估准则委员会（TIAVSC）是国际评估准则委员会（IVSC）的前身，1994 年更名为国际评估准则委员会，2008 年更改为国际评估准则理事会，其名称的各首字英文的字母缩写仍是 IVSC。

成为包含不动产、企业价值、无形资产和机器设备等评估业务在内的比较完善的综合准则体系。

二、国际评估准则的产生与发展

（一）国际评估准则产生的背景

20世纪70年代末，经济全球化、一体化步伐开始加快，相关经济主体对协调英国和美国两个全球最为重要的经济体资产评估准则的呼声越来越强烈，甚至希望建立全球统一的资产评估准则以减少国际并购过程中的制度障碍和交易成本。

鉴于各方面的迫切需求，在英国和美国职业评估代表们之间的讨论促成了国际资产评估准则委员会（The International Assets Valuation Standards Committee，TIAVSC）于1981年成立，并将其总部设在英国伦敦。其最初只是一个行业组织的联合以协调英美两国的准则且促进行业准则的一致。其早期的目标主要包括：与会计行业就财务报告里的评估准则合作，为所有评估原则提供依据、定义，从其他价值种类中区分"市场价值"，以及区分准则与指南。经过该委员会对以英国、美国评估准则为主的各国、各地资产评估准则差异的研究，于1985年制定了第一部《国际评估准则》。

（二）国际评估准则的发展历程

1. 第一版：《国际评估准则1985》

《国际评估准则》第一版于1985年发布，由当时的国际资产评估准则委员会（IVSC最早的名称）组织出版，当时其名称翻译为"国际评估标准"（International Valuation Standards）[①]。

2. 第二版：《国际评估准则1994》

《国际评估准则》第二版于1994年发布，内容有：国际评估标准的基本概念及原则，国际评估标准1至国际评估标准4。

1995年，在南非召开国际资产评估准则委员会第14届年会，在该年会上，国际资产评估准则委员会讨论更名事项，1995年在加拿大魁北克年度会议代表大会上正式更名为"国际评估准则委员会"（International Valuation Standards Committee，IVSC）。

3. 第三版：《国际评估准则1997》

《国际评估准则》第三版于1997年7月发布，共有4个准则、3个应用与执行指南，并于1998年公布第一个意见指南。中国资产评估协会组织翻译了国际评估准则第三版，中文名称为《国际评估准则》。

4. 第四版：《国际评估准则2000》

《国际评估准则》第四版是在2000年7月在美国召开的世界评估师大会上发布的。相对于第三版而言，第四版评估准则不仅结构体系进行了调整，并对许多内容进行了修订和扩充。第四版《国际评估准则》的结构体系主要包括：引言、评估概念和原则、资产类型、评估行为规范、IVS1—市场价值评估基础、IVS2—除市场价值以外的评估基础；国

[①] 相关文献记载表明，把评估标准（Valuation Standards）称为"评估准则"是从1997年才开始，之前的文献都一直把其中的Standards译为"标准"。

际评估应用、IVA1——为财务报表及相关账户目的所进行的评估、IVA2——为贷款、抵押及公司债券目的所进行的评估；指南（Guidance Note）：GN1——不动产评估、GN2——租赁权益的评估、GN3——厂房、机器设备的评估、GN4——无形资产评估、GN5——持续经营价值的评估、GN6——企业价值评估、GN7——评估中危险及有害物质的考虑；注释（Commentary）——投资性房产术语（Glossary）。

5. 第五版：《国际评估准则2001》

进入21世纪后，《国际评估准则》的制定和修订工作进入了一个快速发展的时期。其中，国际评估准则委员会面临的主要问题是如何针对各国评估理论和评估实务发展状况不一的现状，使各国评估师和评估报告使用者正确理解和应用《国际评估准则》。因此，国际评估准则委员会2001年7月公布的第五版《国际评估准则》，对原有准则结构体系进行了调整。内容主要包括：前言、资产评估基本概念和原则、资产类型、评估人员行为准则、价值类型、国际评估准则、国际评估应用指南、评估指南、咨询意见和专业术语十个部分。结构的完善也是第五版《国际评估准则》的亮点。

6. 第六版：《国际评估准则2003》

2002年，国际评估准则委员会准则技术委员会成立。准则技术委员会成员来自广泛的IVSC专业组织、机构成员和其他准则制定者。

国际评估准则委员会于2003年4月形成了较为完整的《国际评估准则》第六版。《国际评估准则》第六版主要包括八个组成部分，即前言、资产评估的基本概念和原则、行为守则、资产类型、国际评估准则、国际评估应用指南、评估指南、白皮书，每个组成部分相对独立，自成体系。《国际评估准则》几经修改，已经发展成为一部综合性准则文件，特别是第六版增加了无形资产评估、企业价值评估、评估报告等内容，其指导性有了很大的提高。

7. 第七版：《国际评估准则2005》

国际评估准则委员会2005年2月10日发布新闻通告，宣布推出第七版《国际评估准则》。第七版包括：前言、资产评估的基本概念和原则、行为守则、资产类型、国际评估准则、国际评估应用指南、评估指南、白皮书八个部分的内容，尤其是第五部分的《国际评估准则1——市场价值基础评估》、《国际评估准则2——非市场价值基础评估》和《国际评估准则3——评估报告》构成了《国际评估准则》的核心内容，另外《国际评估准则》中有2项应用指南和11项评估指南。

与第六版本相比，第七版有两项重要变动：一是适应2004年国际会计准则的修订，对相关国际评估准则，主要是评估应用指南1（财务报告目的评估）和评估指南8（财务报告目的评估中的成本法），做了修订；二是增加了三个评估指南：评估指南12（特殊交易不动产评估）、评估指南13（物业税目的批量评估）、评估指南14（采掘业固定资产评估）。

8. 第八版：《国际评估准则2007》

国际评估准则委员会于2007年发布了《国际评估准则（第八版）》。第八版在内容上增加了一些新的条款。《国际评估准则2——非市场价值基础评估》和《国际评估应用指南2——租赁权益评估》进行了重编，评估指南3——机器设备评估又重新出现在新版中。

第八版增加了以财务报告为目的的公共资产评估应用指南,以及一些新的指导解释如历史资产评估。第八版体现了一些新的特点,如对准则各个层次之间关系的解释更加清楚,还增加了一些图标加以说明。

9. 第九版:《国际评估准则 2011》

2011 年 7 月 19 日,国际评估准则理事会发布新闻公告,正式发布由准则委员会制定批准的第九版《国际评估准则》(IVS2011)。

经过近三十年的发展,《国际评估准则》从早期的以不动产评估为先导的准则,演变为一部综合性的评估准则,在国际上得到广泛认可。第九版对上一版的结构做了重大的改变,并对其内容进行大量的精简。合并、修改、取消了原有的一些内容,使其篇幅大幅下降,新版更突出对国际评估业的标准规范,并体现出逐步淡化具体评估技术的趋势。

三、《国际评估准则 2011》的基本特点和主要作用

(一) 基本特点

(1) 定义和术语以简洁和通用为原则制定。在早期版本中,很多概念和定义在各个单独准则中整段反复出现。这在重编的准则中被避免,目的是使准则更简明而易于阅读和理解。

(2) 优化了国际评估准则框架。《国际评估准则 2011》的整体框架更加清晰、合理和科学。

(3) 关注原则性并兼顾操作性要求。新版《国际评估准则》取消道德规范和评估方法以及一些具体指南、定义、原则的合并,增加了工作范围原则,而且每类准则都由两大部分构成,使其规范性和操作性增强。

(4) 采用技术文件进行补充。为了增强准则的可操作性,《国际评估准则 2011》增加了技术文件补充。

(5) 突出金融工具和以财务报告为目的的评估。以前版本的准则中确实包括关于金融权益的有限讨论,但完全没有提及对于金融工具的评估。第九版准则包含一个关于金融工具的简要准则,它分析了一些影响金融工具价值的参数、不同的评估方法优缺点和旨在提高评估的透明度和客观性的程序。

更为值得关注的是,《国际评估准则 2011》明显借鉴了我国评估准则的结构体系,并在具体准则内容方面也有很多借鉴之处。这也表明经过多年的发展,我国评估准则创新性不断加强,为国际评估准则建设和发展做出了积极贡献。

(二) 主要作用

1. 提高资本市场和评估服务的客户对资产评估的信心

2011 版《国际评估准则》是在全球金融危机背景下诞生的,世界各国普遍认识到,合理的评估准则和有效的监管对改善金融稳定的重要性,以及需要尽快恢复资本市场对资产评估的信心。因此,新的《国际评估准则》的首要目标是提高需要评估服务的客户对其所依赖的评估的信心。

《国际评估准则 2011》覆盖广泛的资产估值:金融工具、不动产、无形资产和企业价值。这是国际评估准则理事会为期三年不断改善和已经受到的全面的国际适当程序约束的

结果。国际评估准则理事会的目标是促进整个评估过程中的一致性和透明度,包括共同的评估方法和原则的解释,以及评估专业人士开展工作中应遵循的程序。

2. 为世界各国评估准则建设提供了重要借鉴与参考作用

(1) 准则结构上的借鉴与参考作用。《国际评估准则2011》对其结构进行了重大调整,使各准则之间的关系更加清楚、顺畅。该版本准则的结构框架与以往的国际评估准则有较大的不同。新版国际评估准则主要由两部分构成:一是IVS定义和IVS框架。定义部分主要涉及在准则中多次重复出现的术语。框架部分主要介绍了准则中的基本概念、价值类型和评估途径与参数。二是具体准则。新版的IVS已形成了一个很好的顺序及框架,与中国的资产评估准则有不少类似。凡是在准则中可能出现的各种概念,都被纳入准则概念框架中,既避免了重复又可以使读者更加方便和清楚地查找和理解相关概念。其100系列——通用准则,包含普遍适用于大多数评估目的下对各种类型的资产或对负债进行评估所需遵循的评估准则。200系列——资产类准则,包含适用于不同资产类别的评估准则。300系列——应用类准则,包含特定目的而进行评估时所使用的准则,应用类准则应当与通用准则相结合,这些应用类准则旨在阐明特定目的下对运用通用准则的特殊考虑,也涵盖了在制定工作范围和报告时应考虑的特殊要求。

(2) 准则内容方面的借鉴与参考作用。《国际评估准则2011》最大的亮点之一在于增加了金融工具评估准则和工作范围准则,尤其是前者对于稳定金融市场有着重要的意义。目前,我国评估准则尚未对金融工具评估进行规范①,随着金融工具评估业务量逐渐增多,需要制定相应的规范。

(3) 更好适应世界各国评估执业道德准则的发展状况,促进其道德水平提高。长期的评估理论与实践证明,由于各国的社会、经济、文化等方面的差异,不仅不同国家和地区的评估职业道德规范各有所不同,同一国家和地区的评估职业道德规范也有些差异,如美国的ASA、AI各有各自的评估执业道德规范。《国际评估准则2011》虽然取消道德规范的内容,但仍在IVS专业委员会设立一个为开发职业道德原则的典型项目,以帮助新兴国家评估专业的发展。

第二节　国际评估准则的重要概念和框架结构

一、国际评估准则的重要概念

1. 价格

价格是指就某项资产的询价、报价或支付的金额。由于给定的买方或卖方拥有特定的

---

① 2011年新颁布的《实物期权评估指导意见(试行)》涉及部分金融工具评估的技术内容。

财力、动机或者特殊权益，他们所支付的价格可能会不同于其他人为该资产给出的价值。

2. 成本

成本是指取得或创建某项资产所需的金额。一旦该项资产被取得或创建，其成本即成为事实。价格与成本是相关的，因为对于该项资产买方支付的价格即为购买方的成本。

3. 价值

价值是某项资产交换时最可能的支付价格或拥有某项资产带来的经济利益。它是基于一定的假设条件而估计出来的，假设条件是由评估目的决定的。资产持有者的价值是指对某一特定当事人由于拥有该项资产而应当获得的利益的估计。

4. 市场

市场是指买家和卖家通过某种价格机制进行商品和服务交易的环境。"市场"概念意味着买家和卖家可以在没有过分限制其活动的情况下进行商品或服务的交易。任何一方都将对供求关系以及其他价格决定因素、对商品或服务相对效用的理解以及个别需求和期望做出反应。

为了估计出支付一项资产最可能的价格，最重要的是需要了解该项资产交易所在的市场范围。因为可以取得的价格将取决于评估基准日该市场上买家和卖家的数量。买家和卖家必须具有进出该市场的通道，才能对价格产生影响。市场可以按如下标准去定义：

（1）被交易的商品或服务。例如，汽车市场不同于黄金市场。

（2）规模或营销网络的限制。例如，一个产品制造商可能在一个市场上没有营销网络或营销设施销售给最终用户，同时，最终用户对该产品的需求量也没有达到该制造商的实际产量。

（3）地理位置。例如，相似产品或服务的地理位置可能是本地的、区域性的、国家性的或国际性的市场。

尽管任何时点市场可能会自成体系，并很少受到其他市场活动的影响，但随着时间的推移，不同市场之间还是会相互影响。例如，在任何一个给定的时点，某个国家的某项资产的价格可能会高于相同资产在另一国家的获取价格。如果忽略政府贸易限制或财政政策可能带来的任何扭曲作用，随着时间的推移，供应商将增加该项资产在该国的供应以获得更高的价格，同时将减少对价格较低国家的供应，最终将使该项资产的价格趋同。

除非文中另有明确提示，IVS中所引用的"市场"的含义是指，被评估资产或负债于评估基准日能够被正常交换的市场，且大部分市场参与者，包括该资产目前的所有者，都能够自由进入该市场。

由于存在各种缺陷，市场很少能够在供需长期均衡和公平活动的情况下完美地运行。常见的市场缺陷包括：供应中断，需求的突然增加或减少，或市场参与者之间的信息不对称。由于市场参与者会对这些缺陷做出相应的反应，在某个给定的时点，市场可能会对任何导致不均衡的变化进行调整。如果评估目的在于估计市场上最可能的价格，评估值就必须反映相关市场于评估基准日的特定市场条件，而不是建立在恢复到市场均衡的假设基础上得出一个调整或平滑后的价格。

5. 价值类型

价值类型是一项评估的基本计量假设的陈述。它描述了报告中价值成立的基本假设，如假设交易的性质、交易双方的关系和动机，以及该项资产在市场的暴露程度。适当的价值类型将视评估目的而定。一个价值类型应当明确区分以下内容：

（1）得出价值指示采用的基本评估方法和具体方法；
（2）被评估资产的类型；
（3）评估基准日时资产的真实或假设的状态；
（4）特定情况下修改上述基本假设的任何附加假设或特殊假设。

价值类型主要可以分为以下三大类：第一类是指，在一个自由、公开市场，一项假设交易最可能的价格。本准则定义的市场价值就属于这一类。第二类是指，一个人或一个实体由于拥有一项资产而得到的利益。这一价值是针对该个人或实体的，并且与一般市场参与者无关。本准则所定义的投资价值和特殊价值就属于这一类。第三类是指，两个特定交易方为一项资产可能交易达成的合理价格。尽管交易双方之间可能没有关联且公平协商，但该项资产未必暴露在市场上，达成的价格可能反映交易双方拥有该项资产获得的特定优势或劣势，而不反映整体市场情况。本准则所定义的公允价值就属于这一类。

评估时可能需要使用由法律、法规、私人合约或其他文件定义的不同价值类型，尽管这些价值类型可能看似与各项准则中定义的价值类型相似，但是，除非在 IVS 的相关文件中有明确表示，使用这些价值类型可能需要采用与 IVS 规定不同方法，这些价值类型的解释和应用必须依据其来源文件。其他规则定义的价值类型有如由国际财务报告准则及其他会计准则定义的各种价值衡量基础。

6. 市场价值

市场价值是指，自愿买方和自愿卖方在评估基准日进行正常市场营销后达成的非关联交易中某项资产应当交换价值的估计数额，当事方应当各自精明、理性行事且未受强迫。

7. 投资价值

投资价值是一项资产对于其拥有者或预期拥有者实现个人投资或经营目的所体现的价值。它是企业实体特有的价值类型。虽然一项资产对其拥有者的价值可能与销售给另一方实现的金额相同，但这种价值类型反映了一个实体持有该项资产得到的利益，因此并非是一个假设的交易。投资价值反映了被评估实体的具体情况和财务目标，经常被用于衡量投资效果。资产的投资价值与市场价值之间的区别提供了买方和卖方进入市场的动机。

8. 公允价值

公允价值是一项资产或负债在熟悉情况的自愿方之间转让的估计价格，它反映了交易方各自的利益。[①]

国际财务报告准则公允价值的定义与上述是有区别的。国际评估准则委员会认为国际财务报告准则中公允价值定义通常与市场价值一致。国际财务报告准则下公允价值的定义和应用在"IVS 300 以财务报告为目的的评估"中进行讨论。

除了使用在财务报表目的中，公允价值与市场价值是有区别的。公允价值需要考虑两个既定交易方分别从交易中获取的有利或不利后评估价格的公允性。这种价值类型常见于法庭文件。相反，市场价值通常需要忽略对市场参与者不适用的任何有利因素。

---

① 这一定义不适用于以财务报告为目的的评估，详见 IVS 300。

公允价值是比市场价值更具广泛性的概念。虽然在很多情况下，交易双方之间的公平价格等于从市场上获得的价格，但在有些情况下，公允价值估计需要剔除一些市场价值估计时所考虑的因素，如一些因为权益合并产生的特殊价值的因素。

使用公允价值的例子有：

（1）确定一个持有非流通股股权的公平价格，这时两个特定交易方持有的是对他们公平的且不同于市场上可以获得的价格；

（2）确定在出租人和承租人之间的公平价格，不论是租赁资产的永久转移还是租赁负债的取消。

9. 协同价值

协同价值是由于两项或两项以上的资产或权益合并，产生的超过合并前各项资产或权益价值之和的附加价值。

10. 特殊价值

特殊价值是反映某项资产的特定属性仅对某个特殊购买方具有价值的一个金额。特殊购买方是指由于持有一项特定资产得到益处，而得到该项资产特殊价值的买方，该特殊价值对市场中其他买方可能不适用。

当一项资产的属性对特殊购买方比其他买方更具吸引力时就产生了特殊价值。这些属性可能包括该项资产在物理上的、地理上的、经济上的或法律上的特征。市场价值需要忽略特殊价值的任何因素，因为在任一给定日期只假设了有一个自愿买方，但不是特定的自愿买方。

当确认特殊价值时，应当在报告中说明，并明确区分于市场价值。

11. 市场法

市场法通过将目标资产与相同或相似且价格信息可获取的资产进行比较提供一种价值的指示。该方法的第一步是要考虑相同或相似资产近期在市场交易时的价格。如果近期很少有交易发生，则可以适当考虑相同或相似资产近期的挂牌价格或卖方报价，前提是相关信息是清晰明确且经过认真分析的。可能需要对其他交易的价格信息进行调整，以反映与实际交易情况、价值类型和评估假设等方面的差异，其他交易和被评估资产也可能存在法律、经济或物理特征的差异。

12. 收益法

收益法通过把未来现金流转换为一个资本现值提供一种价值的指示。该方法考虑一项资产在使用寿命期限内将产生的收入，通过资本化过程估计价值。资本化是应用一个适当的折现率将收益转换成一个资本总额。收益流可以从一项或多项合约，或根据非合约得出，如使用或持有某项资产产生的预期利润。

收益法的具体方法包括：

（1）收益资本化法，用一个包括所有风险的折现率，或整体资本化率，应用到一个代表性的单期收益中；

（2）折现现金流法，用一个折现率把未来多个期间的一系列现金流折现成现值；

（3）各种期权定价模型。

收益法还可以应用于债务估值，即需要考虑预测一项债务在清偿之前未来所需支付的现金流。

13. 成本法

成本法利用无论是购买还是建造，买方都将支付不高于等效资产获取价格的经济学原理，提供一种价值的指示。该方法基于的原则：市场上的买方就被评估资产支付的价格将不超过购买或建造一项同等资产的成本，除非存在超长时间、不便因素、风险或其他因素。通常，被评估资产由于年代或损耗，与替代资产相比不具吸引力。在这种情况下，可能需要根据价值类型对替代资产的成本做出调整。

14. 房地产

房地产是土地及属于土地自然组成部分的所有物体，如树木、矿物及附着在土地上的物体，如建筑物和改良物，以及建筑物上所有的永久性附着物，如所有地上和地下为建筑物提供服务的机电设备。

15. 不动产

不动产是与房地产所有权相关的所有权利、权益和利益。

16. 投资性不动产

投资性不动产是由业主持有的土地、建筑物或建筑物的一部分，或两者兼有，且持有的目的是获取租金或资本增值，或两者兼有，但不包括用于商品生产或劳务供应、管理目的和企业正常经营中销售的不动产。

17. 经营性不动产

经营性不动产是被设计用于特定业务类型的任何类型的房地产，该房地产的价值反映了业务的交易潜力。

18. 无形资产

无形资产是指一种能通过经济属性来证明其自身价值的非货币性资产。它不具备实物形态，但能为所有者产生经济利益。

19. 商誉

商誉是源于一个企业、企业中的一项权益或使用一个不能分割的资产组所形成的未来经济收益。反映在商誉中的收益，包括如下：

（1）一项企业合并完成后所产生的公司特定协同效应。例如，营运成本的减少或规模经济，这些价值没有体现在其他资产的价值中。

（2）增长机会，例如，市场拓展。

（3）机构组织资本，例如，来自于组合化网络的利益。

一般来说，商誉的价值是指企业整体价值扣除了所有可辨认的有形资产、无形资产以及货币性资产的价值之后的剩余价值，这些可辨认的有形资产、无形资产以及货币性资产的价值必要时需要经过适当的价值调整，扣除实际的或潜在的负债价值。

应当指出的是，在不同的财务报告或税收制度下，商誉会被赋予不同的定义；在按照这些不同的目的进行评估时，可能需要将所采用的商誉的定义在报告中披露。

20. 假设

评估过程中，除说明价值类型以外，还常常需要做出一个或多个假设，以说明假设交换的资产的状态或者资产假如交换所处的环境。这样的假设对价值有重要的影响。

经常用到的附加假设包括（但不限于）：

（1）假设企业作为一个完整的运营实体进行转让；

（2）假设企业所使用的资产，脱离企业单独转让或以资产组形式转让，企业都不转让；

（3）假设单项评估的资产与其他附属的资产一起转让；

（4）假设股权是成批转让，或是单独转让；

（5）假设业主持有的不动产在假设转让时是闲置的。

当假设的事实与评估基准日存在的现实不同时，就形成了一个特殊假设。特殊假设经常用来说明可能的变化对资产价值的影响。称为"特殊"是为了提示评估报告使用者：评估结论是因当前环境情况变化而异的，或评估结论反映了评估基准日一般市场参与者可能不会持有的价值意见。

假设和特殊假设必须是合理的，且与评估目的相关。

21. 市场租金

自愿出租方和自愿承租方在评估基准日正常营销后，且在各方精明、理性行事，不受任何强制下达成的非关联方交易中，对某项不动产达成适当租赁条款下的租金估计数额。

22. 特殊购买方

因拥有某项特定资产所有权而使该资产对自己具有特殊价值的特定购买方。市场中其他购买方对该资产的所有权不能形成这种优势。

23. 评估基准日

评估结论所适用的日期。

二、国际评估准则的框架结构

国际评估准则由以下部分构成：

（一）IVS 定义

IVS 定义包括那些在准则正文中有特定意义的词语和短语，这些定义将在多项准则中重复出现。仅在单项准则中使用的定义在该准则中予以确定。

（二）IVS 框架

IVS 框架包括业界公认的评估概念和原则，是 IVS 的基础，在执行准则时评估人员需要考虑和应用到这个框架。

（三）基本准则

在满足资产准则或评估应用中规定的变更或新增要求的前提下，三项基本准则适用于所有类型和所有目的的资产评估。基本准则包括："IVS101 工作范围"、"IVS102 实施"以及"IVS103 报告"。

（四）资产准则

资产准则包括"准则"和"注释"。"准则"陈述了修改或扩大基本准则的要求，并包含了基本准则中的原则如何应用到特定资产种类的说明；"注释"则提供了每一类资产特征的附加背景信息，这些信息影响价值和惯用评估方法的使用。

（五）评估应用

评估应用适用于基本评估目的。每个"应用"包括一个"准则"和一个"指南"。"准则"包括对基本准则的增加或修订，以及在从事该目的评估时，如何应用基本准则和资产准则中相关原则的说明。"指南"部分提供如下信息：

（1）可适用的其他团体发布的国际应用规则或准则在评估方面的要求，如国际财务报告准则（IFRS）；

（2）用于该目的的其他公认评估要求；

（3）为满足这些要求所需的适当评估程序。

（六）准则的应用

当评估从业人员声明，如果一项评估遵循 IVS，将意味着它要遵守所有相关的具体准则。当因遵守法律、法规的需要而背离准则时，需要明确地解释。

（七）资产与负债

本准则对资产和负债的评估均适用。为便于理解准则，术语"资产"被认为包括"负债"，除非特别指明或从文中能清晰判定"负债"除外。

第三节 国际评估准则——基本准则

一、《国际评估准则 101——工作范围》

该准则主要规定了评估过程中所需明确的工作内容和范围。其中，包括一般原则、要求、工作范围的变动及生效日期。

在一般原则中，准则强调评估工作必须符合其预期目的，并完全理解所拥有的资料以及任何限制的内容。该准则核心的要求部分，主要包括确认评估师的身份和地位（能否保持独立客观公正地位）、客户及其他报告使用者的身份、评估目的、确认评估对象（包括资产和负债）、价值类型、评估基准日、调查范围、评估依赖信息的来源及性质、假设及特殊假设、评估报告使用的限制、遵守国际评估准则的声明以及报告的描述。在工作范围变更部分，主要对评估过程中上述评估要求的变更做出说明。

二、《国际评估准则 102——操作要求的实施》

该部分主要规定了评估实施过程中要注意的相关问题，包括一般原则、调查、评估方法、评估记录以及生效日期，其中调查和评估方法是核心内容。在调查中，要求评估调查工作必须满足评估主要目的和确定价值类型的要求，并介绍了调查的方法和数据的来源。在评估方法中，要求调查内容必须与评估方法相关，并且描述了多种评估方法下对调查工作的要求。

三、《国际评估准则 103——评估报告》

该准则主要对资产评估报告应该包含的内容进行了规定。该准则包括一般原则、报告内容和生效日期。其中，报告内容是该准则的核心，在该部分要求评估报告的内容应该涵盖主要的评估工作范围，包括确认评估师的地位（能否保持独立客观公正地位）、客户及其他报告使用者的身份、评估目的、评估对象的识别（包括资产和负债）、价值类型、评估基准日、调查范围、数据来源、评估假设、评估报告使用的限制、遵守国际评估准则的声明、评估方法选择及推理、估值金额以及评估报告公布日期。

第四节 国际评估准则——资产准则

资产准则是国际评估准则的核心内容，是规范不同类型资产的评估问题，对基本准则在具体资产评估中运用的进一步解释和说明，以便指导评估师根据特定资产种类的价值特点和具体情况合理运用评估准则。《国际评估准则 2011》中资产准则部分主要包括六个资产类型的评估准则，即企业及企业权益评估、无形资产评估、机器设备评估、不动产评估、在建投资性房地产评估和金融工具评估。

一、《国际评估准则 200——企业及企业权益》

（一）工作范围要求

按照基本准则中有关明确被评估的资产或负债的要求，评估师在执行企业及企业权益评估业务时，应当遵循以下规则：

（1）评估师应当说明所要评估的特定企业权益，包括诸如规定企业的法律结构，确定被评估权益属于整体权益还是部分权益，确定被评估权益是否限定在某些资产、负债或某些股票范围内，或者被评估权益排除某些特定资产、负债或相关类型的股票的相关条款。评估师应当正确理解企业价值和权益价值的含义，区分企业价值和构成企业实体的单项资产或单项负债的价值，考虑评估目的对企业价值评估的影响，根据评估目的、企业性质或被评估的企业权益种类来考虑被评估企业的所有权状况、企业的各项权利及控股权益和少数股东权益。

（2）对于企业部分权益的评估，需要做出特殊假设，以明确说明剩余权益的拥有者是否愿意出售或保留其股份，有没有考虑该企业所拥有的特定资产或负债。如果评估一项企业权益，该权益有能力将企业清算，则评估师应当考虑清算中的资产单独出售的价值总和是否超过它们在持续经营下组合起来所形成的整体价值。

（二）评估调查和评估方法要求

企业及企业权益评估准则的实施部分规定，如果评估一项企业权益，该权益有能力将企业清算，则评估师应当考虑清算中的资产单独出售的价值总和是否超过它们在持续经营下组合起来所形成的整体价值。实施部分重点是对评估调查和评估方法两个问题做了特别说明。

（三）评估报告

企业及企业权益价值的评估报告部分，主要是强调了应当将上述"工作范围"部分中所提出的事项进行适当陈述，其他均按基本准则中有关评估报告的要求执行。

二、《国际评估准则210——无形资产》

（一）工作范围要求

评估师应当清晰地定义无形资产的类型、法律权利或权益的方式。要特别注意商誉，由于其在不同的财务报告或税收制度下定义有所不同，因此，应当在评估报告中对其定义进行披露。评估师应当确认企业所有的有贡献资产是否都纳入了评估范围，如果一项评估不包括有贡献资产，则必须说明该评估是否是基于买方能够得到有贡献资产的假设前提下进行的。无形资产评估常见的评估假设或特殊假设是一项专利已经被授权，但在评估基准日时尚没有实施，即市场上尚没有专利产品出现，或者一个有竞争力的产品已经投入或退出市场。

（二）评估方法要求

准则强调所有无形资产评估方法运用之前需要确定评估对象的剩余有效寿命，在这个过程中需要考虑法律、技术、功能和经济等因素。

在市场法评估中，准则提到由于无形资产多样性的特点，很难在市场上找到与评估对象类似资产的交易信息。如果能够从市场上获得相似资产交易信息，可以通过对比大量类似资产交易情况来为评估对象价值提供证据，如分析类似资产的收益率等。

收益法是无形资产评估准则规范的重点内容，准则强调了在无形资产评估中具体的收益途径评估方法包括许可费节省法、增量利润法和超额收益法。

成本法主要应用在自创无形资产评估中或无法确定未来现金流量的情况下。在重置成本的计算中，可以考虑市场类似资产的价格信息。采用成本法的无形资产评估应包括自创软件、网站、人力资源价值等。

三、《国际评估准则220——机器设备》

（一）机器设备评估所需考虑的因素

在机器设备评估中通常需要考虑一系列与资产本身、环境和潜在经济价值有关的因素。其中，与资产有关的因素包括资产的技术规格、剩余物理寿命、资产状况、运达使用地的成本、辅助资产的任何可能损失；与环境有关的因素包括原材料和产品市场的位置、对限制产能或增加生产成本产生影响的任何环境或法律因素；与经济有关的因素包括实际或者潜在的资产获利能力、影响机器设备产品需求的宏观或微观经济因素、可以获得更多利益的资产其他潜在用途。

（二）与无形资产的关系

准则强调尽管无形资产与机器设备是两类不同资产，但有些机器设备价值中包含无形资产，而且无形资产对机器设备的价值有重要的影响。例如，一些模具的价值与相关知识产权密不可分，操作软件、技术数据、产品记录、专利等无形资产都对机器设备的价值具有重要影响。因此，在机器设备评估中需要考虑这些无形资产的价值。

四、《国际评估准则230——不动产权益》

（一）不动产权益的类型和结构

不动产的权益包括三类基本类型。首先是特定区域土地的最高权益，该权益的所有者拥有土地和地上附着物的全部权利；其次是次级权益，即在一定时期内拥有特定区域土地和地上附着物排他控制权的权益，如通过租赁合同获得的权益；最后是拥有特定土地和地上附着物使用权，但不拥有排他使用权或控制权。

（二）租金

在评估基于租约的不动产权益时，需要考虑合同租金以及合同租金与市场租金之间的差别。市场租金的概念在准则概念框架中（IVS Framework）已做出详细的解释，即意愿买卖双方在公平独立的条件下所达成的合适条款的租金。而合同租金则是个别案例的实际租金。

（三）评估方法

准则强调三种基本的评估方法都适用于不动产权益评估。

在市场法评估中，准则指出尽管资产权益存在着非同质性特征，然而市场法仍是不动产权益评估的主要方法。在市场法评估中，需要找到近期可比交易案例，交易案例与评估对象之间的差异性可以从以下几个方面考虑：被评估的权益类型、各自的地理位置、土地的质量或者房屋的使用年限和规格、每项资产的授权使用范围、交易环境、价值类型和交易时间。

采用收益途径评估不动产权益价值的具体评估方法或形式多样。在投资性房地产评估中，收益是通过租金形式实现的；在自用房地产评估中，收益可以通过租金节省的途径来获得；如果评估对象只适用于交易行为，收益往往是通过交易行为所有者所获得的实际或者潜在的现金流。对于折现率的选择，如果评估结果是针对特定所有者或潜在所有者的，那么折现率应该反映它们所要求的收益率或者加权资本成本；如果评估结果是市场价值，那么折现率应该参考市场中不动产权益的收益率。

五、《国际评估准则233——在建投资性不动产》

（一）投资性不动产

投资性不动产是指以赚取租金或资本增值为目的而持有的土地、房产或者两者的组合，投资型物业并非用于提供商品、服务或经营管理目的，或者作为存货的房地产。投资性不动产的评估目的一般包括兼并、重组、企业整体出售或部分股权出售、贷款担保、法律诉讼、财务报告。

（二）评估方法

在实践中，很少存在投资性不动产的交易案例，即使存在也很难找到与评估对象类似的交易案例。在不存在直接可比交易案例情况下，投资性不动产的价值可以采用以市场为基础的评估方法。这些评估方法可以从以下几种渠道获取信息：不同区域或不同条件下的可比资产交易案例；不同经济条件下的可比资产交易案例；可以支持现金流折现的建造成本、租约、运营成本、增长性假设、折现率或其他关键参数。

六、《国际评估准则250——金融工具》

（一）金融工具市场

金融工具的交易市场主要包括公开交易市场和场外交易市场（Over The Counter, OTC）。在公开交易市场中交易的是上市公司的股票、政府债券以及期货合约，这些交易都可以实时获取交易价格。很多类型的衍生工具或非流动性现金工具都是通过场外交易市场交易的。尽管场外交易市场的交易量相比公开交易市场要大得多，但是金融工具类型较为分散，一些金融工具交易频繁，而另一些金融工具则鲜有交易案例。评估技术多应用于场外交易市场的金融工具评估中。

（二）信用风险

了解信用风险是评估负债工具的重要内容之一。在评价信用风险时一般需要考虑以下因素：对手风险、赔偿优先权、杠杆率、抵押品资产质量、净额结算协议、第三方的违约保护等。

（三）流动性和市场活跃度

金融工具的类型很多，从可以在公开市场交易的金融工具到只针对特定双方的定制金融工具。这就意味着考虑金融工具的流动性或市场活跃程度成为选择恰当评估方法的重要内容。流动性和市场活跃度的区别明显，前者是一项金融工具的变现能力，而后者则是金融工具在特定时期内的交易量。

（四）评估方法和参数

在公开市场交易的金融工具估值多是采用计算机自动估值模型，尽管如此这些估值模型仍然基于市场法、收益法或者成本法。然而，根据市场信息的变化来校验这些特定估值方法或者模型是非常重要的。这能够保证模型反映的是当前市场状况，并且能够识别任何可能的缺陷。

在市场法评估中，对于具有相同金融工具交易近期的交易价格，通常是不需要做任何调整的。如果不能满足上述条件的话，需要对交易价格进行调整，这些情况包括：评估对象与交易案例金融工具在特点上存在差异，在交易规模和数量上存在差异，交易双方并非独立、自愿，交易时间需要做出调整，等等。

金融工具的价值也可以通过现金流折现的方式取得。一项金融工具的现金流可能是固定的也可能是变化的，合约的具体内容决定了现金流的形式，一般包括以下内容：现金流取得的时间、预期现金流量的大小、合约关于现金流时间和条件的期权、工具对于某一方的保护权利。对于合适折现率的确定，需要考虑资金的时间成本和相关风险，具体考虑因素包括：工具合约的条款和条件、信用风险、流动性和市场性、法律环境风险、金融工具的税收法规等。

第五节
国际评估准则——应用指南

应用指南是《国际评估准则》的重要组成部分，是对评估一般原则在特殊评估业务应用中附加信息的说明。国际评估准则的应用指南主要包括以财务报告为目的的评估和以抵押贷款为目的的评估两项。

一、《国际评估准则300——以财务报告为目的的评估》

制定该指南是为了协助评估专业人员和使用者理解国际财务报告准则下某些评估要求，不具有任何强制性。对会计准则要求的引述应当以相关国际财务报告准则规定内容为准，当本指南与国际财务报告准则发生冲突时，要优先遵循国际财务报告准则。

以财务报告为目的的评估应用指南主要包括简介、定义、准则、应用指南四部分，重点是准则和应用指南。

（一）准则的主要内容

评估师应当明确适用的财务报告准则，以及财务报告中需要使用评估的目的，如净值的计量、企业合并后的收购价格分摊、减值测试、租赁分类或资产折旧费用的计算等。应当确认报告主体如何使用或对资产进行分类，以便判断会计处理方法运用的合理性。评估师执行以财务报告为目的的评估业务时，应当明确界定具体的价值类型，如公允价值、可变现净值和可收回金额等。

应当根据资产的持有方式或分类方式的不同陈述适当的评估假设。大多数财务报告准则要求在持续经营的假设下编制财务报表，除非管理层有意清算企业或终止业务。因此，除持有金融工具外，通常要包含资产将作为企业一部分继续使用的假设。但如果企业有明显的清算或处置特定资产的倾向，或者要求考虑资产处置或报废回收的金额时，则不适用这一假设。在工作范围中还应当陈述用于定义账务单元的假设，如是单项资产还是资产组。以财务报告为目的的评估通常不适合基于特殊假设进行。

评估报告应当包含报告主体依据相关财务报告准则要求披露的任何信息。例如，关于公允价值计量要求披露的信息包括：计量所用方法和重大假设，计量是否参考可观察的市价或近期市场交易。有些准则还要求计量对重要参数变化敏感性的信息。如果假设对估值产生重大影响，应当在报告中披露假设的影响。此外，评估报告中还应当说明评估报告复制或被企业财务报表引用的限制条件。

（二）应用指南的主要内容

制定该指南是为了协助评估专业人员和使用者理解国际财务报告准则下某些评估要求，没有任何强制性要求。对会计准则要求的引述应当以相关国际财务报告准则规定内容为准，当该指南与国际财务报告准则发生冲突时，要优先遵循国际财务报告准则。虽然其他财务报告准则中也有类似要求，国际评估准则理事会不主张参考这些准则。

应用指南部分对以下概念进行了定义和说明：

（1）公允价值。国际财务报告准则和国际评估准则中对公允价值的定义有所不同。前者将公允价值定义为市场参与者在计量日有序的交易中，出售一项资产得到的或转移一项负债支付的价格，这与国际评估准则框架中讨论和定义的"市场价值"概念是一致的。

（2）资产组合。国际财务报告准则和国际评估准则都要求说明对市场参与者来说的最大资产价值，是以该资产与其他资产和负债组合形式计量还是以单项资产计量；说明如何假设单项资产与其他潜在的辅助资产组合的。

（3）评估参数及公允价值层级。国际财务报告准则中包含了"公允价值层级"的概念，即根据可用参数的性质将估值分为三个层级，企业能够在活跃市场上得到的相同资产或负债（非调整的）报价的为第一层级参数；除第一层级外，直接或间接可观察到的被评估资产或负债价格为第二层级参数；不可观察的被评估资产或负债价格为第三层级参数。要求在财务报表中披露以公允价值计量的资产和负债的层级，采用第三层级参数得出的估值，还有附加的会计要求。

（4）负债。国际财务报告准则规定，负债计量的假设是其在计量日转移到另一个市场参与者，并不假设市场出清或终止。如果该项负债没有可观察的市场价格，应当采用对方衡量相应资产价值相同的方法来计量负债的公允价值反映相关的不履约风险，在该项负债假设转移前后，不履约风险都将视为不变。在估算负债的公允价值时，应当忽略合约制或其他限制对企业负债转移的影响。

（5）折旧。资产评估中的折旧是指成本法中反映资产损耗对资产的重置成本或替代成本进行的调整。财务报告中的折旧是指用于抵减收入的费用，反映一项资产的应计提额在其使用寿命期间的系统分摊。

（6）租赁。财务报告中涉及的租赁应划分为经营性租赁或融资性租赁。评估需求是为了确定租赁的分类方式；如果划分为融资性租赁，需要确定租赁资产和负债的账面价值。不动产（房地产）租赁适用于特别准则。除了投资性不动产，必须单独确认不动产权益中土地和建筑物的分类。

（7）租赁的投资性不动产。采用公允价值模型计量的投资性不动产租赁，没有必要在土地和建筑物要素间分配。准则规定，初始确认时，以租赁形式持有的投资性不动产应当按准则中的融资性租赁计量。若租赁投资性不动产的估值是扣除预计所有支付的净值，必须加回所有可识别租赁负债以确认账面价值。应当注意，这是一个会计调整，不能反映到或期望反映到投资者（出租人）权益估值中。

（8）评估租赁资产或负债。当一项租赁被确认为融资性租赁时，承租人在租赁合约开始日应当考虑租赁资产与负债的价值，该价值是租赁资产公允价值与最低租赁付款额现值中较低者。准则要求把资产价值与租赁产生的负债分开考虑。当计量承租人在融资性租赁中的权益时，必须通过估计租赁期间市场参与者使用资产权利中获得利益的价值来计量该项资产。在处理投资性不动产以外的不动产租赁时，要关注其价值不同于租赁带给承租人的权益价值，因为后者反映的是租赁负债及租赁资产的价值。

（9）收购价格分摊。财务报告准则要求企业合并后，收购方对该交易入账时，应分别确认被收购方可辨认资产和以公允价值计量的负债，商誉是企业转让中支付价格与被收购方可辨认净资产公允价值间的差额。

（10）减值测试。会计准则要求，企业必须在每个财务报表日审核以确定某类资产是否有减值迹象。某些资产（商誉、具有无限期寿命或尚未使用的无形资产）需要做年度减值测试。如果认定一项资产发生了减值，不论该项资产账面价值是以历史成本还是先前评估值计入的，都应当减低至"可收回金额"，即资产"在用价值"和"公允价值减去处置费用"中的孰高者。

二、《国际评估准则310——以担保贷款为目的的不动产权益评估》

（一）准则的主要内容

（1）工作范围。评估师应当补充披露评估师与被评估不动产、借款人或潜在借款人间的重要关联。评估师应当清晰地确认被评估的为贷款或其他融资安排担保的不动产权益，以及被赋予该项权益的当事方。

此类业务的价值类型通常为市场价值。对于一些出借人要求在强制出售假设或设定不动产处置时间限制的前提下进行的评估，应当做出声明。此外，还需做出"不动产的状态或环境已发生变化"的特殊假设，如一项拟建的建筑物于评估基准日时已经建成、拟议的不动产租赁已于评估基准日时完成、截至评估基准日已达到某一特定的占用率水平、卖方已设定处置时间限制以至适当营销不充分等。

（2）评估报告。评估报告应对出借人对拟议贷款期间担保物运营评价相关因素加以评述，包括相关市场现有状态和趋势、当地同类不动产以往的和当前及预期的需求、评估基准日现存的或预期的对替代用途的潜在和可能的需求、评估基准日可预见事件对担保物在贷款期间未来可能的价值的影响等。如果提供的市场价值是基于某项特殊假设的，则应解释说明市场价值和基于特殊假设的市场价值间存在的重大差异，说明该价值在未来某一时间可能不会实现，除非实际条件与特殊假设中描述的一致。当拟议的贷款用于支持购买一项不动产权益时，约定或确认的销售价格应当来自询价，并在报告中列示。如近期或进行中交易的价格与评估价值间存在差异，应披露其原因。

（二）应用指南的主要内容

（1）不动产权益。如果无法取得作为贷款担保物的不动产权益权属的详细信息，则应当对不动产权益的假设清晰地说明。建议企业在贷款最终确定前先验证这些事项。

（2）奖励。在评估不动产的市场价值时，不应考虑出售方所给予的各种奖励优惠，如租金收入保证、提供迁移或装修成本补助、或提供家具或设备等。如果存在这类情况，应当就奖励对实际销售价格的影响加以评论。

（3）评估方法。所有支持市场价值的评估方法都是基于市场观察数据的。虽然《国际评估准则》框架中的三种方法都能为贷款担保的不动产提供市场价值意见，如果该不动产过于专用化使得没有充足的证据使用市场法或收益法，该不动产就不太可能作为合适的担保物。因此，成本法很少用于此目的的评估，主要用于检查其他方法评估结论的合理性。

（4）不动产类型。评估相关不动产权益时应关注不同类型的不动产作为担保物所具有的不同特征，以便提供充分的信息，帮助出借人辨认贷款期间与该资产相关的所有风险因素。

（5）投资性不动产。贷款目的的投资性不动产，通常以单项资产为基础进行评估，尽管一些出借人可能要求以确定的不动产组合担保放贷。此时，应明确区分假设独立出售和作为资产组合一部分时单项投资性不动产价值的区别。

应当考虑不动产在整个贷款期间的预期需求和可销售性，并在评估报告中就当前市场状况发表适当意见。该意见不应预测未来事项或价值，但应当反映基于当前趋势对该项投资未来市场表现的预期。然而，如果这种信息认为未来租金支付有很大风险，应当考虑该风险对估值的影响并在报告中加以评论。超出承租人、公众和所有市场参与者都可以获取的信息，去评价承租人满足未来租金支付和其他租赁义务的能力，通常不在评估业务的范围内。

如果不动产的收入主要依赖单一部门或行业的承租人，或其他一些可能导致未来收入不稳定的因素，评估过程中必须考虑这些影响。在某些情况下，基于替代用途，假设空置条件来评估该不动产价值是合理的。

（6）业主占有的不动产（自用不动产）。评估以贷款为目的的业主占有的不动产（自用不动产），通常以不动产可转让不受业主占用限制为假设条件，即买方在法律上完全有资格控制和占有。这并不排除将目前业主作为市场一部分，在企业价值评估中可能考虑的业主占用的特殊有利因素，则应当排除在这种评估之外。

（7）专用不动产。专用不动产只有作为企业一部分时才有显著的价值。在贷款担保评估中，除另有说明，这些资产通常以特殊假设为基础评估，即假设企业已停业，担保物将反映替代用途的价值，评估中要考虑获得该用途的成本和风险。专用不动产作为持续经营企业的一部分时可能需要评估，其价值取决于该企业的持续盈利能力，同时还要区分作为持续经营企业一部分和在企业空置或停业情况下该项不动产的价值。

（8）经营性不动产。经营性不动产的价值通常反映其收入产出潜能。当出借人依赖该不动产权益的潜在价值作为担保时，贷款担保评估应当就现存企业停业对该项不动产权益价值的影响加以评论。某些情况下，潜在替代用途的价值可能代表市场价值。

（9）开发性不动产。用于再开发不动产或准备建楼地块的评估，应当考虑现存或潜在开发资格和许可，有关规划事项和其他重要因素的假设必须是合理的，并且要反映一般市场参与者做出的假设。开发性不动产的评估方法取决于该不动产于评估基准日的开发状态，并可能要考虑到预售或预租的程度。如果已完成开发性不动产包括多个独立单元，采用的评估方法需要反映每个单元的预期建设完成时间和每个单元销售实现估计。撰写报告时，应当明确区分两种价值数据。

（10）消耗性资产。评估对象为贷款担保的消耗性资产时，如矿山或采石场，需要特殊考虑其价值通常随时间贬值。评估报告中应明确陈述该类资产的预计寿命及寿命期内价值贬损率。

【问题与思考】

1. 第一版的国际评估准则是什么时间、由谁制定发布的？简要阐述国际评估准则的发展历史。
2. 《国际评估准则 2011》由哪些部分组成？
3. 《国际评估准则》的资产准则主要包括哪些具体的准则？
4. 《国际评估准则》的评估应用主要包括哪些内容？
5. 请简要阐述《国际评估准则 2011》中应用指南的有关情况。

【阅读参考】

1. 中国资产评估协会译：《国际评估准则 2007》，中国财政经济出版社 2010 年版。
2. 中国资产评估协会译：《国际评估准则 2011》，经济科学出版社 2012 年版。

第五章

欧洲评估准则

【本章学习目的】

欧洲是资产评估及资产评估准则的发祥地,欧洲评估准则(EVS)属于地区性资产评估准则。通过欧洲评估准则的学习,应当了解欧洲评估准则的产生与发展状况、制定主体及使用范围,掌握欧洲评估准则的基本特点、重要概念及框架结构,以及2012年版准则的主要内容,并较为全面地分析值得中国借鉴和学习的理论知识。

第一节 欧洲评估准则概述

一、欧洲评估准则简介

《欧洲评估准则》(European Valuation Standards,EVS)是由欧洲评估师协会联合会(The European Group of Valuers' Associations,TEGoVA)制定的一部适用于欧洲地区的区域性评估准则,也是当前国际评估界具有重要影响力的评估准则之一。TEGoVA是根据比利时法律成立的、以评估领域的研究和教育为目的的非营利性专业协会,总部设在比利时布鲁塞尔。目前,其会员由27个国家的46个专业评估协会组成,并代表着约70 000欧洲评估师的利益。TEGoVA前身为成立于20世纪70年代末期的欧洲固定资产评估师联合会(The European Group of Valuers of Fixed Assets,EGOVOFA)。1978年7月28日欧盟颁布了第4号法令即《公司法》(the fourth Council Directive 78/660/EEC),该法规定了除银行、金融机构、非营利性组织之外的公司的年度会计报告事项,其中第7章第35条规定了以财务报告为目的而对固定资产进行估价的规则,这一规定成为制定早期评估指南的基础。随着评估业的发展,欧洲各国评估师也认识到有必要将评估师组织起来,以适应相关法令的需要。

TEGoVA的主要宗旨是制定适用于欧盟成员国的评估准则,主要工作是代表欧洲范围内土地、建筑、机器设备领域的评估师，向欧洲委员会、欧洲议会和其他欧洲组织提交评估师意见；制定、推广在欧洲适用的评估准则；推荐规范的评估方法；就共同关心的问题与国际评估准则委员会进行交流，并促进欧洲评估师的教育培训工作。

为开展资产评估业务，TEGoVA 注重与其他欧洲区域专业组织及国际组织保持密切联系，这些组织有代表全欧洲的专业会计师、帮助欧盟制定有关会计和审计规定的欧洲会计师联合会，代表各成员国抵押机构的利益、关注资产价值的欧洲抵押联合会（the European Mortgage Federation）、联合国不动产咨询组织（the United Nations Real Estate Advisory Group）等。TEGoVA 特别重视与国际评估准则委员会（the International Valuation Standards Committee）的合作，积极支持国际评估准则委员会（IVSC）统一各国评估准则的工作，并将对 IVSC 的支持列为 TEGoVA 的宗旨之一。欧洲评估准则与欧盟各国的会计、审计等专业政策、国际评估准则有密切的联系。

《欧洲评估准则》在欧洲各国有着重要的影响，2012 年 TEGoVA 的成员国包括阿尔巴尔亚、奥地利、比利时、保加利亚、捷克、丹麦、法国、德国、希腊、匈牙利、意大利、哈萨克斯坦、科索沃、拉脱维亚、立陶宛、挪威、波兰、葡萄牙、罗马尼亚、俄罗斯、塞尔维亚、斯洛伐克、西班牙、瑞典、阿拉伯联合酋长国、英国、美国等国家或者国家的评估协会。

受英国等传统评估发达国家的影响，特别是受到欧盟公司法及相关会计改革规则的影响，欧洲评估业长期以来主要涉及不动产评估领域，形成了早期以"固定资产评估"为主的特色。同时，欧洲许多国家很早就受到公允价值理论的影响，既允许采用传统的历史成本减折旧的会计处理方式，也允许在一定情况下以评估后的市场价值作为固定资产的列示价值反映在资产负债表中。为在公司年度会计报表中反映固定资产的公允（市场）价值，许多公司聘请评估师对公司固定资产进行的评估业务，其目的是最终将固定资产的公允（市场）价值纳入年度会计报表。在此基础上，欧洲各国开展了大量以财务报告为目的而进行的固定资产评估业务。随着经济全球化的发展，跨境投资和全球化公司都越来越需要一个统一的标准。为了适应不同的评估环境和当下市场的特征，《欧洲评估准则》正不断被修订和完善。

二、欧洲评估准则的产生与发展

1978 年，为配合欧盟《公司法》的有关规定，欧洲固定资产评估师联合会出版了关于固定资产评估的指南、背景材料和论文，这些指南和论文被称为第一版《欧洲评估准则》（Guidance Notes for European Application）。1981 年修订后出版了第二版，即为被称做"比利时—卢森堡经济同盟指南"的《固定资产评估指南》（the Guide BLEU, Guidance Notes on the Valuation of Fixed Assets）。1993 年更新后出版了第三版。1996 年，TEGoVA 根据关于保险企业年度会计和合并会计的欧盟法令出版了《保险公司资产会计目的评估指南》。

随着资产评估业务由单一的不动产评估向多元化评估发展，欧洲评估准则所涉及的领域也在不断拓宽。1997 年 4 月 29 日在对原评估指南进行全面修订的基础上，2000 年出版了第四版《欧洲评估准则》，其内容逐渐涉及除不动产评估和以财务报告为目的的评估业务以外的领域，首次增加了《指南 7 企业价值评估》和《指南 8 无形资产评估》两个评估指南，彰显出了评估业的全方位综合发展的国际趋势。

2003 年推出了第五版《欧洲评估准则》，该版本加快了向非不动产评估领域延伸的速度。具体内容由 12 部分构成：（1）介绍。系统介绍了欧洲评估准则的起源、历史变革、法律基础等基本情况。（2）效力部分。表明了欧洲评估准则与国际评估准则之间相互支持的立场，并表明欧洲评估准则遵守欧盟法令和各国的法律规定。（3）评估师的定义、能力要求、与客户关系及与审计师的关系问题。（4）评估中基本要领的原则。（5）对特殊资产评估的规定。（6）影响价值的特殊因素。（7）关于特殊目的评估业务的规定。（8）关于非市场价值评估的规定。（9）关于评估报告的规定。（10）部分国家关于评估的立法情况。（11）附录，包括专业术语表、行为守则等。（12）索引。

《欧洲评估准则 2003》（第五版）准则包括：准则 1 遵守事项；准则 2 具有资格的评估师；准则 3 业务约定书；准则 4 评估基础（价值类型）；准则 5 以财务报告为目的的评估；准则 6 以银行安全为目的及与资产证券化、抵押贷款资产证券化相关的评估；准则 7 估计、预测和其他评估；准则 8 投资评估——保险公司、房地产信托和养老基金等；准则 9 评估报告。指南 1 影响价值的特殊因素；指南 2 特殊性资产评估；指南 3 机器设备评估；指南 4 开发中资产的评估；指南 5 以贷款为目的的农业资产评估；指南 6 历史性资产评估；指南 7 企业价值评估；指南 8 无形资产评估；指南 9 不动产评估；指南 10 跨国评估；指南 11 合资公司、有限合伙公司评估；指南 12 土地与建筑物之间的价格分割；指南 13 国别立法与实践；指南 14 以证券化为目的的抵押组合评估。

2009 年出版了第六版《欧洲评估准则》，相对于第五版，该版本在内容上做了较大幅度的调整。准则部分由第五版的 9 个压缩为 5 个，指南部分由 14 个压缩为 5 个。

2012 年出版了第七版《欧洲评估准则 2012》，该版本将第六版本的准则及指南部分合并为第一部分，并增加了 3 个指南，即指南 6 跨境评估、指南 7 另类投资基金经理指令下的物业估值以及指南 8 资产评估及能源效率；该版本还增加了第二部分欧洲联盟立法及资产评估和第三部分其他技术文件。从准则的不断修订可以看出，资产评估行业与国家立法、政策以及各行各业紧密相关，随着实务操作的不断成熟，相信评估准则也会更加完善。

三、《欧洲评估准则》的基本特点和主要作用

（一）《欧洲评估准则》的基本特点

（1）准则加注释。早期的《欧洲评估准则》较多采用了说明、阐述的方式，对某些评估方法、理论进行了详细论证，并不像《国际评估准则》那样具有严格的规范格式。不过，2009 版、2012 版《欧洲评估准则》的形式则与《国际评估准则》类似或接近，采取了"准则+注释"模式，力求评估准则的简约和明了。

（2）偏重于不动产评估的研究。欧洲评估业受英国等传统评估业发达国家的影响，长期以来主要涉及不动产评估领域，特别是受到欧盟《公司法》及相关会计改革规则的影响，形成了早期以"固定资产评估"为主的特色。尽管 TEGoVA 开展了一些关于企业价值评估的调查，但受英国传统评估业的影响，其评估准则依然摆脱不了浓郁的不动产评估色彩。《欧洲评估准则》将评估目的分为：申请融资、公司收购和出售、部分业务收购

和出售、公司结业、公司合并、公司分解为多个公司、纳税评估、法律事项评估、以非现金方式向其他公司支付、估计股票市场行情、股东权益出售收购等。

（3）注重评估与会计的协调。《欧洲评估准则》与欧盟的《公司法》特别是会计改革紧密相关，这一点与美国《专业评估执业统一准则》形成了明显的区别①。欧洲许多国家很早就受到公允会计理论的影响，既允许采用传统的历史成本减折旧的会计处理方式，也允许在一定情况下以评估后的市场价值作为固定资产的列示价值反映在资产负债表中。1978年，欧共体正式发布了第四号法令《公司法》（78/660/EEC），第35条规定了与固定资产评估相关的规则，从立法上对这种会计改革的方向予以了肯定。为在公司年度会计报表中反映固定资产的公允（市场）价值，许多公司聘请评估师对公司固定资产进行的评估业务，其目的是最终将固定资产的公允（市场）价值纳入年度会计报表。TEGoVA成立的缘由之一，就是欧盟对《公司法》中固定资产计价规定进行修改所做出的回应，它所强调的评估大多是为了在财务报告中反映市场价值或现行价值而进行的评估。

（4）强烈的区域政治特性和非开放性。TEGoVA是以欧盟而不是以欧洲为基础，正式会员应当是欧盟成员国的评估协会，联系会员则是欧盟成员国之外的欧洲国家的评估协会，欧洲之外的评估协会只能成为其观察员。会员的权利与会费交纳义务相结合，按所交纳会费的比例享有表决权。该会的许多活动得到欧盟有关组织的扶持，依靠欧盟强大的经济实力，积极开拓中欧、东欧评估行业，采取措施统一欧洲评估教育，其在评估界的作用不可低估。

（5）关注热点，富有时代特色。从EVS2012主要内容上看，其许多内容的替换和更新都与经济社会中不断出现的新事项有关。如跨国公司交易的日益频繁，EVS提供了相关的跨境估值指南。可持续性是当下各国付出惨重代价后才领悟的道理，EVS提供了相关资料文件，协助评估活动的进行。

（6）重视评估师的法律责任和专业责任赔偿保险。TEGoVA会调查欧洲各国对评估师法律责任的有关规定和案例，向评估师提供建议和指导，而且为评估师寻求合适的专业保险服务，强调各会员协会应当要求所有会员参加专业责任赔偿保险。

（7）规则导向。《欧洲评估准则》本身并无强制执行力，但TEGoVA要求各会员国积极引进并将其纳入该国的评估准则体系，甚至得到该国法律认可。《欧洲评估准则》要求评估师使用的评估方法应当与评估目的相一致，要求评估师披露任何利益关联和能力缺陷情况。

（8）兼顾性。对各个国家评估的相关规定进行整合是非常困难而且非常敏感的。《欧洲评估准则》制定的过程通常分为三步：一是寻找事实，找出各国评估组织的有关规定；二是研究各国规定的相同点和不同点；三是将相同点直接作为欧洲评估标准，不同点进一步进行协调。欧洲评估师协会联合会既要保证研究制定的专业标准对各国评估行业的发展起到积极的促进作用，又要保证不引起相关国家的质疑。

（9）非强制性。欧洲评估师协会联合会各会员国的评估立法现状不尽相同，基本分成三个方面：一是有些国家在不动产方面有严格的法律规范，如西班牙、德国、丹麦；二

---

① 中评协标准部：《境外企业价值评估准则概览之二——欧洲评估准则》，《中国资产评估》，2004年第9期。

是有些国家在不动产评估方面没有任何规范性的要求,如希腊、葡萄牙、瑞典、芬兰;三是有些国家虽然没有法律规范,但是存在行业规定,如英国、法国、比利时。欧盟现在没有并且将来也很难在评估领域对所有成员国进行统一执业要求、统一评估技术等方面的强制性规定,但欧盟委员会支持欧洲评估师协会联合会通过制定和发布《欧洲评估准则》来协调各个国家的资产评估工作,尽量减少各国不同规定导致的冲突,推进跨国评估工作的规范和发展。

(二) 欧洲评估准则的主要作用

如前所述,欧洲评估准则是一部面向欧盟的地区性评估准则,为其评估师提供评估的最佳指针。其作用主要体现在:

第一,从早期特色来看,欧洲评估准则的设立为不动产交易以及以财务报告为目的的评估提供了实践的参考。

第二,由于不动产权益等在欧盟社会中扮演着重要的角色,而评估又是保障市场安全的关键步骤,所以欧洲评估准则将会受到欢迎,其中包括了基于服务指令和另类投资基金经理指令下的关于评估问题的专门应用。欧洲有很多国家是建立已久的经济体,具有成熟的市场。但在其他的国家这个市场还处在起步阶段,资产评估理论与实务有待进一步完善。2009 年《欧洲评估准则》为所有的评估师提供了一个通用方法,让评估的终端使用者对当地生成的评估报告抱有信心。

第三,为满足建筑物能效指令提供帮助。随着环境、资源、健康与安全等在经济生活中越发重要,环境影响评价、战略环境评价、再生能源和能源利用率等概念显得格外耀眼,最新版本的《欧洲评估准则》也包含了旨在帮助评估者了解这方面评估的内容。

第四,新版本《欧洲评估准则》中的技术文件部分,为欧盟各国评估师更好地展开评估活动创造了有利的条件。这些文件不仅有关于道德和行为的规范,还有可持续发展与评估等的资料文件,为评估行业的发展和完善打下基础。

第五,为跨境投资和全球化公司的活动提供统一的标准。欧洲评估准则已经设定了框架,在这种框架下评估师应当以实现客户愿望为驱动力来开展工作。

第二节

欧洲评估准则的重要概念及框架结构

一、欧洲评估准则的重要概念

《欧洲评估准则》通常会以词汇表的形式单独列出有关重要概念,以《欧洲评估准则 2012》为例,其词汇表中共包括 26 个专业术语。除假设、特殊假设、价值基础、清算价值、最高最佳使用、评估报告等一般性概念外,其他概念主要包括:

(1) 转用价值。转用价值是假设资产不再以当前使用用途持续使用的资产的市场价值。

(2) 折余重置成本（DRC）。市场上与当前使用资产相同或类似的全新资产的市价扣除物理折旧、功能损耗和技术过时后的成本。

(3) 公允价值。《欧洲评估准则2012》中将"公允价值"分为两类：一般意义上的和以会计为目的的。前者定义为："在公平交易中，有交易意愿的双方，在充分知情、根据自己真实意愿行事的情况下，进行资产交换与债务清偿的金额。"为了区别于市场价值的定义，这个公允价值的定义是基于一般市场交易而言的。而以会计为目的公允价值的定义为"在公平交易中，有交易意愿的双方于计量日所进行资产交换与债务清偿的金额。"该新定义是在2011年5月制定的IFRS13中提出的，并于2013年1月正式替代先前对"公允价值"的定义。

(4) 市场价值。在EVS1中，市场价值的定义如下：除法律另有规定外，评估师应使用下列市场价值的定义，即"自愿买方和自愿卖方双方在知情、审慎及自愿的情况下，于评估基准日进行资产交换所得的价值"。市场价值是一个关键的概念，强调了现时交易价值。这一标准特别考虑了市场价值在房地产和相关产权、不动产中的应用。

而欧盟立法对市场价值的解释如下：欧盟立法机构对市场价值给出了很多的定义，每一个定义都是针对特殊目的的，因此没有一个总的标准的定义，包括资本要求指令中的市场价值定义、国家援助沟通和保险账户指令要求的市场价值定义、增值税中的市场价值定义、欧盟会计中的定义等。

EVS1中市场价值的定义比其他欧盟立法中的定义更具有优势，因为它更清晰明了地阐明相关的关键概念，即结果、被评估的不动产、市场交易、评估基准日、具有竞争性和自愿性的买卖双方、必要的推销、参与者的考虑和其他事项。

在EVS1中，市场价值的定义与2009年版本的《欧洲评估准则》和资本要求指令中的"市场价值"定义一样，主要指"资产"，而不是"财产"，使用"评估基准日期"而非"估值日期"，因为后者已经被证明会导致一些国际混乱。这些改变不会影响其对财产的解释。"市场租金"继续指"财产租金"，因为它涉及租金租赁权益。EVS1澄清了什么是"最高和最佳使用"的概念，认为在本质上它是在评估基准日基于合理的预期而在允许使用的范围内提供最高的价值。

(5) 市场价值以外的价值。评估师应当根据评估目的选择适用的市场价值以外的价值。除了欧洲或国家的法律法规要求外，评估师应当选择与评估目的相适应的评估基础。当法律另有要求时，评估师可以选择其他评估基础，评估师不能因委托人的要求而通过环境的假设限制来实现市场价值，这样得到的结果不属于市场价值。

(6) 合格的评估师。由具备专业技术、具有胜任能力的、有经验的、客观公正的评估师进行评估是委托人相信评估结果的必备条件。所有合格评估师及其所代表的专业技术机构都应当遵守TEGoVA制定的道德和行为守则以及评估师协会的行为守则。所有依据准则进行的评估活动都是由在严厉监管下的合格评估师进行的。评估师在任何时候都要保持高度的诚实和正直，所进行的评估活动不能损害客户和公众的利益，也不能损害其专业，或者是其所代表的专业评估机构。评估师应当具备与评估类型和规模相关的专业技能、知识和能力，同时也应当披露任何可能会影响客观评价的因素。

合格的评估师可能是内部评估师或独立评估师。外部评估师不一定是独立评估师。独立评估师是指其本人或其合作伙伴、联席主席、近亲等在目前或接受评估项目之前的两年内与客户公司企业等没有直接或间接的重大的经济利益关系,并且除了评估收费外,没有其他任何收费关系。

内部评估师虽然与独立评估师条件不符,但有时也可以承担相当于独立评估师的工作。例如:(1)内部评估师执行一项财产评估业务,其公司拥有实际或潜在的利益并且仅为雇主内部使用;(2)内部评估师执行的财产评估业务,其所在公司没有实际或潜在的利益,评估是为第三方所使用,在这种情况下,内部评估师是独立评估师。反之,下列例子不能被认为是独立的:内部评估师执行的财产评估业务其所在公司拥有实际或潜在的利益,评估是被第三方所使用,或第三方可能依赖于此项评估。应当强调的是,在所有情况下,客户对评估项目与评估师之间的情况应当有明确了解。

外部评估师如不满足上述相关条件,也不能称之为独立评估师。但在某些以财务报表为目的的庭审案件中,这是允许的。

合格的评估师也可能是内部评估师,包括管理人员、董事会成员或雇员,其具有合格的水平并且没有重大的财务和政治利益于其中,但需符合以下条件:①评估师本人、直系亲属或其信托部分拥有不超过5%的公司股份;②奖金、期权、红利与评估结果无关;③不在具有明显利益冲突的公共部门工作或与第三方相关。

所有的评估报告都应当声明评估师执行该项业务的身份是独立的评估师、外部评估师或内部评估师。这些提法在报告中应进行引用。如果以上条款在某国不能应用,在报告中应当阐述该国适用的关于独立性和客观性的条款。所有的评估报告均要求阐明合格的评估师遵循现行的《欧洲评估准则》的情况,同时指出评估报告的所有背离准则事项。

(7)被迫出售价值。被迫出售价值是指无论出于何种原因,卖方由于受到某种限制而需要出售该项资产所取得的价值。

(8)保险价值。当保险合同中指定的某项风险发生,造成参保人特定资产的损坏和经济上的损失,保险公司有责任承担保险合同上载明的金额。

(9)投资价值。投资价值是资产对以投资或营运为目的的资产所有者或者预期所有者而具有的价值。其遵循主体特定价值评估原则,也就是说是针对特定主体而言,而无需假定交易方来进行对资产价值的评估,并且也无需进行交易假设。

(10)市场租金。根据租赁协议的条款,自愿的卖方和卖方在公平交易中,双方均在知情、审慎及自愿的情况下,租赁资产在评估基准日的租金估计值。

(11)协同价值。协同价值是由两个或者两个以上的资产或利益组合在一起而形成超额的一种价值元素,组合的价值比各个单项资产价值的代数和要高。①

(12)抵押贷款价值。通过谨慎地评估资产未来市场能力,考虑资产的长期可持续性,考虑正常的和当地的市场条件,考虑资产目前用途和可替代的适当的用途之后所确定的资产的价值。在评估抵押贷款价值时,投机因素不应当考虑在内。

(13)期望价值(未来价值)。在评估基准日,由于资产未来潜在的变化情况,未来

---

① 郭化林:《中外资产评估准则比较研究》,立信会计出版社2012年版。

市场反映的资产潜在价值。

（14）特殊价值。特殊价值是一种价值的选择，指对于特殊购买方而言才具有的价值的资产特定属性的价值反映。

二、欧洲评估准则的框架结构

《欧洲资产评估准则 2012》基本结构如图 5–1 所示。

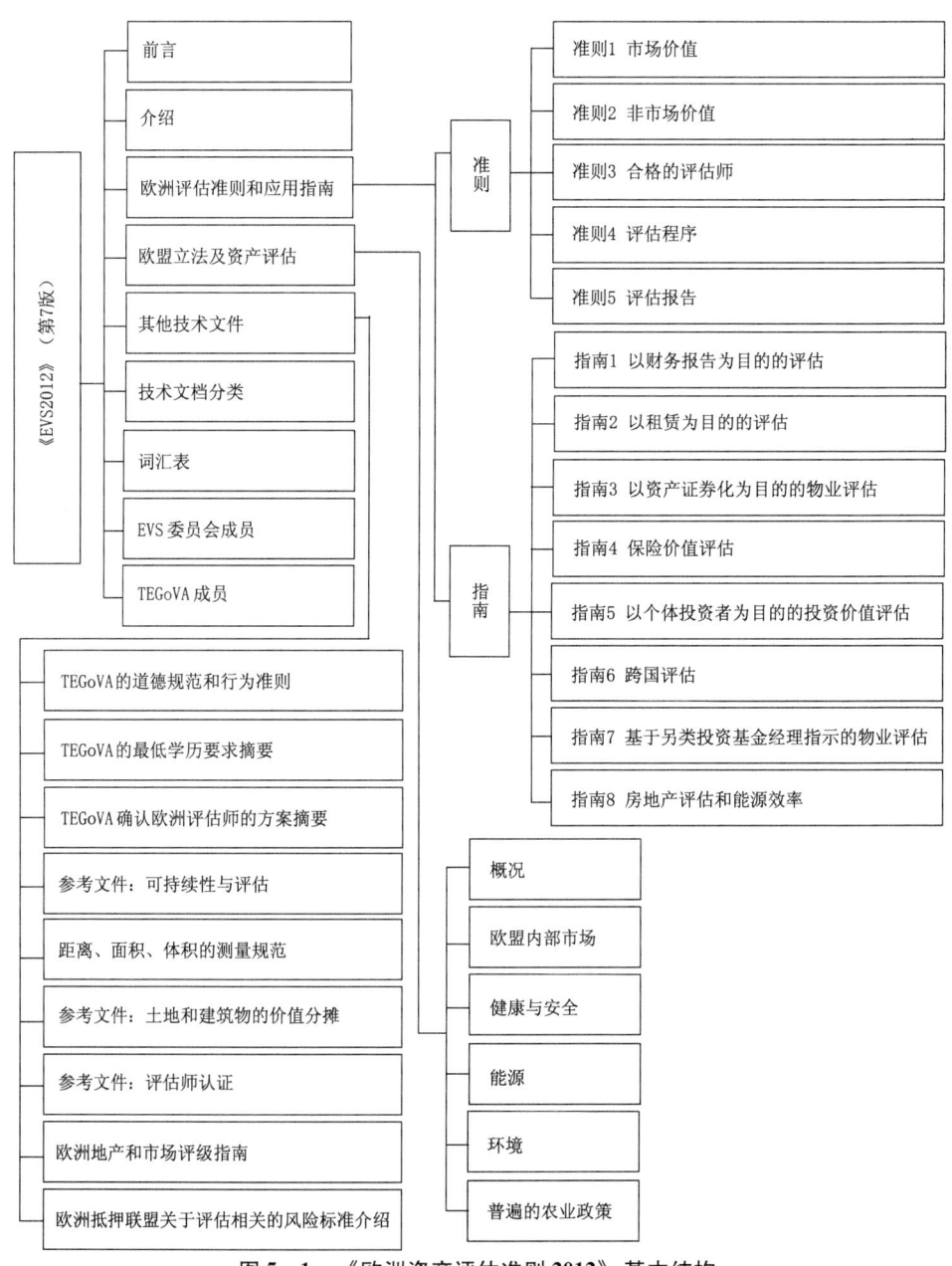

图 5–1 《欧洲资产评估准则 2012》基本结构

第三节 《欧洲评估准则2012》的主要内容

一、《欧洲评估准则2012》概述

同前面的版本一样，《欧洲评估准则2012》也是为了更好地服务来自27个国家的46个评估师协会，代表着TEGoVA成员的需求而制定的。《欧洲评估准则2012》为整个欧盟及其以外的投资者、金融业、客户和评估者提供了一个共同的基准，《欧洲评估准则2012》从2012年6月1日起生效并取代以前的版本。同时，欧洲评估准则委员会一如既往地关注欧洲评估业对准则的反馈意见、评论、疑问和其他信息，不断完善欧洲评估准则。

二、《欧洲评估准则2012》的主要内容

（一）《欧洲评估准则》及其指南

《欧洲评估准则2012》（第7版）第一部分"欧洲评估准则和应用指南"包括了准则和应用指南两个部分。其中，准则部分由五个准则构成，分别为：《准则1 市场价值》、《准则2 非市场价值》、《准则3 合格的评估师》、《准则4 评估程序》以及《准则5 评估报告》。此部分沿用了以往版本的写法，先对准则进行表述，再对其进行具体解释，包括简介、准则的适用范围、一些重要的概念的定义及解释说明、业务约定条款等。应用指南部分由八个应用指南构成，分别为：《指南1 以财务报告为目的的评估》、《指南2 以租赁为目的的评估》、《指南3 以资产证券化为目的的物业评估》、《指南4 保险价值评估》、《指南5 以个体投资者为目的的投资价值评估》、《指南6 跨国评估》、《指南7 基于另类投资基金经理指示的物业评估》以及《指南8 房地产评估和能源效率》。

（1）准则1 市场价值。除法律法规有具体规定外，评估师应当使用符合以下定义的市场价值："市场价值是自愿的买方和自愿的卖方，在评估基准日进行正常的市场营销之后所达成的正常交易中，某项资产进行交易价值的估计数额。当事人双方应当各自精明、谨慎行事，不受任何强迫压制。"该定义与国际评估准则别无二致。准则1 市场价值由引言、适用范围、市场价值定义、欧盟立法的市场价值定义和注释五章构成，共26条。

（2）准则2 非市场价值。评估师应当根据评估目的、特定条件或法律规定使用市场价值以外的价值类型。基于透明、连贯性和一致性的原则，评估师选择市场价值以外的价值类型应当满足任何特定情况下欧洲或国家的法律法规要求，或者二者的估价基础是可以兼容的。非市场价值通常可能是根据法律法规、环境条件或客户的要求，或者无法满足或不符合市场价值的假设条件，其评估结果属于市场价值。准则2 非市场价值由引言、适用范围、价值基础、公允价值、特别价值、投资价值、抵押贷款的价值、保险价值和重置成本九章构成，共19条。

(3) 准则3 合格的评估师。评估师应当在任何时候都保持诚实和正直的最高标准,以一种不会损害客户、公众、自身的专业或各自国家专业评估机构利益的方式开展评估活动。同时,评估师应当能够展现与评估类型、规模相适应的专业技能、知识和能力,并披露能够影响一项客观评估的任何因素。所有合格的评估师及其所代表的机构或技术组织应当遵守 TEGoVA 关于道德和行为的标准,以及其所申请会员协会的行为准则。准则3由引言、适用范围、基本要求、合格的评估师和注释五章构成共 16 条。

(4) 准则4 评估程序。评估师应当考虑到所有可获得的证据并对企业资产做出专业评估,并保证评估结果的可靠性。本准则涵盖了出具评估报告的程序和步骤,包括业务约定条款、资产评估与检查、评估报告的审查及受顾客指示复核一份已有评估所需考虑的因素。具体由引言、适用范围、业务约定条款、与客户顾问和审计师及其他人的联络、注释、证实评估、评估复核七章构成,共 27 条。按执业准则规定,评估假设、评估调查、准备工作及报告、评估师的责任及收费标准应当以书面形式记录。业务约定书及资产评估基础应当在评估报告出具前以书面形式做出。若业务约定书签署后发生变故,也须记录在约定条款中,以避免误解和由此引发的纠纷。

(5) 准则5 评估报告。评估报告是评估业务委托方做出决策的依据性文件,评估师确定的评估结果及其内容应当清晰、准确、有效、可靠,并恰当地传达给评估业务的委托方。本准则由简介、适用范围、评估报告编制、评估报告及书面证明四章构成(见表5-1),共 11 条。

表5-1 准则5 评估报告基本结构

结构	核心内容
基本要求	提供的书面评估报告应当清晰,达到专业的标准。对评估范围、评估目的、价值类型、评估方法、评估结论及预期报告使用者的表述应通俗易懂。
简介	评估报告是评估业务委托方做出决策的依据性文件,评估师确定的评估结果及其内容应当清晰、准确、有效、可靠,并恰当地传达给评估业务的委托方。
适用范围	本准则论述的评估报告是评估师为评估业务委托方做出价值决定的建议性文件。
评估报告编制	(1) 欧洲理事会 2006 年第 48 号指令对市场价值和抵押贷款价值的定义为:"市场价值应以清晰易懂的方式予以记录和说明。""抵押贷款价值应以清晰易懂的方式予以记录和说明。" (2) 一份评估报告应当提供清晰、毫不模糊的评估意见,同时要足够详细,对资产真实情况的分析不存在任何误解,确保对条款中的所有事项、约定的条件以及其他包含的重要领域与评估业务委托方达成一致。 (3) 评估报告应当满足可靠性和可理解性,并以准备好的书面形式提交给评估业务委托方和报告使用者。 (4) 评估师在评估报告中应陈述评估说明、评估师的任职资格证明、被评估财产的相关细节、所做出的任何假设条件以及做出评估报告和评估结论过程中的限制性条件。 (5) 被评估资产所处的市场情况受不确定因素的影响,这与评估结果息息相关。评估师应当谨慎评估,并向评估业务委托方发表自己的意见。 (6) 评估师应当考虑并声明评估报告的有效使用时间,这在评估结果不稳定的情况下会显得特别重要,一些国家的法律或者合同中也有所规定。

续表

结构	核心内容
评估报告及书面证明	（1）评估报告应当记录评估业务的相关说明、价值类型、评估目的以及做出评估意见的分析过程和支持评估结论的信息，包括评估报告的恰当用途、采用参照物的具体细节。 （2）评估证明可以合并到评估报告中，一同提供评估师的评估总结结论。特殊地，一些国家的法律或者惯例中限定评估师核证被评估资产的数量。评估证明通常是一封简短的信，包括：评估业务委托方的姓名和地址、被评估资产的具体信息、评估基准日、价值类型、出具评估证明书（评估报告）的日期、评估的假设条件、评估师的姓名和地址及任职资格证书。 （3）评估报告或者评估证明书不应模棱两可，不应以任何方式误导评估报告使用者，也不应存在任何错误。由于这些或是其他方面的原因，评估报告或是评估证明书要求书写清晰明确，使不具备资产或评估知识的人士也能理解。 （4）评估报告或者评估证明书应当具备客观性。评估师应确保不存在任何的利益冲突。评估师在依据价值做出特定的评估结果和其他任何相关的建议时，不应受到来自业务委托方和第三方压力的影响。在适当的情况下，评估师应拒绝接受评估业务，如当评估师的客观（专业）声誉很可能受到威胁时。 （5）评估报告或评估证明书的形式和细节可由评估师自行判定，但在满足业务委托方的特殊要求的同时，要考虑到评估目的和业务委托方预期的评估报告用途。 （6）起草评估报告。有些情况下，提供一份预先的评估报告草稿或修正为更简短的形式是比较合适的，但这并不符合本准则。在这种情况下，应当准备一份详细的评估报告或全面的评估证明书，以供参考。
评估报告的内容	（1）评估报告应包括以下内容：被评估资产的描述，包括评估范围、评估依据、价值类型；法律语境描述（土地使用权、租赁、发展管制，等等）；被评估资产所处市场情况说明；评估方法和分析过程的描述。 （2）签字（取得资格的）评估师对业务委托方的评估结果负责，本准则建议所有的评估（包括该声明）应当与准则保持一致。特殊情况，也要声明任何违背本准则的程度和原因，或是评估过程中任何一个重要部分被省略的原因。 （3）评估师应确保自己对影响资产评估价值的各个事项都有关注。诸如估价对象所在地或附近存在潜在的污染、有毒有害材料或所有权问题。 （4）增值税。如果在评估基准日，国家对于资产的增值税率有相关规定的话，应当保持评估中所用的增值税率与有关规定的一致性。除报告的评估价值之外，对于任意一项资产交易所要支付的增值税都应当予以声明。

（1）指南1 以财务报告为目的的评估。本指南规定了基本的财务报表的编制原则、估价基础，并提供了指导房地产以公允价值为基础的评估，以确保财务报告的一致性和可比性[①]。本指南提出："土地和建筑物的公允价值通常由专业的资产评估师通过市场化的证据评估得出。""如果因为某项资产的特殊属性没有市场化的证据，而且该资产很少售

---

① 以财务报告为目的的评估在欧洲的发展可以追溯到20世纪70年代，其中一个重要标志就是1978年7月欧共体制定的第四号法令即《公司法》。该法令第七章第35条规定了为财务报告目的对固定资产进行估价的规则，对欧洲地区评估与会计业的发展影响深远。在此基础上，欧洲出现了以服务于财务报告目的的专门评估固定资产的固定资产评估师。

出，但该资产不能是属于持续生意的一部分，那么该项资产的估价通过收入或者折旧后重置成本法获得。"但本指南不能取代适用的国际会计准则与惯例知识，评估师承担以财务报告为目的评估必须理解IASB"概念框架"及其财务报表的编制原则。本指南由引言、适用范围、对财务报表的准备和呈现框架、资产分类、选择一致性价值基础、公允价值、土地和建筑物之间的分配、信息披露规定八章构成，共34条。

（2）指南2 以租赁为目的的评估。本指南适用于所有情况下涉及贷款、抵押贷款或债券为目的评估。本指南由引言、适用范围、土地和财产分类说明、常用价值基础、按揭贷款价值的应用、被迫出售与清算销售六章，共31条。

（3）指南3 以资产证券化为目的的物业评估。资产证券化是资本市场融资的重要来源和手段。本指南用于规范和指导以资产证券化为目的的评估。本指南由引言、适用范围、定义、应用说明、注释五章构成，共27条。

（4）指南4 保险价值评估。保险合同是一种买卖合同，是当事人之间的有法律约束力的协议。保险价值指投保人与保险人订立保险合同时，作为确定保险金额基础的保险标的的价值，也即投保人对保险标的所享有的保险利益在经济上用货币估计的价值额。本指南用于规范和指导建筑物保险价值的评估。本指南由引言、适用范围、定义、建议、评估方法、其他问题六章构成，共39条。

（5）指南5 以个体投资者为目的的投资价值评估。本指南规范和指导以个体投资者为目的的投资价值评估的评估方法和价值分析方法，价值分析方法主要包括现金流折现法、剩余法等。本指南由引言、适用范围、定义、注释和分析方法五章构成，共11条。

（6）指南6 跨国评估。随着金融市场的全球化发展，欧盟越来越多的客户涉及物业跨国估值，评估师应当关注不同国家的市场情况及跨国估值时另一个国家的立法与实践。本指南规范评估师在一个国家（东道国）进行评估及其他国家评估执业的能力、对当地法律法规的遵守情况、经验和报告等内容，旨在促进评估师在欧洲经济区内（EEA）自由经营或无行政障碍地跨境估价。本指南由引言、适用范围、评估师资格、专业经验和市场知识、聘用条款、遵从当地的法规、独立性和利益冲突、道德伦理、保险、报告十章构成，共20条。

（7）指南7 基于另类投资基金（可供选择的、他择性）经理指示的物业评估。金融危机之后，对金融市场的监督和监管控制不断加强，并由国家层面的控制转向欧盟层面的控制。其结果是新的另类投资基金经理指示的产生，尤其是房地产基金经理，同时也促使了详细的评估指南的产生。另类投资基金经理是指管理一个或多个另类投资基金的法人，另类投资基金投资房地产可以采取一个开放式或封闭式基金的形式。本指南用于规范和指导评估师进行另类投资基金房地产评估，对评估师的独立性、职业注册要求、评估程序等方面提出了具体要求。本指南由引言、适用范围、定义、应用说明、注释五章构成，共21条。

（8）指南8 房地产评估和能源效率。建筑物的能耗与二氧化碳排放量等正成为推动欧盟立法的主要因素，欧盟或其个别国家希望通过立法影响地产使用者改变自己的行为，以降低消耗或提高可再生能源的使用。毋庸置疑，相关立法将会对建筑物的评估方法及评估值产生影响。本指南提供了与建筑物的能源性能有关的所有评估相关方面的指导，主要用于规范并指导评估师在执行房地产评估时考虑能源效率问题，如欧盟成员国建筑指令等。本指南由引言、适用范围、定义、应用说明、注释五章构成，共18条。

（二）欧盟法律和地产物业估计

第二部分"欧盟法律和地产物业估计"，主要是基于对欧盟产权和评估政策的总体认识，具体包括概况、欧洲内部市场、健康与安全、能源、环境、共同的农业政策等。相对于前版准则而言，这是一个全新的部分。从准则和应用指南中分离出来，在第一时间给评估者提供关于欧盟法律在产权的应用的综合概览，并试图在专业能力方面给予评估者全面帮助。虽然欧盟法律没有对不动产、产权法律和出租人与承租人之间的关系做出规定，但在总体上它的经济方面和社会方面的条款对产权产生直接影响。这一部分特别说明了在形成欧洲内部市场30年的努力中，是怎样产生了一个"内部不动产市场"，评估师在无论注册与否的条件下都能提供服务的自由，同时也消除了欧共体市场中的资本自由流动以及自由买卖地产的障碍。此外，"欧盟法律和地产物业估计"部分还介绍了欧盟法律中的健康和安全政策、能源政策、环境政策和农业政策以及这些政策分别对所评估资产价值的影响等。

（三）其他技术文件

第三部分（其他技术文件）由11个小节组成，具体包括TEGoVA道德和行为规范，TEGoVA的最低学历要求摘要，TEGoVA认可的欧洲评估师计划概要，资料文件等。涵盖TEGoVA的道德准则和行为规范以及关于距离、面积、体积的测量规范，连同两个摘要文件——TEGoVA的"最低学历要求"和"确认欧洲评估方案"以及三个参考资料文件——"可持续性与评估"、"土地和建筑物的价值分摊"和"评估师认证"，此外还有"TEGoVA的分类技术文件"、最新的"产权和市场评级"的评估指南，这使一个标准化的和客观的产权风险评估成为可能，以及欧洲抵押联盟的"评估相关风险的项目组合"和词汇表。每个小节各自独立，限于篇幅，此处仅简介三个小节的主要内容。

（1）"TEGoVA道德规范和行为准则"。当聚光灯聚焦于评估行业问题时，评估师的道德行为越来越被关注。专注于TEGoVA的这一已经批准的准则，所有会员协会都被要求以接受这一准则作为最低要求。这个准则包括了个人责任、公司责任和专业责任。根植于这个准则的核心价值观是公平，对他人和准则适当的专业尊重、责任和诚信。它的核心要求是正直，承认个人利益和维护能力。这个专业准则的延伸超越了法律的要求，需要在透明度、开放性、为顾客保密，与外部顾客、股东和利益相关者进行沟通建立一个平衡。这些原则强调专业化、问责制和以客户为中心。具体"TEGoVA道德规范和行为准则"内容包括：

①评估师应当遵守他们工作所在地的国家的相应法律法规。

②评估师在任何时刻都应当以诚信态度行事，以维护同事、雇主、客户以及任何一个对之负有责任的人对他们的信任。

③就所有的法律、法规、道德和合同要求而言，评估师应当维持一种符合国家专业评

估机构期望和要求水平的专业知识和技术技能。评估师不应当接受他们专业知识以外的指示。

④评估师不能为了实现个人利益或他人利益而使用自身的特权或泄漏机密信息。

⑤在评估结果报告之前,每个评估指令的条款和条件应当得到同意,并以书面形式设置清楚。

⑥评估师不得提供、承诺、给予、索取或接受不道德的好处或贿赂,以达到获取、保留、提供业务或其他优势的目的。

⑦评估师不得直接或间接地接受任何回扣、手续费、佣金、折扣或其他利益、货币之类,这些都可合理视为客户或雇主的利益冲突。除非客户或雇主事先已就活动潜在的利益冲突达成书面说明,并明确表示同意这样表示。如果一项活动导致了雇主利益和客户利益的冲突,则要优先考虑客户的利益。

⑧评估师有责任向国家专业评估机构提供任何显著重要的事实信息,以合理说明另一个评估机构成员可能已经违反了道德准则。

(2) TEGoVA 的最低学历要求。TEGoVA 要求每个会员协会都要对自己的成员设定教育标准,这些标准至少要满足 TEGoVA 制定的最低学历要求的需要。欧洲许多会员协会有着更加严格的教育要求。最低教育要求等价于并符合欧盟中关于专业人员资格的相互认可的第二文凭指令。在应用最低学历要求过程中,在欧盟以外的国家的会员协会应当采用第二指令的要求,并制定出与指令条件相匹配的教学大纲。

在整个欧洲,评估师所提供的专业服务有较大差异,许多评估师会是特定领域的专家。一些地区会受到一些因素的影响,而这些因素并不适用于其他地方,致使不同国家或地区的评估师所需要的知识结构有一定的差别。以不动产评估为例,随着不动产市场的全球化和欧洲一体化,欧盟国家对资产评估服务需求及期望不断提升,这就要求不动产评估师知识面的宽度与深度与时俱进。该行业目前不但集中于交易导向的业务,而且现在也要求提供附加价值,评估师需要拥有在所有的商业领域、建筑环境、政府管制及企业社会责任方面的适当知识,以满足客户提供战略咨询的需求。

评估的基本技能对评估师的工作起着基础性的作用,也是最低教育要求大纲的核心。尽管不同的国家会考虑不同法律、税收和客户要求,但会员协会都会根据指令以及最低学历要求制定各自的教育大纲。会员协会有责任解释最低教育要求,以确保其成员能满足专业要求。TEGoVA 对评估师期望的知识水平在最低学历要求的学科领域里被划分为理解、一般认识和深层理解知识三个层次。评估师需要理解的内容有:经济理论、原则;商业和金融;不动产。评估师需要持有的一般知识有:不动产营销;建筑和施工;能源效率,环境与资源保护。评估师需要深层理解的知识有:有关财产的法律法规;评估实践;评估理论;政府政策和土地使用;评估准则等。

(3) 可持续性与评估。经济发展与公共政策的双重压力使资源问题越来越引起人们的关注,越来越多的人支持可续持发展观点。可以预期的是,政府监管和市场选择会不断促进评估师考量建筑物等评估的环境绩效和可持续发展问题。可持续性与评估要求评估师提供广泛和全面的信息,诸如企业社会责任、环境管理体系、"绿色建筑"、"绿色出租"和"绿色评级工具"等。

【问题与思考】

1. 简要说明欧洲评估准则的产生与发展、基本特点。
2. 简要说明欧洲评估准则的重要概念、合格的评估师准则及 2012 版的主要内容。
3. 请你谈谈对欧洲评估准则的认识,并分析哪些方面值得我国借鉴。

【阅读参考】

1. EVS2009,www.tegova.org。
2. EVS2012,www.tegova.org。
3. 中评协标准部:《国外企业价值评估准则概览之二——欧洲评估准则》,《中国资产评估》,2004 年第 9 期。

第六章

国际估税官协会技术准则（IAAOTS）

> **【本章学习目的】**
>
> 国际估税官协会技术准则一直是不动产税（不动产保有环节课税）税基评估规范的评估准则。通过对该评估准则的学习，了解国际估税官协会技术准则的现状、制定主体及产生、发展与变化，掌握该评估准则的基本特点、重要概念及框架结构、有关准则的主要内容简况及更新内容，为我国不动产税制的计税评估提供借鉴和参考。

第一节 国际估税官协会技术准则概述

一、《国际估税官协会技术准则》简介

《国际估税官协会技术准则》是由国际估税官协会（The International Association of Assessing Officers，IAAO）制定和发布的以不动产税（不动产保有环节课税）税基评估规范为主的评估技术准则，该评估技术准则被世界范围内财产税评估管理机构所认可和应用参考①，属于国际性评估准则的范畴。国际估税官协会的技术准则是各种税基评估、财产税政策和管理方面的准则，由 IAAO 技术准则委员会撰写，并由 IAAO 执行理事会批准通过。

二、《国际估税官协会技术准则》的产生与发展

国际估税官协会对财产税税基评估与财产税政策与管理领域的贡献在于其很早就开始撰写并颁布各种与该领域相关的准则与标准。1937 年担任 NAAO 主席的 Zangerleza 在

---

① 由于在任何一个国家和地区的财产税体系中都会出现类似的问题，所以 IAAO 技术准则可以在国际范围内提供指导。但是，技术准则中的某些章节主要适用于美国和加拿大，因为这两个国家的财产税征收权赋予州、省或地方政府。

1924年就提出关于建立一个标准的批量评估方法（该方法直到20世纪下半叶以后才被采用）[1]。国际估税官协会最早颁布的准则可以追溯到1938年。截至2013年，国际估税官协会已颁布的技术准则（体系）在用版有：《评估师地理信息系统手册》（城市和区域信息系统协会/国际估价官协会，1999）、《职业发展准则（2013）》、《评估申诉准则（2013）》、《受环境污染物影响的财产的评估准则（2001）》、《IAAO技术准则指引（2013）》、《财产税政策准则（2010）》、《地籍图手册与宗地识别准则（2004年版）》、《自动评估模型准则（2003）》、《数字化地籍图与宗地识别准则（2012）》、《监督管理与尽责准则（2010）》、《财务、计算机、设备和支撑准则（2003）》、《评估服务合同准则（2008）》、《不动产批量评估准则（2013）》、《公共关系准则（2011）》、《比率研究准则（2010）》、《动产评估准则（2005）》、《检验和销售价格调整准则（2010）》共十六项，其中，还有些准则是2010年以后新增的，有些准则经历过多次更新，如《不动产批量评估准则》是2002年发布的，之后又经历多次的更新，该准则的2013版就是在2012版又重新修订的最新版本。

更值得关注的是IAAO于2001年发布的《评估申诉准则》和《受环境污染物影响的财产的评估准则》。《评估申诉准则》对财产税的税基评估争议提出的时间、复议、申诉、程序以及宽限期限做出了明确的规定，并设立了专门的财产税税基评估争议处理部门。与批量评估系统和比率研究所致力于实现的税基评估总体公允化相比，税基评估申诉制度实现的是前两者遗漏下的个体的公允化，它是纳税人主动争取公允化、评估争议处理机构配合其实现公允化的过程。《税基评估申诉准则》于2013年进行更新。首次发布于1992年8月的《受环境污染物影响的财产的评估准则》2001年7月被IAAO技术委员会改进后采用，并增加了更新的参考，引用53条当时的最新准则，有效地帮助评估师理解污染对财产价值的影响、市场的反应、政府监管措施等环境污染财产评估问题，解释标准评估方法的应用，以及描述评估人员必须理解和掌握的通常的污染情况。这些内容的了解和掌握，对日益受到重视和关注的环境保护和对受环境污染物影响的财产评估都具有较高的借鉴和参考价值。

三、《国际估税官协会技术准则》的基本特点和主要作用

国际估税官协会的技术准则的基本特点主要有以下几方面：一是由十几个不同规范内容的单个准则构成的专业准则体系；二是覆盖经济、管理、计算机、地理信息等技术的跨文理、多学科交叉的评估技术规范；三是只针对财产税类（主要是不动产保有环节税，下同）税基评估的目标，不针对所得税类等其他税类的税基评估目标；四是适用以应税不动产和动产的计税评估对象的技术规范；五是当今仅有的带着参考文献、参考资料、词汇表等附带资料的评估准则体系。

由于国际估税官协会的使命是通过专业发展、教育、研究及技术协助促进财产评估、评估管理及财产税政策的创新和发展，其主要作用不仅在财产评估、评估管理和财产税政策的创新、教育和研究方面成为国际公认的领导者，其技术准则也是国际性财产税计税评

---

[1] J. Wayne Moore, A History of Appraisal Theory and PracticeLooking Back from IAAO's 75th Year, 2009.

估的技术准则而在世界多个国家和地区使用或参考使用。在美国、加拿大、英国等国家或地区，从事财产税的税基评估人员一般都是国际估税官协会（IAAO）的会员，其开展财产税的税基评估所执行的技术准则是由 IAAO 制定发布的技术准则。

第二节　国际估税官协会技术准则的重要概念及框架结构

一、《国际估税官协会技术准则》的定义和重要概念

1.《国际估税官协会技术准则》的定义

《国际估税官协会技术准则》（简称 IAAO 技术准则）是由 IAAO 技术委员会制定的，并经过 IAAO 执行理事会批准通过的，旨在为财产税评估官员、税收政策分析人员、管理人员提供技术指导的计税评估技术准则。

2.《国际估税官协会技术准则》相关的重要概念

（1）不动产税，是指以不动产（房屋、土地，或房产和地产）为对象开征的税。广义的不动产税课税覆盖不动产的取得、保有、转让的各个环节，狭义的不动产税一般是指对不动产保有环节的课税。在国外，狭义的不动产税是地方政府取得财政收入的主要来源之一。

（2）不动产税计税评估，是指在以评估价值为计税依据基础的情况下，采用评估技术对应税不动产的价值（税基）进行评估，并以该评估结果作为不动产税计税依据的确定或主要依据。不动产税计税评估可以采用批量评估方式和个案评估方式。

（3）税基评估官（assessor）：①财产税税基评估部门的负责人。税基评估官可以是选举产生的也可以是任命的。在税基准则中，这个术语有时用来指代负责执行税基评估功能的所有税基评估官员。②负责财产的初始评估职能的公共官员或某一公共团体的成员。

（4）批量评估（Mass Appraisal，MA）。在给定日期、使用标准方法、采用普遍的数据，并可接受统计检验的对一系列财产（不动产）进行评估的过程，是相对于个案评估的评估方式。

（5）个案评估（Single Appraisal，SA），也称为传统评估，是指在一个时间内采用部分数据而且仅对一个（项）资产（不动产）进行的评估。个案评估方式是相对于批量评估的另一种评估方式。

（6）计算机辅助的批量评估（Computer-assisted Mass Appraisal，CAMA）。一套由计算机和相关技术构成的资产评估的系统，通常只评估某些类型的不动产，它采用诸如多元回归分析或自适应估计程序等计算机支持的统计分析来协助评估师的价值评估工作。

（7）自动评估模型（Automated Valuation Method，AVM），是指在采用批量评估方式中，运用数量统计分析、计算机应用和相关软件技术综合所形成的模型建立和校准为一体

的计算机化的评估运用模型,是批量评估方式中的核心技术系统。

(8) 比率研究(Ratio Study, RS),是指对评估或税基评估价值和市场价值之间的关系进行的研究。市场价值的指标可以是销售价格(销售比率研究)或独立"专家"评估(评估比率研究)。比率研究通常研究评估或税基评估的程度和一致性。

(9) 一致性(Integrity),是指数据或程序与自身相符的程度,通常区别于合理性,即基于某些特定目的下数据或程序符合预期设定要求的性质。当数据被编辑和编码,并且程序也妥善准备后,数据和程序的一致性将通过预防数据被偶然或未经授权的篡改的安全措施来保证。

(10) 公平性(Equity):①在税基评估中,评估结果与市场价值相一致的程度。衡量手段包括离散系数、变异系数(coefficient of variation),以及与价格相关的微分等。②广义上用做税收公平的同义词。③在所有权中,指不动产在扣除了留置权和其他费用后的资产净值。

(11) 批量评估模型(Mass Appraisal Model),指关于市场中的供求因素如何相互作用的数学表述模型的简称。该模型有时指批量评估系统的自动评估模型。

(12) 模型校准(Model Calibration),指基于市场分析所做的调整或所选择的系数,以确定特定的因素对市场价值的实际影响。

(13) 多元回归分析(Multiple Regression, Multiple Regression Analysis, MRA),指一种类似于相关性的统计技术,用来分析数据以便从其他已知的变量值(称为"因变量"),如土地的大小、房间的数量等,来预测一个变量(因变量)的值,如市场价值。如果只使用一个自变量,则该过程称为单变量回归分析,此时它与相关性分析的区别仅仅在于相关性分析研究的是相关的程度,而回归则是根据一个变量的值来预测另一个变量的值。在使用两个或多个变量的时候,这一过程称为多元回归分析。

(14) 重估(Reappraisal),指在一个重估周期之内或一开始的时候对某一评估管辖权内的所有财产所进行的批量评估。也称为重新评估。

(15) 地籍图(Cadastral Map)。展示不动产所有权边界并显示每处不动产与地块标识、测量线和便利设施(easements)等相关信息之间的距离量度的比例图。

二、《国际估税官协会技术准则》体系的框架结构

截至2013年,IAAO评估技术准则体系共16个评估准则(含一个对准则体系的15个准则起到索引作用的指引)。该评估技术准则体系的框架涉及财产税的税收政策、不动产批量评估、动产评估、环境污染影响财产评估、地理信息、财产税的税基评估管理及相关项目的内容,结构较为复杂。其具体构成如下:

(1) IAAO准则指引(Guide to Assessment Standards)。

(2) 财产税税收政策准则(Standard on Property Tax Policy)。

(3) 不动产批量评估准则(Standard on Mass Appraisal of Real Property)。

(4) 自动评估模型准则(Standard on Automated Valuation Models, Approved September)。

(5) 比率研究准则(Standard on Ratio Studies)。

（6）环境污染影响的财产价值评估准则（Standard on Valuation of Properties Affected by Environmental Contamination）。

（7）动产评估准则（Standard on Valuation of Personal Property）。

（8）销售价调整和验证准则（Standard on Verification and Adjustment of Sales）。

（9）评估申诉准则（Standard on Assessment Appeal）。

（10）数字地籍图和宗地识别准则（Standard on Digital Cadastral Maps and Parcel Identifiers）。

（11）设施、计算机、装备和物资准则（Standard on Facilities, Computers, Equipment, and Supplies, Approved September）。

（12）手工地籍图与地块标识准则（Standard on Manual Cadastral Maps and Parcel Identifiers）。

（13）评估服务协议准则（Standard on Contracting for Assessment Services）。

（14）公共关系准则（Standard on Public Relations）。

（15）监管机构职责准则（Standard on Oversight Agency Responsibilities）。

（16）职业发展准则（Standard on Professional Development）。

第三节 国际估税官协会技术准则体系主要内容概要[①]

一、《国际估税官协会评估技术准则指引》

（1）在 IAAO 技术准则体系中，《国际估税官协会评估技术准则指引》是对其制定准则体系所涉及的使用范围、法律框架、行政管理、数据要求、不动产评估、动产评估、评估工具、管理规程与内部控制、评估审查和申诉程序、公共信息、交流关系等相关内容的概括，在用的《国际估税官协会评估技术准则指引》是 2013 年版。

（2）2013 年版《国际估税官协会评估技术准则指引》各主要条款内容概要。

①适用范围。该指引旨在为 IAAO 涉税评估管理的准则提供索引。本指引中的许多条款不仅引自相关的技术准则，在 IAAO 的教科书中也有深入阐述。

②法律框架。具体包括：评估法律依据（法定机构、支持立法条例、价值与评估法律等级），重新评估和重新评价周期，财产税基础，税务（税收课征与税率、范围、税收

---

① 截至 2013 年，IAAO 的技术准则体系（IAAOTS）共有 16 项，因其没有固定更新期限，其中有些自发布后已先后更新多次，有些是一直未更新，而且内容多，限于篇幅，本节只对其中的九个主要的准则有关内容做简要概述，对其他七个准则只做非常简单的介绍，所以，要全面和深入学习和了解更多有关 IAAOT 的内容和信息，除本章节所提供的知识资料外，还需阅读 IAAOTS 的原文资料。

回退、税务实质、评估手册、总价值申诉）等。

③行政管理考虑因素。具体包括：组织结构，各种资源（资金、人员配备与人员资格、计算机支持、办公设施与设备、办公用品与表格、参考资料与数据、交通工具），评估人员的训练、教育与认证，法律和条例等。

④财产数据需求。具体包括：契约与所有权转移，财产认证与描述（地籍地图、地块识别和地理信息系统、财产特征、数据搜集和数据输入、销售数据、筛选加工和调整、收入与支出数据、建筑与工程造价、数据管理）。

⑤不动产评估。具体包括：搜集和维护不动产数据，重新评估频率，批量评估和自动评估模型，成本途径（土地价值估计、当前工程造价估计、贬值），市场比较途径（销售价格调整、市场分析和分层），收入途径（资本化技术、折扣、利息和权益收益率），土地评估（土地数据需求、单位比较、土地评估方法），所有权类型注意事项（单一家庭住宅、多家庭住宅、制造业不动产、商业用地、工业用地、非农业、农业土地、特殊用途土地、环境污染土地），价值协调等。

⑥动产评估。具体包括：定义，应税财产的发现与报告（收益、审计），评估，绩效评估等。

⑦评估工具。具体包括：标准格式，指南、手册和指导方针，用于计算机辅助批量评估的软件与硬件，办公用品与装备等。

⑧管理规程与内部控制。具体包括：组织机构与人员配备（分析职位与工作、工作说明书），定位，训练与发展，评估精确度需求，技术与专业需求，直接均等化和间接均等化等。

⑨评估审查和申诉程序。具体包括：评估审查，评估申诉，推荐申诉制度结构（地方评估的财产、中央评估的财产），申诉委员会与裁决官员的资格与培训，申诉程序通告，计税评估通知书，申诉听证等。

⑩公共信息、交流和关系。具体包括：发展公共关系大纲，发展程序手册，公共记录，交流渠道等。

国际估税官协会评估技术准则所提出的准则代表着财产税税基评估行业的一致意见，已被 IAAO 的执行委员会采用。这些准则的目标是建立一个能使相关评估官员改进并标准化其业务操作的系统方法。IAAO 的技术准则本质上是咨询性的（非强制执行），其使用和遵循完全出于自愿。

二、《不动产批量评估准则》

（1）《不动产批量评估准则》[①] 主要内容是对其制定准则体系所涉及的适用范围、引言、搜集和维护资产数据、评估、模型检验、质量保证和价值辩护、管理和维护等相关内容的概括。

（2）2013 年版《不动产批量评估准则》各主要条款内容概要。

①适用范围。该准则定义了不动产批量评估的各项要求，主要阐述从价税为目的的

---

① 这里财产的税也称不动产税或房产税，其属于房地产保有环节课税。

批量评估。在此定义的原则也应该与其他目的的计算机辅助的批量评估相关,如抵押投资组合管理。该准则主要强调评估官员、评估监管机构和纳税人的需求。基于市场价值以外的价值或个体价值所做出的评估不在本准则范围内。由于法定约束,这里评估的价值不同于市场价值,如使用价值、获取价值、基准年价值或分类,这一准则没有为这些限定的评估值提供指导。批量评估要求完整精确的数据、有效的评估模型和恰当的资源管理。

②引言。涉税评估为目的的市场价值往往运用批量评估技术来确定。批量评估是在评估基准日,运用共同的数据、标准的方法和统计检验,对一组不动产进行评定估算的过程。为了确定一个不动产的价值,评估官员必须借助评估公式、表格以及通过对市场数据的数学分析所得出的进度表(schedules)。除非法律要求,不动产价值不能仅通过一个不动产的销售价格来确定;相反,评估进程(schedules)和模型应该连贯地应用正确、完整、最新的数据。在恰当的管理下,批量评估系统的发展、建设和使用会产生一个准确、一致、平等、可靠、低单位成本的评估系统。除特别的不动产外,对不动产的单独分析和评估对从价税目的的评估是不实际的。

③搜集和维护资产数据。具体包括:概述,地理数据,不动产特征数据,销售数据,收入与费用数据,成本与折旧数据等。

④评估。具体包括:评估模型,成本途径,销售比较途径,收益途径,土地评估,不动产类型因素,价值的协调统一,重估的频率等。

⑤模型检验、质量保证和价值辩护。具体包括:模型的检验,销售比率分析(评估水平、评估一致性),检验评估质量的抽取样本,模型情况记录,价值辩护等。

⑥管理因素。具体包括:概述,人员,数据处理支持,评估服务合同,收益—成本因素等。

三、《动产评估准则》

(1)《动产评估准则》是对其制定准则体系所涉及的适用范围、引言、动产的定义、动产的发现、动产的报告、确认和审核、(动产)评估等相关内容的概括,动产财产评估准则是1996年发布的,在用的《动产评估准则》是2005年12月版。

(2) 2005年版《动产评估准则》各主要条款内容概要。

①适用范围。该准则旨在为从价税为目的的动产评估的定义、分类、报告、核查、评估提供建议。评估有关公共设施、通信、铁路或类似的动产不在本准则范围内。

②引言。该准则旨在为评估官员提供有关的方法进行统一公平的动产评估。动产评估系统的有效管理部分依靠法律和规章为确定涉税评估和税收为目的的动产提供清晰的指导。这些管理要求一个充分的预算以获取精确公平评估动产的必要资源。

③动产的定义。财产是指受法律保护的事物或对其拥有的权利的总称。不动产财产和动产财产是财产的两大类。"不动产财产是与不动产有关的权利、利益、效益,不动产是指土地、土地中的改良物、附着在土地上的改良物、附属物(如地役权)。动产定义为除不动产以外的都是动产。动产的显著特点是其可移动性,移动不会造成对自身造成破坏,也不会对其附着的不动产造成破坏。"

动产其本质不是永久附着，因此可以移动。在一般的情况下，区分一个财产是不动产还是动产，通常包括所有者的意图、附着的方式、财产（不动产）的最高最佳使用用途、相关的判例法（包括销售和使用税）。

动产可以分为两类：有形动产和无形动产。有形动产的例子是物质类，如动物、船只、飞行器、摩托车、家具、机械设备、工具、模具、夹具、样品、存货（包括再次销售存货、在产品）。无形动产的例子是对财产所有权的表现——现金、股份、年金、专利、股票、债券、应收票据、保险政策、应收账款、许可、合同、特许权、货币市场资格、存款证明、版权，也包括商誉。

一项评估法规应该定义属于或不属于涉税评估和税收中的动产类型，州和省的机构应该提供所需的支持条款、规章和指引。法规应该明确地定义动产的级别，应该确定共同的评估基准日。

④动产的发现。哪些动产可以进行评估取决于它的发现。完整的识别需要有充分训练的工作人员和可供支持的资源。应该赋予税务机关发布相关法规、条例的权利，覆盖动产的发现识别。动产的披露在识别动产所有者时往往是偶然的。

一旦该动产被发现，确认的动产所有者、评估师应该检查该动产，并且建立有关该所有者（或企业）的账户和信息。评估师应该与所有者、经理或其他相关人员进行谈话，阐明访谈的目的，获取必要的数据。在检查时使用的表格应该用来核实所有权信息、动产特性和评估基准日的级别。

⑤动产相关的信息。动产的实物检查和清单的记录需要时间、财力和训练有素的工作人员。

表格应尽量包含详细的指导，帮助纳税人准备和填写所有涉税动产完整、精确的清单。表格上的指导应该详细说明报告需要的方法，详细指导怎样说明建造和获取成本，并包含机密申明，接受审计。为提供高层次的服务，应该考虑实施电子填写程序。

⑥确认和审核。具体包括：权利当局，审核项目，质量保证。

⑦评估。具体包括：交易水平，评估技术（三大评估途径），有形动产的评估指引（机器设备、家具和固定装置、租用的设备、存货、物资、委托产品、进口和出口）。无形动产的评估指南，服从 USPAP 规定。

四、《评估申诉准则》

（1）《评估申诉准则》是对其制定准则体系所涉及的适用范围、引言、适于地方财产评估的申诉体系建议、适于中央财产评估的申诉体系建议、申诉委员会和法庭（Tribunal）官员的资格、通知和申诉等相关内容的概括，《评估申诉准则》是 2001 年发布的，在用的《评估申诉准则》是 2013 年 1 月版。

（2）2013 年版《评估申诉准则》各主要条款内容概要。

①适用范围。该准则为纳税人提出的财产评估争议提供广泛指导。它不强调地方法律或规章所要求的具体案例，也不应用于税收地区与评估机构或不同层次评估机构（如地方对州）之间的争议。本准则没有准备提出一个单一的争议处理程序以应对所有评估辖

区。相反,它提出了一个简明、易懂、有回应、考虑成本的争议处理系统,强调评估不平等方面是有效的。本准则中包含的建议应该放在整个财产税系统中考虑。例如,通知和申诉部分的关于评估通知和争议资料填写的时间中应该放在为争议处理程序提供充分的时间,没有过度的拖欠税款或限制争议的权利。在该准则中,评估者一词是指从事评估的任何地方、州或省机构。财产所有者一词指有承担财产税义务的个人或实体。一个代表或代理人可能评估争议中代表财产所有者的利益。

②引言。在涉税评估过程中,评估争议是很重要的组成部分。争议处理为财产所有者提供机会,其可以与评估师接触,质询他们的评估结果或了解评估和争议处理过程。在使用独立机构进行问题处理前,应该同时提供非正式的见面和正式的听证会两种方式,从而保证评估的准确、公平。

③适于地方财产评估的申诉体系建议。具体包括:评估师的非正式复议,地方或地区申诉委员会州或省财产税法庭,法院。

④适于中央财产评估的申诉体系建议。具体包括:中央评估申诉委员会,法院,听证会之前所需提供的信息。

⑤申诉委员会和法庭(Tribunal)官员的资格。审理委员会和申诉委员会可以包括财产所有者,不动产评估师,不动产经纪人,抵押贷款官员,公共会计师,律师和其他人员。任何层次的复核与申诉机构都必须有权调整个别评估,并且可以在其权限内重调评估和评估水平。为了能够明智地履行这些责任,委员会必须熟知财产评估原理和税基评估事务,包括管辖权内的财产税法和比率研究。

⑥通知和申诉。具体包括:评估通知,地方和地区申诉委员会,州或省的财产税法庭。

⑦听证。申诉委员会或者审理委员会的听讼必须对公众开放,必须完整记录下所有的听讼过程。听讼时间和地点的通知必须包括分配给案件的时间以及关于程序和证据规定的简明介绍。为了加快申诉速度,委员会成员,不论他们的数目是多少,都可以选择加入三个或三个以上成员的陪审团或者是由一个委员会成员或者专业人士来听取诉讼。此外,如果申诉允许的话,陪审团可以要求各方把材料列入书面简报中。最后的裁决意见仍然由陪审团做出。评估师或者适当的评估人员应该宣誓提供原始评估、比率研究数据(如果可行的话)和以往结论的副本。证人可以提供专业意见证词以支持评估机构的行为。

一旦宣誓,财产所有人应该有充足的时间来解释为什么要更改评估结论。这些解释可能会得到书面证据和专家证人证词的支持。

如果可能的话,可以在听讼会上给出口头的判决或者保留意见,待审议后再给出书面的判决。口头判决必须得到书面判决的支持。必须及时地实施判决,最好在最后的抄本和"法律结论和事实裁决"被听讼各方收到之日起的45天内实施。判决的及时性对于各方都很重要,特别是当判决隶属于更高级别的法院管辖时。

【问题与思考】

1. 简要说明国际估税官协会的技术准则的历史及所规范的评估对象。
2. 当前国际估税官协会的技术准则体系有哪些具体规范?
3. 简要分析国际估税官协会的技术准则对我国房产税制计税评估的借鉴和参考。

【阅读参考】

1. IAAOTS 2013。
2. 贺邦靖、刘萍:《中国资产评估国际交流与借鉴》,中国财政经济出版社2013年版。

第七章 美国评估准则

【本章学习目的】

美国评估准则在国际上具有一定的知名度,对其他国家或地区评估准则的建设与发展具有广泛且重要的影响。通过对本章的学习,应该了解美国评估准则的产生背景、制定主体及相关过程,了解美国评估准则的基本特点、重要概念及框架结构、职业规则、准则与准则条文、评估准则说明及其现状,通过对其2012—2013版内容和知识的进一步学习,较为全面了解和掌握该版的主要内容和知识,分析值得借鉴参考的相关理念。

第一节 美国评估准则概述

一、美国评估准则简介

为维护评估师和评估服务使用者利益,满足评估师与评估服务使用者的需要,美国评估促进会(The Appraisal Foundation,AF)下属的评估准则委员会(The Appraisal Standards Board,ASB)负责制定、出版、解释、修订或撤销《专业评估执业统一准则》(Uniform Standards of Professional Appraisal Practice,USPAP)。美国评估促进会是由美国国会授权制定评估准则和认定评估师资格的评估组织,USPAP 也是美国评估行业中得到普遍认可并已接受了检验的执业标准,各州与联邦政府的有关监管部门都强调要求履行 USPAP 现行版本或适用版本中的规定。

美国资产评估主要是基于财产保险、税务、会计处理、资产交易、企业合并、资产抵押贷款、家庭财产分割等方面的需要而产生的。美国评估准则制定过程包括搜集对征求意见稿的书面意见、举行公开会议、现场口头听证会等形式,力求提高准则修订的民主性、广泛性和开放性,以便于评估执业者、评估服务使用者及监管者了解准则的最新变化和修订背景。评估促进会管委员会聘请 5 名专业评估师担任评估准则委员会成员，评估准则委员会在涉及准则的有关工作中与评估促进会咨询委员密切配合，该咨询委员会由 50 多个与评估服务用途有关或对评估行业有特殊兴趣的组织选派的代表组成。评估促进会还接受工业咨询委员会的咨询，该委员会由 20 多个相关行业营利性机构选派的代表组成。目前，上述协会组织的会员有 9 万多人。

二、美国评估准则的产生与发展

（一）发散阶段

美国是当今世界上资产评估业最为发达的国家之一。19 世纪后期，由于火灾产生的保险诉讼，针对保险对象的赔偿数额，美国出现了专业的评估公司。20 世纪 30 年代，美国多个评估专业组织就已制定并采纳了职业道德准则和专业评估准则。最初的评估目的主要是财产保险、维护产权交易双方利益、资产抵押贷款、家庭财产分割等。20 世纪 70 年代以来，随着资产评估行业的不断发展，评估者自发成立了若干个有较大影响的综合及专业性的民间自律性评估组织，其中规模较大的有 16 个评估协会。同时，各协会也制定有自己的规章制度和评估准则，评估准则制定及其质量呈现"百花齐放、百家争鸣"与"良莠不齐"的状态。

（二）协调阶段

由于各个评估专业组织注重的领域既有不同也有交叉，致使准则存在差异甚至有些方面互相矛盾，许多评估师往往具有多个评估协会的会员资格，这就使得他们在开展评估业务时，面对不同的评估准则而无从适应。20 世纪 80 年代，美国爆发了由不动产业蔓延到金融行业的储蓄和贷款危机，这场危机使得全美境内 3234 个储蓄贷款机构中的 747 家倒闭，直接经济损失 879 亿美元[①]。1986 年 9 月美国国会调查后认为，评估业缺乏统一的评估执业标准，致使评估师在评估中缺乏统一的准则指导和约束，造成抵押资产的不当评估，这是此次事件的重要原因之一。1987 年，从规范资产评估业务与职业道德出发[②]，8 家来自美国和加拿大的专业评估机构和协会共同组建了美国评估促进会，该促进会推动和制定了美国第一部资产评估准则——《专业评估执业统一准则》。1989 年美国国会制定的《金融机构改革、复原和强制执行法令》（FIRREA）中明确规定，评估人员执行与联邦交易相关的资产评估业务，必须遵守美国评估准则；美国各大评估协会也都要求其会员在执行资产评估业务时需遵守美国评估准则。因此，美国评估准则出自于各专业评估组织准则的"大熔炉"，并随着资产评估业国际交流的发展，逐渐发展成为国际评估界最具影响力的评估准则之一。

（三）统一阶段

1987 年，美国评估促进会成立，并以评估促进会名义取得了该准则的版权。1988 年，在其内部成立了评估准则委员会（ASB）和评估师资格委员会（AQB）两个独立的委员会，前者专门负责检查、修订和解释《专业评估执业统一准则》。1989 年 1 月，在评估准

---

① 张卓群、王晓洁：《中美资产评估准则比较与启示》，《河北经贸大学学报（综合版）》，2012 年第 3 期。
② 美国 20 世纪 80 年代泡沫经济的冲击及对评估业的反思，更直接促成了适用于全行业的评估准则的形成。

则委员会的成立大会上，评估准则委员会正式采纳了初版《专业评估执业统一准则》。

评估准则委员会采纳《专业评估执业统一准则》后，又根据实践需要按有关程序进行了多次修订，以回应评估实务的变化。1992—1995 年，每年年中进行修订，1995 年后，改为每年出一个完整准则版本。2008 年以后每两年修订一次，至今已进行了十余次修订，修订内容涉及前言、职业道德、能力条款等全部准则内容。2012—2013 年版本修订工作于 2011 年 4 月完成，于 2012 年 1 月 1 日到 2013 年 12 月 31 日生效。近年来，美国评估促进会努力提高准则修订的民主性和广泛性，以便于评估执业者、评估服务使用者及监管者了解准则的最新变化和修订背景。由于其制定的准则符合评估业发展的客观需要，因而受到评估界的广泛欢迎和认可，很快成为美国及北美地区各评估专业团体和评估师广为接受的公认评估准则，并逐渐以立法形式被美国政府认可。

（四）与国际评估准则趋同阶段

2006 年，国际评估准则委员会（IVSC）和美国评估促进会（AF）签署了麦迪逊协议，促使美国评估准则与国际评估准则协调一致。经过麦迪逊工作组（包括两位美国评估准则委员会的成员以及两位国际评估准则委员会的成员）的初步判断，得出了美国评估准则与《国际评估准则》互为补充、不会发生迥异的评估结果、遵照任何一种准则都不会与另外一种准则标准产生冲突、都是基于相同的基本原理和原则等结论。并认为两者之间存在的差异很大程度上源自国际准则和某一国家的准则在功能上的差异，这些差异在基本原理和原则上相互并不抵触[①]。

三、美国评估准则的基本特点和主要作用

（一）美国评估准则的特点

（1）针对性。美国评估准则是旨在抑制 20 世纪 80 年代中后期美国的泡沫经济、规范在抵押贷款业务中的评估行为、防止诱发金融危机而产生的，并得到美国立法的认可，其规范对象具有鲜明的针对性和目的性。因此，初期的 USPAP 着重论述了以融资为目的的抵押贷款评估，注重从评估角度维护金融秩序和经济秩序。

（2）稳定性。美国评估准则从一开始就设计了十分严密的结构体系，每个组成部分循序渐进、逐级展开，具有严密的层次性和高度的概括性和系统性，虽然已进行过多次修订，但其主要结构体系仍保持相对稳定。美国评估准则包括定义、导言、条款、准则及准则条文、评估准则说明五部分和附录（咨询意见）。特别是评估准则说明十分灵活，因事、因需而设立，成熟一个制定发布一个，这样既保证了 USPAP 的稳定性，也适应了日新月异的评估实践所带来的变化。

（3）综合性。基于资产评估准则的渊源，美国评估准则在早期带有浓厚的不动产评估色彩，条文中大量使用了不动产概念，如资产在没有特别限定的情况下仅指不动产，许多用语、表达方式也都潜移默化地沿用了不动产的概念。随着全球经济、资本、金融一体化趋势的加强和资产评估理论与实践的发展，评估准则委员会逐步修改评估准则，使美国评估准则与时俱进，成为适用于不动产评估、动产评估、无形资产评估和企业价值评估等

[①] 李·哈克：《美国评估准则体系与国际评估准则》，《中国资产评估》，2006 年版。

所有评估类别的综合性评估准则。在美国各大学的商学院课程中普遍开设有企业价值评估课程，企业价值评估著作也十分丰富。由过去以不动产评估为主转向了企业价值、抵押贷款、企业买卖等金融风险、资本买卖风险等相结合的评估，理论成果不断规范和完善[①]。

（4）概括性。评估准则委员会对美国评估准则的定位是高度抽象、概括、原则性的指导文件，而不是具体的评估操作指南、规程，更不是事无巨细的详细说教。采取这种定位的原因一是评估理论并非十分完善，许多基本定义、原则还不能界定清楚；二是为了避免不当的准则规定可能产生的风险和负面效应。

（5）灵活性和开放性。美国评估准则并不要求评估师在执业时必须遵守其全部条款要求，评估师可根据实际情况背离部分条款要求，具有一定的灵活性。专业评估准则的背离条款允许评估师在执业时背离美国评估准则中的专门性要求，而管辖除外条款规定如果准则的任何部分违反某司法管辖范围的法律或公共政策，则只有该部分在该司法管辖范围内不具有效力。美国评估准则同时也是开放的，允许政府部门、政府主办企业和其他制定公共政策的团体发布用于特定目的或资产类型的评估业务的补充准则，评估师和客户必须明确美国评估准则外的任何补充准则是否适用于所考虑的评估业务。

（6）及时性。美国评估准则每年根据具体情况进行修订，不断发展，并非一成不变。目前的美国评估准则不仅在用语上有较大改变，甚至在实质上也发生了变化。这样能最大限度地保证美国评估准则始终能够及时体现评估业的最新理论成果和实践要求。

（7）理论与实践并重。美国评估准则不仅在理论上具有前沿性，同时也是一部不断接受实践和法律诉讼考验的准则，具有较强的操作性。实践表明，它既能够有效地指导和约束评估师的执业行为，还能引导评估师、委托方、使用者以及政府监管部门正确处理相互之间的关系。在保护评估师、评估行业合法权益和维护公众社会利益之间达到很好的平衡，得到上述各方的认可。

（8）评估和会计相分离。美国评估界认为，资产评估和会计属于两个完全不同的领域，极少关注评估与会计之间关系的协调问题。另一方面，美国会计界长期受公认会计准则（GAAP）的影响，以历史成本为原则，不主张按现行成本对资产进行账务调整。因此，美国资产评估结果一般作为资产交易、纳税减免的依据，并不涉及根据评估结果进行会计调账等问题。有鉴于此，美国评估准则中的规定几乎很少涉及与会计的关系问题。不过，随着在会计处理和财务报告中列示资产价值时以评估的现时价值为基础取代历史成本的做法日益成为国际主流的趋势，美国评估界也开始越来越多地关注资产评估准则与会计准则的协调问题。

（二）美国评估准则的主要作用

（1）维护评估师和评估服务使用者利益，提升行业社会公信力。美国评估准则要求评估师在执业时应当保持正直、公正、客观、独立，有责任提高和维护社会公众对专业评估执业的信任，评估师的重要角色要求从业者按最高准则规范自己的行为，恰当完成相关研究和分析工作，形成令人信服的评估结论。

（2）指导和规范评估、评估复核、评估咨询执业。1989 年美国国会通过了《金融机

[①] 安蕊、尉京红：《中美评估准则内容比较研究》，《新会计》，2011 年第 7 期。

构改革、复兴和实施法令》，该法确立了美国评估促进会的法律地位，授权美国评估促进会评估准则委员会制定评估准则，规定美国评估准则是涉及联邦交易的不动产评估业务中必须遵守的公认评估准则。同时，1992 年美国管理与预算办公室在其制定的 92-06 号公告中，要求联邦土地收购和直接租赁管理部门所涉及的评估业务必须符合美国评估准则。美国评估准则界定了资产评估服务的相关概念，规范了评估师职业道德、专业胜任能力、动产与不动产评估、评估复核、评估咨询、企业价值评估与无形资产评估等方面的执业标准，并以细则说明的形式对现金流量分析、展示期等问题进行具体规范，为评估师进行资产评估、评估复核和评估咨询活动提供了依据。

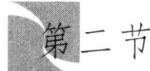

从国际资产评估的发展历史来看，有两大评估体系。一是以英国为代表的不动产评估体系，早年其资产评估业务以不动产评估为主，近年向包括企业价值、无形资产、动产评估在内的综合化评估准则发展；二是以美国为代表的综合评估体系，其资产评估业务除不动产外，还涉及大量的企业价值评估、无形资产评估等。前者主要应用于英国、其他英联邦国家及前英国殖民地。后者则主要用于美国及一些受美国评估业影响较大的国家，如加拿大等。随着资产评估机构向多元化，以及资产评估业务向综合化和国际化方向发展，资产评估准则也呈现出综合化、国际化的态势，美国模式逐渐成为国际资产评估发展的方向和主流。

第二节

USPAP 的重要概念及框架结构

一、USPAP 的定义及其重要概念

USPAP 的专业术语涵盖了评估准则、指南等，USPAP（2012—2013 版）共有 37 个概念，具体包括：

（1）评估：（作名词时）指形成价值意见的行为或过程；或一项对价值的判断。（作形容词时）系指属于价值评估的或与价值评估的操作或价值评估有关的服务。评估必须在数量上表示为确定的数值、数值区间或与以前评估意见、数量基准（如估税价值、抵押价值）的关系（如不大于、不小于）。美国评估师协会将资产评估业务分为评估执业（Appraisal Practice）和评估服务（Valuation Service），评估执业中又分为评估（Appraisal）、评估咨询（Appraisal Consulting）和评估复核（Appraisal Review）。

（2）评估咨询：为解决某问题提供分析、建议或主张的行为或过程，形成价值意见可能是评估咨询的分析工作中的一部分。评估咨询业务涉及价值意见，但并不是以评估或

评估复核为其主要目的。

（3）评估服务：与资产价值相关的服务。评估服务指与资产价值相关的所有服务，包括由评估师或其他人完成的服务。

（4）评估执业：以评估师名义执业的个人所提供的评估服务，包括但不限于评估、评估复核及评估咨询。评估执业只能由评估师提供，而评价服务可以由各类专业人员或其他人员提供。评估、评估复核、评估咨询是相互关联的概念，三者之间并不互相排斥（见图7-1）。对于评估执业，除了有适用于所有评价执业的要求之外，还有适用于评估、评估复核、评估咨询项目操作与报告的要求，如准则1至准则10及工作范畴规定与职业道德规定中档案保存部分的相关规定。

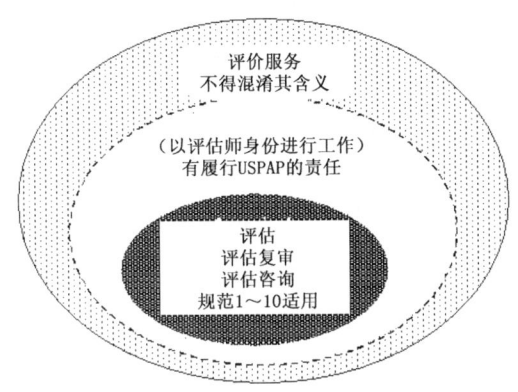

图7-1 评估执业与评价服务的关系

（5）评估复核：对其他评估师进行的评估、评估复核或评估咨询的质量进行评判并发表评判意见的行为或过程。评估复核的对象可以是评估报告、工作底稿或两者的全部、部分。

（6）评估师：被认为具有专业胜任能力、能够进行评估的且能以独立、公正和客观态度执业的个人。

（7）同等评估师（评估师的同行）：与评估师具有同等专业知识和专业胜任能力的其他评估师。或者具备同类评估项目专门知识和能力的其他评估师。

（8）评估项目：①提供评估服务的评估师与委托方之间达成的协议；②所提供的作为此类协议结果的评估服务（评估师和客户签订协议后所提供的评估业务）。

（9）评估结论：评估师为某项特定业务形成的评估意见或评估结论。如在一个评估项目中得出的价值评判和结论；或者在评估复核中得出的关于评估结果充分性、相关性或合理性的评判；或者在评估咨询项目中得出的判断、结论或建议。

（10）前提假设：设定其为真实的或正确的条件。

（11）偏见：影响评估师在评估业务中公正性、独立性或客观性原则的偏好或倾向。

（12）企业权益：企业所有者利益和权利或企业中以某种形式出现的部分利益和权利（包括但不限于股本、合伙利益、合作关系的利益、专营权益、期权、经营特许等）。

（13）委托方（客户）：在某项特定业务中（通过雇佣关系或合同）聘请评估师的一方或多方当事人。客户可以是个人、团体或实体。

（14）保密信息：①委托方（客户）在提供给评估师时，确定为机密且从其他渠道无法获得的信息；②根据相关法律或规定被列为保密或隐私的信息。如委托方"与银行紧密相关的或与银行交易有联系的"财务活动等。

（15）成本：建造、生产或获得一项资产所需要的金额。成本可以是既成事实的费用，也可以是对实际费用的估计。

（16）可靠的：值得信任的。可靠的评估结果需要有相应的评估依据、逻辑及其与预期用途吻合程度的支持。

（17）特别假设（前提）：是直接与某项特定评估业务评估结果生效日的情况相关的前提假设。若这一前提假设是错误的，则将改变评估师的评估意见或评估结论。特别假设排除了所评估资产的实体、法律和经济属性方面的不确定性，或是排除了市场条件或趋势这些外部环境的不确定性，或是否定了评估分析中所使用数据资料完整性方面的不确定性。

（18）展示期：对所评估资产权益于所假设的评估生效日以市场价值出售之前，在市场上予以出价展示的时段的评测结果。亦即，展示期是根据在所设想的竞争与开放的市场上以往销售事件的分析，所得出的一个追溯性的判断结果。

（19）可行性研究：对某项经济行为的成本效益关系进行的分析。

（20）逆向假定（非真实性条件）：是直接与某一具体评价项目相关的假定，指供评估分析使用的、与评估师所了解的评价项目结果生效日的情况相反的情况。非真实条件所假定的评估对象的物理、法律和经济特征、市场条件或趋势等资产外部条件以及分析中使用数据的真实性与已知的实际情况相反。

（21）无形资产：区别于设施设备等物质形态资产的非物质形态的资产。包括但不限于特许权、商标、专利、版权、商誉、股票、采矿权、各种证券与合同等。

（22）预期用途：评估师在报告中提交的评估、评估复核、评估咨询意见和结论的用途，由评估师在承接业务时与客户进行沟通确定。

（23）预定使用者：评估师在接受委托时，在与委托方交换意见的基础上，以具体的名称或类型所确定的评估报告、评估复审或评估咨询报告使用者的委托方与其他当事方。

（24）因法律导致的例外（管辖除外）：评估项目因相关的法律或法规所限制的状态，这些法律或法规阻止评估师履行USPAP的部分规定。

（25）动产：通常指属于"个体的"、可识别的有形资产，如家具服饰、艺术品、古玩、珠宝、收藏品、装备、机器设备等可确指的有形资产，不动产之外的所有有形资产都是动产。

（26）价格：某项资产的询价、报价或支付的金额。为某项资产支付的价格与其他人对该资产的价值判断可能相同或不同。

（27）报告：业务完成后与客户进行的有关评估、评估复核和评估咨询业务的书面或口头沟通。多数报告是书面形式的，多数客户也都要求书面报告。本准则中也包括了口头报告的要求，主要是指出庭作证以及评估、评估复核和评估咨询业务的其他口头沟通形式。

（28）工作范围：在某项业务中需要进行研究、分析的广度与深度。

（29）签名：用于证明相关工作是由评估师完成的个性化证据，表明对报告中的内容、分析和结论承担责任。签名可以是手写、带有个人识别号的数字化图示或其他介质，评估师需对签名拥有完全的个人控制权。

（30）价值：资产购买方、出售方或使用方与该资产之间的货币关系。价值表达的是一个经济概念，它不是一种事实，而是根据某一价值定义对资产某一特定时间的价值量的评价。在评估实务中，价值总是被确定为某种价值类型，如市场价值、清算价值、投资价值等。

（31）工作底稿（档案）：支持评估师分析、判断和推理评估意见和结论的必要文件资料。

上述词汇为各评估准则、指南等所共有，为评估师执业和预期使用者理解评估报告奠定了基础。

二、USPAP 的框架结构

USPAP 一般由五个部分组成：定义、导言（引言）、职业规则（职业道德、专业胜任能力、工作范围、档案保存、管辖除外）、准则和准则条文以及评估准则说明。USPAP 的框架结构如图 7-2 所示。

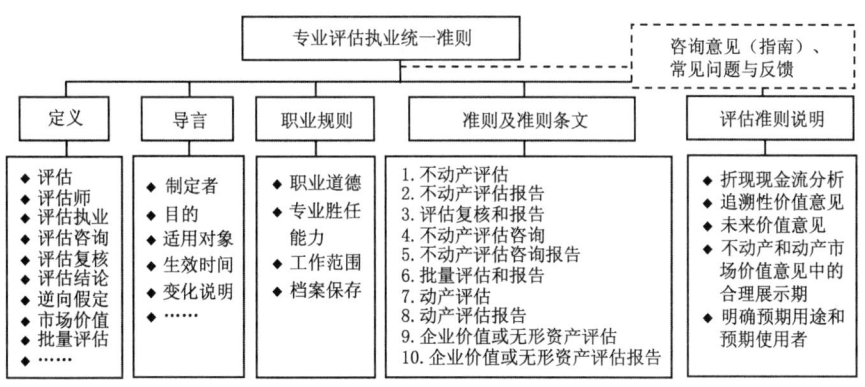

图 7-2 《专业评估执业统一准则》基本框架结构

（一）定义

定义部分介绍了 USPAP 中相关的主要术语的涵义和注释、说明，旨在使读者和使用者正确理解和应用相关评估准则，如评估、评估师、评估执业、假设、特别假设、市场价值、动产、不动产、价格、工作底稿等，是制定评估具体条款的统一基础性规定。

（二）引言

引言部分介绍了 USPAP 的宗旨、目的、意义、作用、要求以及准则和评估准则说明之间的关系。制定 USPAP 的目的是对评估师提出执业要求，以提高和保持社会公众对资产评估行业的信任程度。对评估师而言，以具有意义且不误导的方式进行评估并与预期使用者就分析、意见和结论进行沟通是十分重要的。具体而言，USPAP 在定义、规则、准则和准则条文以及评估准则说明等方面规范了评估师的执业活动。

（1）宗旨。USPAP 为评估行业提供通用的执业标准，其宗旨是通过确定对评估师的要求，提升与维护价值评估执业中高水准的公信力。评估师以易于理解且不引起误解的方式，进行并向其评估服务预定使用者传达其评估中的分析、判断与结论。

（2）效力。USPAP 并未规定谁或哪些评价项目必须履行其规定。美国评估促进会不是有权制定、评判和行使法律的政府机关。但履行 USPAP 既是价值评估机构也是价值评估师履行相关法律或法规责任时的要求，或是履行与评估委托方和评估服务预定使用者所订立合同中责任时的要求。在无这样的责任要求时，人们也仍可选择履行 USPAP。

（3）基本框架。USPAP 通过定义、职业规则、准则和准则说明等方面强调了评估师的职业道德和执业责任。其中，定义确定了在 USPAP 中所应用的某些术语；职业道德规定确立了评估师正直、公正、客观、独立与其他符合职业道德标准行为方面的要求；能力规定体现了接受评估委托前和执行评估项目对评估师知识与经验方面的要求；工作范围规定提出了有关工作主题确定、研究与分析的责任；法律导致例外规定规范了 USPAP 部分规定与法律或法规存在冲突时处理的方式方法；十个基本准则确定了评估、评估复审与评估咨询服务的要求以及其各项结果传达的方式；准则说明对基本准则中的具体规定进行了阐明、解释和剖析。

（三）职业规则

职业规则包括职业道德、专业胜任能力、工作范围、档案保管和管辖除外。这一部分是美国评估理论特别是长期评估实践经验的精华，总结了评估实践发展的经验和众多协会在几十年间对评估基本理论的研究成果，概括性地对评估师做出基本要求。只有符合这些要求，才能进一步进行评估工作。

职业道德规则主要由行为、管理、保密、档案管理四部分组成。专业胜任能力主要规定了在接受评估业务前或达成任何评估业务协议前，评估师必须恰当地明确所要解决的问题，并确信具有相应的专业知识和经验，能够胜任该项业务或采取变通措施；工作范围规则是 USPAP 引入的重要概念，要求评估师在执行评估、评估复核和评估咨询业务时，应当明确评估问题、可接受的工作范围以及披露要求，确保其执业能够形成可信的业务结论；管辖除外规则主要规定了如果准则中任何一部分与某司法管辖范围的法律或公共政策发生冲突，违反部分在该司法管辖范围内不具有效力。

（四）准则及准则条文

本部分系 USPAP 最实质性的内容，主要是各类评估所应遵从的程序和报告要求。从内容上看，它包括根据具体评估类型制定的 10 个准则，共分为 6 个主题。每个主题为两个部分：一部分是关于评估操作的要求，对评估中应注意的事项进行了具体规定；另一部分是相关评估报告的要求，对各类评估报告的格式、内容及注意事项做了专门规定。每一准则的规定都包括原则性要求和专门性要求两类，原则性要求不允许有所背离，专门性要求可以根据背离条款有所背离。10 个准则规定了执行评估、评估复核、评估咨询业务的要求及相关报告的要求。其中，准则 1 和准则 2 规定了不动产评估和报告的要求。准则 3 规定了评估复核和报告的要求。准则 4 和准则 5 规定了不动产评估咨询和报告的要求。准则 6 规定了批量评估和报告的要求。准则 7 和准则 8 规定了动产评估执行和报告的要求。准则 9 和准则 10 规定了企业价值或无形资产评估和报告的要求。

（五）评估准则说明

评估准则说明是经美国评估促进会的规定程序审定的，是对相关规则、准则条文进行的解释、细化和说明,是 USPAP 的组成部分,这些注释是对定义、规则、准则条文的延展,阐述前后逻辑关系和应用条件。评估准则说明是根据美国资产评估促进会的管理细则授权由评估准则委员会制定,其目的是明确、解释和细化专业评估执业统一准则。评估准则说明与准则条文具有同等重要性,并且只有在经过披露、公开征求意见和讨论之后由准则委员会表决通过。从结构上看,每一项评估准则说明都包括主题、适用范围①、问题、说明、结论、采纳日期和最后修改日期或停止使用日期。

评估准则说明包含 10 个部分的内容,依次为评估复核——评估准则条文注释的细化说明、折现现金流分析、追溯性价值意见、未来价值意见、职业道德条款的保密规定、不动产和动产市场的价值意见中的合理展示期、对不动产和动产评估中特定条件的背离许可、报告的电子传递、明确其用途和预期使用者、在涉及联邦权益的交易中投保联邦存款保险的金融机构所使用的业务②。

此外,在 USPAP 出版时,评估准则委员会以《咨询意见(AO)》、《USPAP 常见问题(FAQ)》以及每月《关于问题与反馈》形式发表指导性文件。但是这些文件信息并不是提出新的标准或对现行标准的新解释,因此不是 USPAP 的构成部分。

第三节　USPAP 的主要内容

一、职业规则

职业规则部分包括职业道德规则、专业胜任能力规则、工作范围规则、管辖除外规则和档案保存规定等内容,类似于《国际评估准则》的概念框架。

(1) 职业道德规则。职业道德规则在正直、公正、客观、独立判断及职业操守等方面进行了规定。评估师有责任提高和维护社会公众对专业评估执业的信任,评估师的重要角色要求从业者按最高标准遵守本行业职业道德规则。

(2) 专业胜任能力规则。完美无缺是无法实现的,专业胜任能力并不要求完美无缺。但评估师在执行评估业务中不得疏忽大意,在进行评估时应尽心尽职。

(3) 工作范围规则。工作范围是 USPAP 引入的重要概念,该规则对评估师在明确评估问题,以及解决这些问题所应进行的研究和分析工作的义务和责任:①明确需要解决的问题;②确定并执行形成可信业务结论所必需的工作范围;③在报告中披露工作范围。

(4) 管辖除外规则。该规则对 USPAP 部分内容与法律或公共政策不一致时的处理方式进行了规定。管辖除外规定主要规定了如果准则中的任何一部分与某司法管辖范围的法

---

① 即适用的评估类型,通常以英文缩写表示,如不动产(Real Property, RP)、动产(Personal Property, PP)、无形资产(Intangible Property, IP,包括企业价值评估),所有类型的评估(All disciplines, ALL)。

② 董娇娇、尉京红:《美国评估准则与我国评估准则的比较》,《商业会计》,2011 年第 22 期。

律或公共政策产生违背，仅违反部分在该司法管辖范围内不具有效力。

二、准则与准则条文

准则和准则条文包括十部分准则，分别为不动产评估、不动产评估报告、评估复核和复核报告、不动产评估咨询、不动产评估咨询报告、批量评估和报告、动产评估、动产评估报告、企业价值评估和企业价值评估报告。

1. 《准则1 不动产评估》

《准则1》是关于进行可靠的不动产评估的基本规定，共包括6条。《准则1》中所阐述的要求密切关注的是一般情况下相关评估项目的程序，并可用于评估师和评估服务使用者对评估工作质量进行的对照检验。其主要内容结构如表7-1所示。

表7-1　　　　　　　　　　《准则1 不动产评估》的内容结构①

结构	核心内容
总则	评估师执行不动产评估业务，应当明确需要解决的问题，确定解决该问题所必需的工作范围，恰当完成相关研究和分析工作，形成令人信服的评估结论。
准则1-1	评估师执行不动产评估业务，应当： （1）熟知、理解并正确运用那些对于获得令人信服的评估结果所必需的并已得到验证的评估方法和技术。 （2）不得出现影响评估的实质性疏忽或错误。 （3）切忌以轻率和粗疏的工作态度来对待评估。如在评估中犯一系列错误，虽然其中每一个错误并不会单独对评估结论产生重要影响，但汇总在一起将会影响评估结论的可信性。
准则1-2	评估师执行不动产评估业务应当： （1）明确客户和其他预期使用者。 （2）明确评估师意见和结论的预期用途。 （3）明确价值的类型和定义；如果评估的价值类型是市场价值，评估师需要明确价值是否是符合下列条件的最可能价格：①以现金计量；②以等同于现金的财务手段计量；③以其他明确定义的方式计量；④如果价值意见建立在非市场融资方式基础之上或按非正常条件或动机进行出资，应当清晰地说明这些融资方式的条件，评估师应当通过对相关市场数据的分析，指出这些融资方式对价值的正面或负面影响。 （4）明确评估师意见和结论的基准日。 （5）明确被评估资产的特征，这些特征应当与价值类型和定义、预期用途相关，包括：①地理位置及其实体、法律和经济特征；②被评估的不动产权；③评估业务中包括的任何动产，装修设施或无形资产等非不动产资产项目；④任何已知的地役权、限制、财产留置权、租赁、保留、契约、合同、声明、特殊估税、法令及其他类似事项；⑤评估对象是否是部分权益、部分实物资产或部分股权。 （6）明确业务所需要的任何特别假设。 （7）明确业务所需要的任何非真实性条件。 （8）根据工作范围规则确定形成可信业务结论所必需的工作范围。

---

① 根据《USPAP 2012—2013》的相关准则或内容整理。

续表

结构	核心内容
准则1-3	评估师执行市场价值评估业务，为形成可信业务结论应当： （1）说明并分析现行土地用途的规定、对这些土地用途规定可能进行的合理修订、经济供需关系、不动产（改动）的实际可行性、市场区域趋势等对用途和价值的影响。 （2）形成不动产最佳用途的意见。
准则1-4	评估师执行不动产评估业务，应当搜集、查证和分析形成可信业务结论必需的所有信息。 （1）为形成可信业务结论，评估师采用市场途径进行评估时，应当对能够获得的与评估结论有关的可比交易数据进行分析。 （2）为形成可信业务结论，评估师采用成本途径进行评估时，应当：①采用适当的评估方法或技术形成土地的价值意见；②分析能够获得的可比成本数据，确定改良物（如果有）的全新成本；③分析能够获得的可比数据，确定全新成本与改良物现行价值之间的差额（应计折旧）。 （3）为形成可信业务结论，评估师采用收益法进行评估时，应当：①分析能够获得的可比租金数据或资产盈利潜力等数据，估计资产的总收益能力；②分析能够获得的可比营运费用数据，估计资产的营运费用；③分析能够获得的相关可比数据，确定资本化率或折现率；④确信未来租金、收益能力和费用的预测建立在合理清晰并具有恰当证据的基础上。 （4）评估师评估租出资产和租入资产价值时，应当分析相关租约条款对价值可能具有的影响。 （5）评估师对各种资产的组合或资产各部分的组合进行评估时，应当分析组合因素对价值可能具有的影响。评估师不能通过简单加总各资产或资产各部分价值的方式估计资产整体的价值。 （6）分析宗地之上或宗地以外预计进行的公共或私营改良计划时，评估师应当根据市场所反映的观点分析这些预计改良对价值的影响（如果有）。 （7）评估中包括动产、装修设施或无形资产时，评估师应当分析这些非不动产项目对价值的影响。
准则1-5	在根据通常执业方式能够获得相关信息的情况下，评估师评估市场价值时应当： （1）对评估对象在评估基准日的所有交易协议、期权和挂牌信息进行分析； （2）对评估对象在评估基准日前三年内所有的交易情况进行分析。
准则1-6	评估师执行不动产评估业务，应当： （1）综合分析各种评估途径中获得和所使用数据的质量和数量； （2）综合分析所使用各种评估途径、方法和技术的可行性和相关性，形成最终评估结论。

2. 《准则2 不动产评估报告》

准则2规范的是披露不动产评估结果报告中所要求的信息内容和信息质量，但并不规定不动产评估报告的形式、格式和文体，共包括4条。准则2的主要内容如表7-2所示。

表 7-2　　　　　　　《准则 2　不动产评估报告》的基本结构①

结构	核心内容
总则	评估师编制反映不动产评估结论的报告，应当恰当反映每项分析、意见和结论，不得误导。
准则 2-1	书面或口头不动产评估报告应当： (1) 清晰、准确地说明评估事项，不得误导； (2) 包括足够的信息，使评估业务预期使用者能够正确理解评估报告； (3) 清晰、准确地阐述评估项目所采用的所有假设、特定前提、逆向假定与限定条件。
准则 2-2	书面不动产评估报告应当采用以下三种报告类型之一，并在显著位置标明报告类型：完整评估报告、简明评估报告或限制型评估报告。 1. 完整评估报告的内容应当与预期用途相适应，基本内容如下： (1) 以名称或类型的方式说明委托方和预期使用者。 (2) 说明评估的预期用途。 (3) 描述足以明确被评估不动产的信息，包括与业务相关的不动产实体和经济特征。 (4) 说明被评估的不动产权益。 (5) 价值类型和定义。 (6) 评估基准日和报告日。 (7) 描述执行评估业务所履行的工作范围。 (8) 描述支持意见和结论所分析的信息、采用的评估方法和技术以及相关的分析过程；对未采用市场途径、成本途径或收益途径的原因应当予以解释。 (9) 说明评估基准日被评估不动产的现行用途和在评估业务中所采用的不动产用途；评估师形成最佳用途意见时，应当描述形成该意见的依据和分析过程。 (10) 清晰和确切地列示所有的特定前提与逆向假定，并阐述其使用后可能对评估项目结果的影响。 (11) 评估师签署的誓言（声明）。 2. 简明评估报告的内容应当与预期用途相适应，基本内容如下： 第 (1)、(2)、(4)、(5)、(6)、(10)、(11) 与 1 相同。 (3) 简要说明足以明确被评估不动产的信息，包括与业务相关的不动产实体和经济特征。 (7) 简要说明执行评估业务所履行的工作范围。 (8) 简要说明支持意见和结论所分析的信息、采用的评估方法和技术以及相关的分析过程，对未采用市场途径、成本途径或收益途径的原因应当予以解释。 (9) 说明评估基准日被评估不动产的现行用途和在评估业务中所采用的不动产用途；评估师形成最佳用途意见时，应当描述形成该意见的依据和分析过程。 3. 限制型评估报告的内容应当与预期用途相适应，基本内容如下： 第 (2) (4)、(5)、(6)、(10)、(11) 与 1 相同。 (1) 以名称或类型的方式说明客户身份；并增加显著的用途限制说明，表明报告仅供客户使用，警示如果不辅以评估师工作底稿中的其他信息，评估报告中提供的意见和结论将无法正确理解。 (3) 说明足以明确被评估不动产的信息。 (7) 说明执行评估业务所履行的工作范围。 (8) 说明所采用的评估方法和技术，说明所形成的价值意见和结论，并标明需要参照工作底稿。对未采用市场途径、成本途径或收益途径的原因应当予以解释。 (9) 说明评估基准日被评估不动产的现行用途和在评估业务中所采用的不动产用途；形成最佳用途意见时，评估师应当说明该意见。

①　根据《USPAP 2012—2013》的相关准则或内容整理。

续表

结构	核心内容
准则2-3	每一份不动产书面评估报告,应当有由评估师署名的誓言(声明)。
准则2-4	在适当和可行的情况下,口头不动产评估报告应当披露准则2-2(b)中所提出的实质性事项。

　　从形式上看,USPAP的指导思想之一是评估业务与评估披露并重,换句话说,有什么样的评估业务就有什么样的评估报告。如《准则2 不动产评估报告》、《准则5 不动产评估咨询报告》、《准则6 批量评估和报告》、《准则8 动产评估报告》、《准则10 企业价值评估报告》等。从类型上考察,有书面或口头评估报告①。此外,美国评估准则按资产评估工作的内容,分为正常评估、评估复核和评估咨询,相应地,资产评估报告也可以分为正常评估报告、评估复核报告和评估咨询报告。

　　根据预期用途、所提供的内容和信息详细程度不同,书面评估报告有完整评估报告、简明评估报告②或限制型评估报告三种报告类型,三者的显著区别在于报告所提供内容和数据的繁简,即"详述"、"简明(概述)"和"略述"三个用语的使用和运用(见表7-3)。使用"详述"意味着信息叙述达到了全面详尽的程度,使用"简明(概述)"意味着是较扼要的叙述信息,使用"略述"意味着是信息最低限度的叙述。评估师应当在报告的显著位置标明报告类型。

表7-3　　　　　　　　　　三种报告类型叙述信息量的比较

序号	完整评估报告	简明评估报告	限制型评估报告
1	以姓名、名称或类型列示委托方与预定使用者的身份	以姓名、名称或类型列示委托方与预定使用者的身份	以姓名、名称或类型列示委托方的身份;醒目地列示仅限于委托方使用的使用限制,并告诫如无评估师工作档案中补充的信息,则可能不能适当地理解报告中评估师陈述的判断与结论
2	列示评估结果的预定用途	列示评估结果的预定用途	列示评估结果的预定用途
3	详述包括与财产与评估项目有关的经济和实体属性在内的足以对评估中涉及的不动产或动产进行鉴定的信息	概述包括与财产与评估项目有关的经济和实体属性在内的足以对评估中涉及的不动产或动产进行鉴定的信息	略述足以评估中涉及的不动产或动产进行鉴定的信息
4	列示所评估财产权益	列示所评估财产权益	列示所评估财产权益
5	列示评估价值的类型与定义以及定义的出典	列示评估价值的类型与定义以及定义的出典	列示评估价值的类型以及定义的出典

---

① 口头评估报告如评估师在法庭上所做的证词。
② 为了使评估报告更具有一致性,USPAP(2014—2015)删除了简明评估报告的报告类型。

续表

序号	完整评估报告	简明评估报告	限制型评估报告
6	列示评估生效日与报告日	列示评估生效日与报告日	列示评估生效日与报告日
7	详述评估所使用的工作范畴	概述评估所使用的工作范畴	略述评估所使用的工作范畴
8	详述所分析的信息、所采用的评估方法与技术以及支持分析、判断和结论的推理；拒绝使用销售比较途径、成本途径或收益途径时，必须进行解释	概述所分析的信息、所采用的评估方法与技术以及支持分析、判断和结论的推理；拒绝使用销售比较途径、成本途径或收益途径时必须进行解释	略述所采用的评估方法与技术，列示所获得的评估判断和结论以及查阅工作档案的要求；拒绝使用销售比较途径、成本途径或收益途径时必须进行解释
9	列示财产评估时存在的用途和不动产或动产在评估中所体现的用途；当评估师进行了最佳用途或适当市场与市场层次的评判时，详述评判的依据和推理	列示财产评估时存在的用途和不动产或动产在评估中体现的用途；当评估师进行了最佳用途或适当市场与市场层次的评判时，概述评判的依据和推理	列示财产评估时存在的用途和不动产或动产在评估中体现的用途；当评估师进行了最佳用途或适当市场与市场层次的评判时，列示评判的结果
10	确切并突出地列示所有的特定前提与逆向假定及其使用后可能对评估项目结果产生的影响	确切并突出地列示所有的特定前提与逆向假定及其使用后可能对评估项目结果产生的影响	确切并突出地列示所有的特定前提与逆向假定及其使用后可能对评估项目结果产生的影响
11	按照标准 2-3 或 8-3 的要求，列示评估师签字的誓言	按照标准 2-3 或 8-3 的要求，列示评估师签字的誓言	按照标准 2-3 或 8-3 的要求，列示评估师签字的誓言

注：说明未来包括在此表中。

一般而言，当预期使用者包括客户以外的其他当事方时，应采用完整评估报告或简明评估报告类型[①]；当预期使用者不包括客户以外的其他当事方时，评估师可以采用限制型评估报告类型。限制型评估报告仅供客户使用。在签订业务约定之前，评估师应当与客户确定此类报告使用的范围，并确信客户能够理解限制型评估报告在使用上所受到的限制。

限制型评估报告涵盖内容与完整评估报告的差异在于部分资料和数据仅体现在工作底稿中，评估师应当形成详实的工作底稿以支持限制型评估报告，并在显著位置提示阅读者

---

① 完整型评估报告应包含所有对解决评估问题具有重要意义的信息，"描述"是完整型评估报告与其他报告区别的术语。要求用足够的信息对进行评估业务所涉及的工作范畴向客户和评估的期望使用者加以说明，完整型评估报告的阅读者可以期望所有重要数据都被详细报告。简明型评估报告应该包含对解决评估问题具有重要意义的信息做出概略说明。"概略说明"是简明型评估报告区别于其他评估报告的重要术语。要求用足够的信息对进行评估业务所涉及的工作范畴向客户和评估的期望使用者加以概略说明。简明型评估报告的阅读者可以期望在表格或简单叙述中发现所有重要数据。简明报告应当包括足够的信息，信息详细程度应当根据相关信息对评估业务的重要程度进行确定。评估师应当提供足够的信息。

如不查阅工作底稿的相关信息，将无法正确理解限制型评估报告评估结论的形成过程①。在下列情况下可使用限制型评估报告：只有客户被期望使用报告中所提供的意见和结论；客户理解该类型的用途限制；评估的期望用途证明有限地披露评估过程中的步骤和考虑的信息是合理的；客户（唯一的期望使用者）不要求达到完整评估报告和简明评估报告所必需的信息程度。

3.《准则3 评估复核和评估复核报告》

《准则3》是对另一评估师的工作质量进行令人信服的评判时的各项重要规范，同时也规范披露评估复核结果报告所要求的信息内容与质量，但不规定评估复核报告的形式、格式和文体。本准则共7条。复核人员是指进行评估复核工作的评估师。准则3的基本内容如表7-4所示。

表7-4 《准则3 评估复核和评估复核报告》②

结构	核心内容
总则	执行评估复核业务时，作为复核人的评估师应当形成并报告关于其他评估师工作质量的可信意见，并明确披露所执行的工作范围。在报告评估复审结果时，作为复核人员的评估师必须以不使人误解的方式传达每一项分析、判断与结论。
准则3-1	执行评估复核业务时，复核人应当： （1）明确和理解并正确地应用对于获得令人信服的评估复核结果所必需的方法和技巧。 （2）决不发生严重影响评估复核结果的重大疏漏遗失或错误。 （3）切忌以轻率和粗疏的工作态度来对待评估复核服务。如在评估中犯一系列错误，虽然其中每一个错误并不会单独对评估结论产生重要影响，但汇总在一起将会影响评估结论的可信性。
准则3-2	在进行评估复核时，复核人员应当： （1）鉴定委托方和复核结果的预定使用者。 （2）鉴定复核人员判断与结论的预定用途。 （3）确定评估复核的目标，包括项目中是否包含与复核工作有关的复核人员对价值的评判、复核意见或不动产评估咨询结果。 （4）对所复核的工作以及与复核结果的预定用途和复核目的相关的工作属性进行鉴定，包括：①所复核工作中所涉及财产或资产的所有者权益；②所复核工作进行的日期与所复核工作中判断与结论的生效日期；③完成所复核工作的评估师，除非委托方即是该评估师；④所复核工作中涉及财产的物理、法律与经济属性，财产或资产的类型和市场领域。 （5）确定复核人员判断和结论的生效日期。 （6）确定复核项目中所必需的特定前提。 （7）确定复核项目中所必需的逆向假定。 （8）根据工作范畴规定，确定产生令人信服的复核结果所必需的工作范畴。

① 限制型评估报告是仅仅为客户使用的。限制型评估报告应该包含对解决评估问题具有重要意义的信息的简短陈述。限制型评估报告的阅读者不应期望所有的重要数据都被报告。报告必须注明存有支持评估人员的观点和结论的专门资料档案，而且该档案的内容应当足以使评估人员编制一个简明型评估报告。该工作文档应该可供客户（或客户的代理人，如客户聘请进行评估复核工作的评估人员）查阅，也可供国家有关部门以及通过法律程序授权的第三方和经适当授权的专业审查委员会审查。

② 根据《USPAP 2012—2013》的相关准则或内容整理。

续表

结构	核心内容
准则 3-3	在评估复核中，复核人员应当采用获得令人信服的复核结果所必需的复核方法与复核技术。 （1）为得出令人信服的复核结果，在对分析、判断与推论复核时，复核人员应当：①对所进行的分析在所复核工作相应要求的背景下是否恰当进行鉴定；②对所作出的判断和结论在所复核工作相应要求的背景下是否可靠进行鉴定；③提供其所有否定意见的依据。 （2）为得出令人信服的复核结果，在对评价报告复核时，复核人员应当：①对评价报告在所复核工作相应要求的背景下是否适当和是否产生误导进行鉴定；②提供所有所提出的否定意见的依据。 （3）当复核工作范畴中包括复核人员其本人的评估价值、复核评判或不动产咨询结论，则复核人员应当履行进行这些评判的相应准则：①准则 1、6、7 和 9 中的要求适用于复核人员对所复核项目中财产或资产的价值评判。②准则 3 中的要求适用于复核人员对所复核项目中工作质量的评判。③准则 4 中的要求适用于复核人员对所复核项目中咨询问题的分析、建议或主张的评判。
准则 3-4	每一份书面或口述的复核报告应当是独立于所复核工作的报告，并且应当： （1）以不引起误解的方式清晰准确地阐述复核的结果。 （2）包含能使复核结果预定使用者恰当理解报告的充分信息。 （3）清晰准确地披露复核中所采用的假设、特定前提与逆向假定。
准则 3-5	复核报告的内容应与复核结果的预定用途相一致，并至少： （1）以名称或类型列示委托方与所有复核结果预定使用者的身份； （2）阐述评估复核结果的预定用途； （3）列示评估复核的目标； （4）阐述确定下列事项的充分信息：①所复核的工作，所复核工作中涉及的财产或资产的所有者权益；②所复核工作进行的日期；③所复核工作中评判与结论的生效日；④完成所复核工作的评估师，除非委托方即是该评估师。 （5）列示评估复核结果的生效日； （6）明确地列示：所有的特定前提与逆向假定；可能影响复核结果的复核项目的用途。 （7）阐述评估复核的工作范畴； （8）阐述复核人员对所复核工作的评判和结论，包括其所有否定意见的依据。

续表

结构	核心内容
准则 3-6	每份书面评估复核报告都应当包含一份复核人员签署类似下列内容的誓言： 在我能够知晓和确信的范围内，我声明： ——本报告所包含事实的陈述是真实的和准确的。 ——所报告的分析、判断和推论受复核报告所阐述的假设和限定条件的限制，且是我个人的、公正和无偏见的专业分析、判断和推论。 ——我与被复核工作中的评估对象不存在（或存在特定的）现在和未来利益关系，与相关当事方不存在（或存在特定的）个人利益关系。 ——我在受理本项目之前的三年内，未作为一名评估师或以其他的身份进行过属于复核工作中财产的服务。 ——对于所复核工作涉及的产权与复核所涉及的各方，我不存有任何的偏见。 ——我受聘此复核项目，绝不是叙述或报告预先所决定的复核结果。 ——我的报酬并不以复核中的分析、意见或结论所引起的或复核报告使用后所引起的行为和事件为条件。 ——我完成本复核项目的报酬，并不以提供或报告预先确定的复核结果或迎合委托方需要的复核结果、商洽约定的复核结果或与本复核结果预定用途直接相关的事件的发生为条件。 ——我所进行的分析、判断、推论是遵循 USPAP 的规定进行的，复核报告是遵循 USPAP 的规定编制的。 ——我对于所审核工作的工作对象亲自进行了（或未进行）检视。（如果有多人在此誓言上签字，则誓言应当明确地说明签字者中哪一位进行了和哪一位没有进行审核工作的工作对象的检视。） ——无人对本誓言签署人提供评估、评估复核或评估咨询方面的重要帮助。（如存在这样的帮助，则应当列示每一位提供评估、评估复核或评估咨询帮助者的姓名。）
准则 3-7	口头的评估复核报告应在其可能并适当的范围内，披露准则 3-5 规定的实质性事项。

评估复核是对其他评估师所执行的评估、评估复核及评估咨询业务的全部或部分工作质量形成和发表意见的行为或过程。复核人应当根据与被复核工作相关的要求，形成关于被复核工作完整性、充分性、相关性、适当性及合理性等质量方面的意见。复核人需要遵守专业胜任能力规则，恰当采用能够形成可信评估复核意见的公认方法和技术，不得出现实质性的疏忽或错误。复核人执行评估复核业务需要编制一份单独的报告，说明所执行的工作范围和评估复核结论。

4.《准则 4 不动产评估咨询》[①]

不动产评估咨询是一项涉及广泛服务内容的工作，本准则所涉及的咨询项目，如无特别强调，一般是指至少包含一种评估业务类型的分析、建议或判断。

5.《准则 5 不动产评估咨询报告》

本准则旨在规范不动产评估咨询报告的内容和信息详细程度，但并不规定不动产评估

---

① 《准则 4 不动产评估咨询准则》与《准则 5 不动产评估咨询报告准则》容易造成混淆与滥用，容易违背职业道德规则，因此《USPAP 2014—2015》在"准则和准则条文部分"删除了这两个准则。

咨询报告的形式、格式和风格。报告的形式、格式和风格与预期使用者和评估师的需要相关。

6.《准则6 批量评估和报告》

本准则旨在规范和指导财产批量评估中分析、判断、推论与披露，适用于不动产或动产的批量评估。批量评估能够运用也可以不运用计算机辅助工具。本准则共9条。其主要内容结构如表7-5所示。

表7-5 《准则6 批量评估和报告》的基本结构①

结构	核心内容
总则	评估师执行批量评估业务，应当熟知、理解并正确运用和披露形成可信批量评估结论的公认方法和技术。
准则6-1	在批量评估中，评估师应当： （1）明确、理解并正确地运用那些对于产生和传达一项令人信服的批量评估结果所必需的、且得到公认的评估程序与方法； （2）决不能犯严重影响批量评估结果的重大疏漏过失和错误； （3）切忌以草率、粗疏的工作态度来对待批量评估。
准则6-2	在进行批量评估时，评估师应遵守下列的专门的评估要求： （1）确定评估委托方与其他的评估结果预定使用者。 （2）确定评估的预定用途。 （3）确定所评估价值的定义。 （4）确定评估结果的生效日。 （5）对与价值类型与定义以及批量评估结果预定用途相关的财产属性进行鉴定，包括：①根据所受类似市场影响所确定的财产的组合；②与所评估财产相关的市场范围与时间期限；③财产所处位置与其实体、法律与经济方面的属性。 （6）鉴定与批量评估目的、预定用途相关的市场特性，包括：①市场区域的位置；②市场实体、法律与经济方面的特性；③交易活动的时间期限；④所评估财产在市场上所体现的权益。 （7）在评估不动产与动产时，评估师应当：①确定与所评估财产相关的适当市场领域与交易时间；②当评估财产为不动产时，对评估中所包含的动产、商务设施或无形权利等非不动产部分进行鉴定与分析；③当评估财产为动产时，对评估中所包含的不动产或无形权利等非动产部分进行鉴定与分析；④对已知的地役权、所受限制状况、所受妨碍的状况、租约、预约、契约、合同、纳税申报、特殊的税额评定、法令条例和其他类似性质的问题进行鉴定；⑤鉴定与分析所评估的部分权益、财产的自然分项或部分财产是否在其整体财产中按一定比例提供其价值。 （8）分析进行评估时相关的经济环境，包括市场对财产的接受程度以及财产的供给、需求、短缺和稀有的状况。 （9）确定评估项目的所有特定前提与逆向假定。 （10）根据工作范围规定，确定获得可靠评估结果所必要的工作范畴。

---

① 根据《USPAP 2012—2013》的相关准则或内容整理。

续表

结构	核心内容
准则 6-3	在获取可靠评估结果需要时，评估师应当： （1）在评估不动产时，鉴定和分析以下因素对不动产用途和价值的影响：现行的土地使用法规、这些法规将可能发生的修订、经济上的供求因素、不动产的物理适用性、区域的发展趋势以及不动产的最佳用途等。 （2）在评估动产时，鉴定与分析产业趋势、在用价值与交易量对动产的用途和价值的影响。在需要时，根据所采用价值类型与定义和评估结果的预定用途，分析动产的当前用途以及在经济、法律与其本身的各种可能下的可选择用途。动产可能具备多个衡量其价值的市场，因此，评估师应当确定与分析所采用的价值类型、价值定义相匹配的恰当的市场。
准则 6-4	在批量评估中，评估师应当： （1）确定合理的工作程序，对完成评估要求的所有可能对评估产生影响的市场本身、市场机制和外部市场因素等市场信息进行鉴定。 （2）采用得到普遍认可的批量评估模型的建立方法。 （3）采用得到普遍认可的方法对批量评估模型进行校定。
准则 6-5	在批量评估中，为获取可靠评估结果，评估师应当： （1）搜集、核实与分析获得的下列参数是否适当：①开发或改造的新成本；②相关的贬值；③可比较的不动产出售时的土地价值；④可比较财产出售时的价值；⑤有关收益资本化方面的评估数据，即租金、支出、利率、资本化率与闲置率等。 （2）根据合理和恰当的依据，确定资本化率和关于财产未来租金率和/或潜在获利能力、支出、利率和闲置率预测方面的基本数据。 （3）鉴定并在适宜的情形下分析所有可能获得的相关租约的期限与条件。 （4）确定实体勘查的必要性和范围。
准则 6-6	当运用经校核的批量评估模型获取可靠的评估结果时，评估师应当： （1）采用得到普遍认可的基于成本途径、销售比较途径和收益途径的评估与技术，评估经开发地块的价值。 （2）采用得到普遍认可的方法与技术评估建筑用地的价值，这些技术包括但不限于销售比较法、分摊法、分离法、地租资本化法和土地剩余法。 （3）在评估租出或租入地产的价值时，要分析可能存在的租约中相关的期限与条件对评估价值的影响。 （4）分析可能存在的财产各分项、各单项权益或各个部分组合之后对财产总体评估价值的影响；财产的整体价值不必然是各分项、各单项权益和各部分组合的评估价值的加和。 （5）在分析预期政府和私人、所在地和远离所在地开发时，分析可能存在的这些开发对评估价值的影响。
准则 6-7	在对批量评估的结果进行调整时，评估师应当： （1）使所采用评估途径中已获取与分析的数据资料具有适当的质量和数量，并使所应用的评估途径、方法与技术具有适用性与匹配性。 （2）使用通用的批量评估检验程序与方式，以确保评估结果的准确性。

续表

结构	核心内容
准则6-8	批量评估的书面报告应当明确阐述评估的有关要素、结果、判断和价值结论。每一份批量评估的书面报告应当： （1）以不引起误导的方式明确地对评估进行阐述。 （2）具备能使评估结果应用者恰当理解评估报告的充分信息。 （3）确切地披露评估项目中所采用的所有设定、特定前提、逆向假定和限定条件。 （4）以名称或与类型列示所确定的评估委托方与所有评估结果预定使用者的身份。 （5）列示评估结果的预定用途。 （6）披露所有脱离公认评估方法和技术程序或影响评估分析、判断、推论的假设和限定条件。 （7）确定评估的生效日与评估报告日。 （8）列示评估价值的类型和定义及其定义的出典。 （9）确定评估财产中所包括的权利。 （10）阐述评估工作范围，并应对市场法、成本法或收益法某种方法被排除的原因进行解释。 （11）阐述与证实所考虑的模型规格、数据要求与模型选择是恰当的。 （12）阐述数据资料搜集、验证与报告的程序。 （13）阐述所考虑与选择的评估模型修正方法，包括模型最终的数学形式；阐述价值结果如何复核；在必要时，阐述具体单独价值结论的有效性。 （14）阐述最佳用途、适当市场与市场层次评判的确定。 （15）确定评估所采用的测试，并阐述所完成的测试。 （16）阐述根据准则6-7的要求所进行的模型修正。 （17）列示根据准则6-9规定所签署的誓言。
准则6-9	每一份书面批量评估报告，应当包含类似下列内容的签字的誓言： 尽本人的所知所信，我保证： ——本报告所叙述的事实是真实和准确的。 ——报告中的分析、意见与结论受报告中的假设和限定条件的限制，且是我个人公正和无偏见的专业分析、意见与结论推论。 ——对于报告中所评估的财产，我不沾染其现存的或将来的利益（或拥有一定的利益，则需详细说明）；对于报告涉及的各方，不存在我任何的个人利益（或存在我一定的个人利益，则需详细说明）。 ——我在受理本项目之前的三年之内，未作为一名评估师或以其他的身份进行过关于本报告中财产的服务（或进行过，则需详细说明）。 ——对于报告中所评估的财产和评估报告所涉及的各方，我不存在任何特殊的倾向和偏见。 ——我完成本评估项目的报酬，绝不是求证和报告预先决定的价值或指定的迎合委托方需要的价值的结果。我的报酬与评估价值量、以评估结果为条件的约定所得以及评估结果使用之后所连带发生的事件完全无关。 ——我的分析、判断、推论和报告都是遵循 USPAP 要求进行的。 ——我对于报告中所涉及的财产亲自进行了（或未进行）勘查。（如报告是由多人签署的，则必须指明谁参与了勘查，而谁未参与。） ——无人为本报告签署者提供重要的业务帮助。（如得到了这样的帮助，则应当列示每一位提供帮助者的姓名。）

(1) 批量评估模型。在批量评估系统中，自动评估模型（Automated Valuation Model，AVM）是关键技术，评估师应采用能够保证准确性水平的公认批量评估测试程序和技术。自动评估模型是一个广义的概念，指用于评估住宅类不动产价值的一系列计算机化计量经济模型，利用市场的历史数据，如近期交易价格、不动产特征信息等，形成大批不动产的个体价值。在批量评估方法的实现中，需要与计算机系统紧密结合，由此产生了"计算机辅助批量评估法（Computer-Assisted Mass Appraisal，CAMA）"，即应用统一程序及统计学理论对大批量不动产进行估价的一种方法，由计算机利用回归技术进行市场分析，构造估价模型，在房产的相关的基本信息输入后，计算机就可以输出其评估值。

可供使用的自动评估模型有许多种，其中嗜好模型、重复销售模型和混合模型的使用最为广泛。嗜好模型采用销售比较（市场）法，该模型在一定意义上以当地市场可比住宅的近期销售状况为基础，需要采集有关具体特征的信息以确定价值，包括居住面积、宗地规模、财产年限和其他物理特征。当地市场上可比住宅的近期销售状况被用于估测评估标的价格。重复销售模型计算并应用特定地区的指数，以对被评估财产的最近一次销售价格进行调整。价格的趋势是采用配对分析手段在划分区域的基础上建立的，在每一区域通常会加以不同价格水平的指数，并假设评估标的的市场表现基本接近于在该区域和价格水平内的其他财产。与嗜好模型所不同的是，重复销售模型不需要有关财产特征的信息，而只需要搜集在某一特定区域内财产的交易价格和销售日期。混合模型是嗜好模型和重复销售模型的混合使用。

(2) 批量评估系统。一般而言，用于税基评估的批量评估系统包括数据搜集系统、数据分析系统、评估系统、管理系统四个子系统，如图7-3所示。各子系统互为依托，相互支持，共同构成一个完整的用于税基评估的批量评估系统。

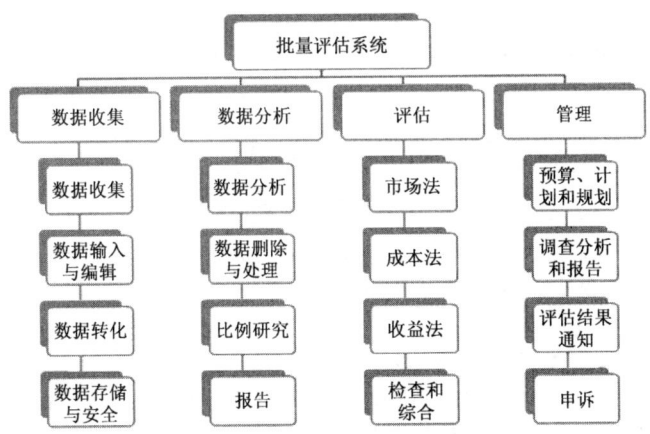

图7-3 批量评估系统的构成

(3) 批量评估程序。合理的评估程序是形成可信评估结论的保障。美国评估准则要求，评估师执行批量评估业务应当：①明确客户和其他预期使用者；②明确评估的预期用途；③明确价值的类型和定义；④明确评估基准日；⑤根据价值类型和定义、预期用途的需要，明确被评估资产特征；⑥明确与批量评估目的和预期用途相关的市场特征；⑦评估不动产或动产应当考虑的主要因素；⑧分析评估时的相关经济条件，包括市场对资产的容纳能力、供应、需求、稀缺程度等；⑨明确评估业务所需要的任何特别假设和非真实条件；⑩根据工作范围规则确定形成可信业务结论所必需的工作范围。

（4）价值类型。批量评估所使用的价值类型是市场价值，评估师需要明确该价值是否符合下列的最可能价格：①以现金计量；②以等同于现金的财务方式计量；③以其他明确定义的方式计量；④如果价值意见建立在非市场融资方式基础之上，或按非正常条件或动机进行融资，应当清晰地说明这些融资方式的条件，评估师应当通过对相关市场数据的分析，分析这些融资方式对价值的正面或负面影响。当批量评估用于从价计征财产税目的时，价值的定义选择通常应当遵循当地相关规范文件或者法律的规定。

（5）批量评估报告披露的信息。包括：①以名称或类型的方式说明客户和任何预期使用者的身份；②说明评估的预期用途；③披露任何有关公认方法和技术结论以及影响分析、意见和结论的假设或限制条件；④说明评估基准日和报告日；⑤说明价值类型和定义，并说明价值定义的出处；⑥说明被评估的资产，包括产权；⑦描述执行评估业务所履行的工作范围，未使用市场途径、成本途径或收益途径的原因应当予以说明；⑧描述并论证所考虑的模型参数，数据要求和所采用的模型；⑨描述搜集、查验和披露数据的程序；⑩描述所考虑和选择的标准化处理方法，包括最终模型的数学公式；描述对价值结论的复核过程，必要时可描述是否可以获得单独价值结论；⑪如果使用最佳用途或适当的市场、市场层次，说明这些意见的确定过程；⑫说明所采用的评估运行测试，并说明所达到的测试标准；⑬描述进行的综合分析过程；⑭一份由评估师根据准则条文签署的声明。

7.《准则 7 动产评估》

在动产评估中，资产价值可能是相应市场选择结果的函数，或者在某些情况下是产品类型的交易水平、价值的类型与定义以及评估结果预定用途选择结果的函数。本准则规范了动产评估时应遵循的程序，共 6 条。本准则的基本内容如表 7-6 所示。

表 7-6　　　　　　　　《准则 7 动产评估》基本内容与结构[①]

结构	核心内容
总则	评估师执行动产评估业务，应当明确需要解决的问题，确定解决该问题所必需的工作范围，恰当完成相关研究和分析工作，形成可信的评估结论。
准则 7-1	评估师执行动产评估业务，应当： （1）熟知、理解并正确运用形成可信评估结论所必需的公认评估方法和技术。 （2）不得出现影响评估的实质性疏忽或错误。 （3）执行评估业务时不得疏忽大意，例如在评估中犯一系列错误，虽然其中每一个错误并不会单独对评估结论产生重要影响，但合在一起将会影响评估结论的可信性。

① 根据《USPAP 2012—2013》的相关准则或内容整理。

续表

结构	核心内容
准则7-2	评估师执行动产评估业务应当： （1）明确客户和其他预期使用者。 （2）明确评估师意见和结论的预期用途。 （3）明确价值的类型和定义；如果评估的价值类型是市场价值，评估师需要明确该价值是否符合下列的最可能价格：①以现金计量；②以等同于现金的财务方式计量；③以其他明确定义的方式计量；④如果价值意见建立在非市场融资方式基础之上或按非正常条件或动机进行融资，应当清晰地说明这些融资方式的条件，评估师应当通过对相关市场数据的分析，分析这些融资方式对价值的正面或负面影响。 （4）明确评估师意见和结论的基准日。 （5）根据价值类型和定义、预期用途的需要，明确被评估资产特征，包括：①能够鉴别评估对象的足够特征，包括鉴别的方法。②在某一资产类别内能够明确评估对象（有时还包括其组成部分）相关质量指标的特征。③其他对价值有实质性影响的实体和经济特征。④所评估的动产权益。⑤任何已知的限制、财产留置权、租赁、契约、合同、声明、特殊估税、法令及其他类似事项。⑥评估业务中包括的任何不动产或无形资产等非动产资产项目。 （6）明确业务所需要的任何特别假设。 （7）明确业务所需要的任何非真实性条件。 （8）根据工作范围规则确定形成可信业务结论所必需的工作范围。
准则7-3	评估师执行动产评估业务，为形成可信业务结论，应当： （1）分析现行用途和替代用途，根据价值类型、定义、评估目的，比较哪种用途在经济上有利，在法律和实体上可行。 （2）确定并分析与价值类型和定义相关的恰当市场。 （3）分析评估时的相关经济条件，包括市场对资产的容纳能力、供应、需求、稀缺程度等。
准则7-4	评估师执行动产评估业务，应当搜集、查证和分析形成可信业务结论必需的所有信息。 （1）为形成可信业务结论，评估师采用市场途径进行评估时，应当对能够获得的与评估结论有关的可比交易数据进行分析。 （2）为形成可信业务结论，评估师采用成本途径进行评估时，应当：①分析能够获得的可比成本数据，确定资产的全新成本；②分析能够获得的可比数据，确定全新成本与资产现行价值之间的差额（累计折旧）。 （3）为形成可信业务结论，评估师采用收益法进行评估时，应当：①分析能够获得的可比数据，估计资产的市场收益；②分析能够获得的可比营运费用数据，估计资产的营运费用；③分析能够获得的可比数据，确定资本化率或折现率；④确信对未来收益和费用的预测建立在合理清晰并具有恰当证据的基础上。 （4）评估师评估租出资产和租入资产价值时，应当分析租约内容和条款对价值可能产生的影响。 （5）评估师对资产各组成部分的组合进行评估时，应当分析组合因素对价值可能产生的影响。评估师不能通过加总资产各部分价值的方式估计资产整体的价值。 （6）分析评估对象将要进行的改良，评估师应当根据市场所反映的观点分析这些预计改良对价值的影响（如果有）。 （7）评估中包括不动产或无形资产时，评估师应当分析这些非动产项目对价值的影响。

续表

结构	核心内容
准则 7-5	在根据通常执业方式能够获得相关信息的情况下，评估师评估市场价值时应当： （1）对评估对象在评估基准日所有的交易协议、有效要约或第三方出售要约、期权和挂牌信息进行分析。 （2）根据预期用途和资产类型，对发生在合理期间内的评估对象所有历史交易情况进行分析。
准则 7-6	评估师执行动产评估业务，应当： （1）综合分析各种评估途径中获得和所使用数据的质量和数量； （2）综合分析所使用各种评估途径、方法和技术的适用性与匹配性，形成最终评估结论。

现场调查是评估师赖以形成评估结论的基础，美国评估师协会推荐的宏观调查和微观调查，宏观识别研究的是整个包含有利于工厂设备的设计能力的所有主要生产部件的生产程序。宏观识别是注册资产评估师用来回答以下问题的：（1）工厂设备生产什么？（2）产品是如何生产出来的？（3）工厂设备的能力是什么？在搜集数据对机器设备进行宏观识别的时候需要考虑的信息诸如：日期；公司名称与地址；信息来源；生产的产品（每个工序名称与描述）；工程设计公司与承包商；建筑物及其延伸建筑的原始日期；设备和程序的副产品、数量及其使用；每天或每年的设备或单位能力（如每天生产的吨数、加仑、桶以及每年的产量等）；设备能力：设计能力、评定的与实际的相容能力；设备效率与折旧；收益或损失以及损失的原因；原料与来源；运作模式（天、月），如果不是按照能力来识别的话（如季节性运作的糖用甜菜的设备）；成品或者半成品的销售商店；母公司外部的设备销售，用于其他公司的设备或者其他可能的产品销售；可以获得的 3~5 年历史运作数据；燃料和能源的单位消耗；控制系统的类别以及控制是否属于集中式控制；过去 3~5 年中的预计维修预算以及如果设备仍在运行的预计预算；识别需要额外维护的设备，指出需要额外维护的原因；维护项目的实施（即定期维护、预防性维护或者需要时的维护）；设备布置图：这个流程是否充分、可管理等；设备和部件的一般状况；年限：按时间顺序的设备、有效率的设备以及估价的设备，其他仍有使用年限的产品；安全状况与环境准则：是否良好，如果不是，是否可以升级以及成本是多少；正在使用的污染控制设备；辅助设施；明显的有害因素。

微观识别是确定单个设备的个性特点的过程，侧重的是对单个机器的列表以及设备的特性。微观识别的重点在于品牌名称、型号、序列号、动力形式等。诸如品牌名称、型号与规格、序列号、能力、物理规格、年代与状况等。

8.《准则 8 动产评估报告》

《准则 8》规范动产评估报告中的内容和信息详细程度，但并不规定动产评估报告的形式、格式和风格。评估报告的形式、格式和风格与预期使用者和评估师的需要相关。本准则对报告内容和信息披露量的要求是对各种报告类型的最低要求。三种报告类型的主要区别在于所提供的内容和信息详细程度不同，信息详细程度取决于信息对评估业务的重要程度。合适的报告类型及报告中需要提供的信息详细程度取决于预期用途和预期使用者。

当预期使用者包括客户以外的其他当事方时，评估师应当采用完整评估报告或简明评估报告。当预期使用者不包括客户以外的其他当事方时，评估师才能采用限制型评估报告。限制型评估报告仅供客户使用。在签订业务约定之前，评估师应当与客户确定此类报告使用的范围，并确信客户理解限制型评估报告在使用上所受到的限制。

9. 《准则 9　企业价值或无形资产评估》

本准则规范了评估师评估企业价值和无形资产价值应当明确的工作对象、所要解决的问题等，并通过恰当的研究和分析工作，形成可信的评估结论。本准则共 5 条，主要内容如表 7-7 所示。

表 7-7　　　　　　　　　　《准则 9　企业价值评估》[①]

结构	核心内容
总则	评估师对企业权益或无形资产进行评估时，应当明确需要解决的问题，确定解决该问题所必需的工作范围，恰当完成相关研究和分析工作，形成可信的评估结论。
准则 9-1	评估师执行企业权益或无形资产评估业务应当： （1）熟知、理解并正确运用形成可信评估结论所必需的公认评估途径、方法和程序。 （2）不得出现影响评估的实质性疏忽或错误。 （3）执行评估业务时不得疏忽大意，例如在评估中犯一系列错误，虽然其中每一个错误并不会单独对评估结论产生重要影响，但汇总在一起将会影响评估结论的可信性。
准则 9-2	评估师在执行企业权益或无形资产评估业务中应当： （1）明确客户和其他预期使用者。 （2）明确评估师意见和结论的预期用途。 评估师不得受业务预期用途或客户目标的影响，损害业务结论的公正性。 （3）明确价值类型和定义、价值前提。 （4）明确评估基准日。 （5）根据价值类型和定义、预期用途的需要，明确评估对象特征，包括：①被评估的企业或无形资产；②被评估的企业权益、所有者权益、资产或负债；③所有买卖和期权协议、说明股权限制的投资文件、带有限制性内容的公司章程或合伙协议条款及其他可能对价值带来影响的类似因素；④被评估权益所涉及的控制权程度；⑤被评估权益所涉及的流动性程度。 （6）明确业务所需要的任何特别假设。 （7）明确业务所需要的任何非真实性条件。 （8）根据工作范围规则确定形成可信业务结论所必需的工作范围。
准则 9-3	为企业清算进行企业净资产评估时，评估师应当调查研究企业在进行整体或部分清算后反而拥有高于其持续经营时价值的可能性。如果评估的价值前提是对企业进行全部或部分清算，需要对将要清算的任何不动产和动产进行评估。

---

① 根据《USPAP 2012—2013》的相关准则或内容整理。

续表

结构	核心内容
准则9-4	评估师执行企业权益或无形资产评估业务，应当搜集、分析形成可信业务结论必需的所有信息。 （1）为形成可信业务结论，评估师应当采用一种或多种评估途径形成价值意见和结论。 （2）为形成可信业务结论，评估师应当分析下列因素对价值的影响：①被评估企业或无形资产的性质和历史状况；②影响被评估企业权益或无形资产、行业和综合经济状况的财务与经济状况；③企业历史、当前和未来预期经营状况；④被评估企业股权、其他所有者权益或无形资产的历史交易情况；⑤相似企业的股权或其他所有者权益交易状况；⑥影响被评估企业或相似所有者权益历史交易的价格、条件等；⑦有形和无形资产的经济利益。 （3）为形成可信业务结论，评估师应当分析下列因素对价值的可能影响：买卖和期权协议、说明股权限制的投资文件、带有限制性内容的公司章程或合伙协议条款及其他可能对价值带来影响的类似因素。 （4）为形成可信业务结论，评估师应当（在需要的情况下）分析被评估权益控制权因素和流动性因素对价值的影响①。
准则9-5	评估师执行企业权益或无形资产评估业务，应当： （1）综合分析各种评估途径、方法和程序中获得和使用数据的质量和数量。 （2）获得评估结论所采用评估方法、技术应当具有适用性与匹配性。

由于无形资产评估与企业价值评估在评估方法、程序、理念上都存在很大的相似性，美国将无形资产评估和企业价值评估归为一个准则，但这种处理难以全面反映无形资产评估和企业价值评估的区别和特点。美国评估准则开创了制定无形资产评估准则的先河，不仅反映了美国无形资产评估理论和实践发展的水平，也对无形资产评估在国际上的发展起到了很大的促进作用，成为国际评估准则委员会制定无形资产评估指南的参考蓝本。企业价值和无形资产评估的具体执行程序及其与美国评估准则的相关规范要求关系如表7-8所示。

10.《准则10 企业价值评估报告》

本准则共计4条，是根据准则9进行企业价值或无形资价值评估后披露评估结果时，评估报告中所要求信息的内容和详略程度。书面报告分为一般评估报告和限制型评估报告两种类型。当评估结果的使用者包括评估委托方以外的其他当事方时，必须提供一般评估报告；当评估结果的预期使用者仅仅为评估委托方时，才可以采用限制型评估报告。本准则并不规定企业价值或无形资产评估报告的形式、格式和风格。本准则的主要内容如表7-9所示。

---

① 最终评估结论是评估师的专业判断，并不必然是数学计算的结果。

表 7-8 企业价值评估的基本程序和要求

序号	程序	USPAP 相关规范要求	序号	程序	USPAP 相关规范要求
A. 基本要求			B. 企业价值和无形资产评估要求		
1.	遵守职业道德	导言	3.	操作	评估分析
		职业道德规则			评估途径
2.	遵守专业胜任能力	定义			评估事项
		专业胜任能力规则			综合分析
		工作范围规则			包含足够的信息
		管辖除外规则			报告类型与内容
B. 企业价值和无形资产评估要求			4.	披露	声明内容
3.	操作	专业能力与勤勉			口头报告
		确定工作范围			工作底稿归档
		清算时价值是否更高			

表 7-9 《准则 10 企业价值评估报告》基本结构①

结构	核心内容
总则	评估师编制反映企业权益或无形资产评估结论的报告,应当恰当反映分析,意见和结论,不得误导。
准则 10-1	书面或口头企业权益或无形资产评估报告应当: (1) 清晰、准确地说明评估事项,不得误导; (2) 包含足够的信息,使预期使用者能够正确理解评估报告; (3) 清晰、明确地披露评估业务中使用的所有假设、特别假设、非真实性条件和限制条件。

---

① 根据《美国评估准则 2012—2013》的相关准则或内容整理。

续表

结构	核心内容
准则 10-2	书面企业价值或无形资产评估报告应当采用以下两种报告类型之一，并需要在报告中明确表明报告类型：评估报告或限制型评估报告。 （a）评估报告的内容应当与预期用途相适应，并至少应当包括以下内容： （1）以名称或类型的方式说明客户和任何预期使用者的身份。 （2）说明评估的预期用途。 （3）简要说明足以明确被评估企业权益或无形资产的信息。 （4）说明被评估权益所包含的控制权程度，包括确定的依据。 （5）说明被评估权益缺乏流动性的程度，包括确定的依据。 （6）说明价值类型和定义及价值前提，并说明价值定义的出处。 （7）说明评估基准日和报告日。 （8）简要说明执行评估业务所履行的工作范围。 （9）简要说明为支持分析、意见和结论所分析的信息、执行的程序以及相关分析过程。对未采用市场途径、资产基础（成本）途径或收益途径的原因应当予以解释。 （10）明确并显著说明：所有特别假设和非真实性条件；特别假设和非真实性条件的使用可能会影响业务结论。 （11）包括一份根据相关准则签署的声明。 （b）限制型评估报告的内容应当与预期用途相适应，并至少应当包括以下内容： （1）以名称或类型的方式说明客户身份；并增加显著的用途限制说明，表明报告仅供客户使用，警示如果不辅以评估师工作底稿中其他信息，评估报告中提供的意见和结论无法正确理解。 （2）说明评估的预期用途。 （3）说明足以明确被评估企业或无形资产及其权益的信息。 （4）说明被评估权益所包含的控制权程度，包括确定的依据。 （5）说明被评估权益缺乏流动性的程度，包括确定的依据。 （6）说明价值类型和价值前提，并说明价值定义的出处。 （7）说明评估基准日和报告日。 （8）说明执行评估业务所履行的工作范围。 （9）说明所执行的程序、形成的价值意见和结论，并指出需要参考工作底稿。对未采用市场途径、资产基础（成本）途径或收益途径的原因应当予以解释。 （10）明确并显著说明：所有特别假设和非真实性条件；特别假设和非真实性条件的使用可能会影响业务结论。 （11）包括一份根据相关准则签署的声明。
准则 10-3	每份书面企业价值或无形资产评估报告应当包括评估师署名的声明。
准则 10-4	在适当和可行的情况下，口头企业价值或无形资产评估报告应当包括 10-2（a）规定的实质性内容。

三、评估准则说明

评估准则说明（Statements on Appraisal Standards）部分共有 10 个评估准则说明，对

相关规则、准则条文进行的解释、细化和说明。这10个评估准则说明是：

准则说明1：评估复核

准则说明2：折现现金流分析

准则说明3：追溯性价值意见

准则说明4：未来价值意见

准则说明5：职业道德条款的保密规定

准则说明6：不动产和动产市场价值意见中的合理展示期

准则说明7：对不动产和动产评估中特定条款的背离许可

准则说明8：报告的电子快递

准则说明9：明确预期用途和预期使用者

准则说明10：在涉及联邦权益的交易中投保联邦存款保险的金融机构所使用的业务

【问题与思考】

1. 简要说明美国评估准则的产生与发展、基本特点。
2. 简要说明美国评估准则的重要概念及框架结构。
3. 资产评估准则比较的目的在于探究不同国家或组织评估准则的"异中之同或同中之异"以及产生这些异同的原因，以发现规律、为我所用，请从制定主体、制定背景、适用范围、准则结构、内容等方面比较中美相关评估准则的主要差异，并指出哪些方面值得借鉴。

【阅读参考】

1. 《美国评估准则2010—2011》，http：//www.appraisalfoundation.org。
2. 《美国评估准则2012—2013》，http：//www.appraisalfoundation.org。
3. 美国评估促进会（AF）评估准则委员会（ASB）主席关于2012—2013年版本《美国评估准则》（USPAP）最新变化的讲解，http：//www.globalpres.com/mediasite/Viewer/？peid＝ae8192ef41804f23a498bf7b30458189。

第八章 英国评估准则

【本章学习目的】

本章的学习目的是让学生对英国评估准则有较为全面的了解和认识。通过本章的学习,掌握英国评估准则中的重要概念和主要内容变化,熟悉英国评估准则的框架结构和主要内容、基本特点和主要作用,了解英国评估准则的产生发展过程,进一步了解和掌握 2012 版《英国评估准则》(全球版)的基本内容和知识,以及其与 2011 版(全球版)、IVS2011 之间的差异。

第一节 英国评估准则概述

一、英国评估准则简介

英国最具影响力的评估准则是《评估与估价准则》(Appraisal and Valuation Standards),也被称为"红皮书"(The Red Book)(以下简称"红皮书")。英国皇家特许测量师学会(The Royal Institution of Chartered Surveyors,RICS)1975 年开始制定第一部《评估与估价准则》,之后又经过了多次修订和不断完善,目前已到第八版(2012 版)。RICS 红皮书最初主要适用于以财务报告为目的的评估,自 20 世纪 90 年代中期以后,随着评估准则内容的不断丰富,其适用范围已经扩展到几乎所有的评估业务领域,成为世界范围内一百多个国家的所有 RICS 会员从事各种评估目的的评估业务的执业标准参考。

二、英国评估准则的产生与发展

(一)英国评估准则的产生

英国皇家特许测量师学会(RICS)不仅是英国最大、最具有权威性的评估行业组织,而且对整个英联邦地区的评估业都具有重要的影响,是为全球广泛、一致认可的专业性学会，其专业领域涵盖了土地、物业、建造及环境等17个不同的行业，目前有14万多会员分布于146个国家。该学会的主要职能是制定行业操作规范和行为准则，对评估人员进行监管、教育和培训，保持和政府部门的联系，为会员提供服务，向会员提供覆盖17个专业领域和相关行业的最新发展趋势。

20世纪70年代，英国出现了不动产危机，许多金融界的银行家及会计师、投资人等对不动产的贬值非常失望，对不动产评估中一些不规范、不一致的做法十分不满。与此同时，欧洲及其他地区的相关人士也开始重视准则的重要性。在这样的背景下，英国皇家特许测量师学会开始着手制定统一的评估准则，并由RICS的评估与估价准则委员会（AVSB）具体实施，1975年正式向RICS理事会提交讨论，这也是世界范围内最早的评估准则。

（二）英国评估准则的发展

最初的英国评估准则主要是规范以财务报告为目的的评估行为，以及测量师出具的其他公众使用的评估报告，其内容由两个单独部分组成，即《资产评估指南》（Guidance Notes on the Valuation of Assets）和《评估指南手册》（Manual of Valuation Guidance Notes）。1976年正式发布的第一版评估准则是资产评估指南部分，并于1981年进行了修订（第二版），1990年又进行了修订，发布了《资产评估指南》第三版。《评估指南手册》部分最早发布于1980年，并于1989年和1992年分别进行了修订。

第三版《资产评估指南》发布后，其规定的执业标准逐渐得到英国评估执业界的广泛认可，1991年该评估指南已经成为所有特许测量师执业的一个强制性标准。

第四版于1996年4月正式生效。随着国际和欧洲评估准则研究和制定工作取得重大进展，RICS认为其最终目标是提供单一的一套国际评估核心标准和支持指南，以便为全世界的评估师提供一个共同的框架，而国际评估准则理事会是最适合于实现此目标的实体，因此，决定尽可能采用《国际评估准则》，并将这些标准融合到英国评估准则之中，对于《国际评估准则》中未涉及的内容或仅以不太严格或不太详细的形式出现的内容，则仍保留在准则中并根据需要不断更新。

英国评估准则第五版改名为《评估与估价准则》，于2003年5月1日起执行，该版对红皮书的结构进行了大幅度的调整，实现了与《国际评估准则》和《欧洲评估准则》的接轨。该版根据国际评估行业的发展趋势，在参考并借鉴《国际评估准则》重要理念和思路的基础上，形成了英国的评估实务准则，适用于RICS世界各地的所有会员从事各种目的的评估业务，供全球一百多个国家的RICS的会员及其客户遵循和参考。通过全面与国际估价标准接轨，该准则具有了国际通用性。随着越来越多的英国测量师在世界各地工作，RICS将英国本土会员应遵守的执业规范和指南从全球RICS会员共同遵守的执业规范和指南中独立出来，形成了该版红皮书特殊的两部分结构形式：一个是适用于在英国本土执业的专业标准，另一个是适用于在世界其他各个国家执业的通用标准。

2007年RICS发布了第六版红皮书，并于2008年生效。该版红皮书主要有四部分内容，包括简介、术语表、执业规范和指南。

第七版红皮书于2011年发布并生效。该版红皮书主要有八个部分构成，包括第一部分引言，第二部分术语，第三部分执业规范，第四部分附录，第五部分指南，第六部分英国执业规范，第七部分英国附录，第八部分英国指南。2011版《国际评估准则》发布后，RICS又对红皮书的内容进行了相应的修订，并于2012年3月发布了新的红皮书暂行版本。该版中将完整的国际评估准则作为红皮书的一个独立部分附在其后，并根据《国际评估准则》的变化对相应内容做了适当修改。修改后的红皮书更加强调了国际评估准则的作用，对于RICS红皮书中没有涉及的企业价值评估和无形资产评估准则，提醒评估师应遵循《国际评估准则》标准。虽然个别之处RICS的评估准则内容会以不同于国际评估准则的方式出现，但二者在评估原则、目标和术语定义方面都是相同的。因此，RICS认为按照红皮书进行的评估也符合国际评估准则。

2012年1月，2011版《国际评估准则》生效，为保持一致，RICS又于2012年3月修订红皮书。新版的红皮书于2012年3月30日生效。至此，RICS已先后发布了八版红皮书。

三、英国评估准则的基本特点和主要作用

（一）英国评估准则的基本特点

英国评估准则的主要特点体现在以下几个方面：

1. 准则的整体性较强

通用准则部分由引言、术语表、执业规范、附录、指南五个部分构成，针对英国的专业准则部分也是按照英国执业规范、英国附录、英国指南三个层次分别进行介绍，该准则框架体系设计体现了较强的整体性。准则各部分之间的内容相互衔接、层次分明，在执业规范中重点对遵守标准及道德要求、约定条款的协议、价值类型、应用、调查和评估报告进行总体规范，在指南部分中重点对不同类别资产等具体的评估事项进行指导和规范。此外，每个评估准则都包括一个简短声明或"规则"，通过注释来提供更多的信息，以帮助理解和应用。在每个附录中都包括了评估准则注释的支持信息，有助于了解所涉及的具体评估背景。这种准则结构和设计体现了较强的整体性和严密性。

2. 准则内容不断根据市场需求向综合化发展

为适应经济发展和知识经济时代而日益增长的企业并购评估业务和包括知识产权在内的无形资产评估发展的社会需要，RICS已开始突破自评估专业创立时一直坚持的不动产评估范围，开始向企业价值和无形资产评估等新的评估业务领域拓展，在其2012年版红皮书中强调了进行企业资产评估或无形资产的资产评估成员必须记住他们要遵循《国际评估准则200》或《国际评估准则210》，同时也要遵循英国皇家特许测量师学会准则的其他的一般性要求。为适应市场需要，RICS已经在纽约设立了重点专注于企业价值评估的办公室，在香港成立了企业价值评估委员会。目前，RICS正在重点关注企业价值、无形资产、文化艺术品及古董评估三个领域的研究和市场拓展。2012年1月单独发布路径指南《企业价值与无形资产评估专业胜任能力的评估》，为在此领域内发展和培养RICS会员做准备。2013年发布企业及企业权益价值评估指南。英国皇家特许测量师学会还希望随着时间的推移，可以进一步发行与特定资产相关的指南。

3. 准则的影响范围较广

RICS红皮书是由英国皇家特许测量师学会制定的，该组织是世界最大的不动产、建

筑、测量和环境领域的综合性专业团体,迄今为止,已有 139 年的发展历史,拥有全球 50 多个地方性协会及联合团体的大力支持,在包括美国哈佛大学、英国剑桥大学等在内的 50 多所世界一流大学,有 400 多个相关专业学位课程均获得过 RICS 的认可,其会员分布在全球 146 个国家,会员达 14 万多人。由于 RICS 会员在全球分布较广,其准则也推广到世界各地,进一步增强了红皮书的世界影响力,这也是英国评估准则赢得全球评估界的推崇和使用的一个重要原因。

4. 准则内容与国际评估行业接轨

RICS 红皮书经过多次修订后,逐步将《国际评估准则》的理念和思路纳入其中,认为《国际评估准则》能够较好地反映国际评估行业的发展趋势,在国际上具有较高的影响力,与 RICS 的目标一致。因此,从红皮书第五版起就将《国际评估准则》作为了重要参考,如接受《国际评估准则》关于市场价值的定义,取代了公共市场价值的定义;采用国际评估标准委员会确定的定义解释相关的价值类型和专业术语等,并在 2012 版的红皮书中,将《国际评估准则》列为其准则的一个独立部分,并特别提醒会员,如果开展企业价值和无形资产评估业务,应当遵守《国际评估准则》中的 IVS200 或 IVS210。此外,红皮书还吸收和借鉴了与评估相关的欧盟指令和法规,如附录关于按揭贷款价值的欧盟文件等。这些都充分反映出红皮书已经全面与国际评估行业接轨,能够充分反映国际评估行业的发展状况。

5. 准则内容适应全球执业要求

红皮书是适用于全球的 RICS 会员共同遵守的执业规范和指南,内容除了引言和术语外,还包括 6 个执业规范、9 个附录和 6 个指南。① 红皮书不仅在英国具有影响力,而且随着会员的全球化,也使该准则能够快速传播到世界各地,成为国际化的评估准则。

(二) 英国评估准则的主要作用

1. 红皮书为世界各国制定评估准则提供了参考标准

英国是世界上评估业诞生最早的国家,RICS 也是世界上最早的评估行业管理组织,在不动产评估领域中占有举足轻重的地位,红皮书也是评估行业最早的执业准则,对国际评估准则、欧洲评估准则、美国评估准则等其他国家和地区评估准则的制定具有重要的影响。尽管红皮书以不动产评估为其特色,但经过不断修改和完善,其内容也逐渐扩展到动产等其他评估业务领域,逐步适应多元化评估业务的发展需要,对以综合评估为主要内容的国家制定评估准则同样具有重要的参考价值,对国际评估业具有重要的影响。

2. 红皮书成为英国公认的评估准则

在评估行业实行自律管理的国家中,评估准则作为规范评估人员执业行为的专业标准,一般都是由评估行业协会来制定的,不同的评估行业协会往往会有不同的执业标准。在英国就有多个评估行业协会,其中影响最大、历史最悠久的当属英国皇家特许测量师学会(RICS),该学会无论在会员规模、分布范围,还是在准则研究和制定水平方面都具有绝对的优势,由它制定的评估准则——红皮书在社会影响力方面也远远大于其他评估组织

---

① 2011 版的红皮书中还包括了适用于英国本土会员应遵守的执业规范和指南,有 4 个英国执业规范、14 个英国附录和 7 个英国指南。2012 版红皮书中这部分内容没有变动。

制定的规则。此外，随着社会环境的不断变化和评估理论的不断发展，红皮书自产生以来就不断进行修改和完善，使其具有了更强的适应性。因此，红皮书已经成为英国公认的评估准则，并代表英国评估准则传播到世界各地。

3. 红皮书成为其会员强制性执业标准，保证了评估执业标准的统一性

红皮书中的条款对英国皇家特许测量师学会的会员具有强制性，凡是其会员，无论是在英国本土从事资产评估工作，还是在全球的任何一个地方执业，都必须严格遵守该准则，如果违反了红皮书的规定，就将面临谴责、罚款、吊销执业证书甚至取消会员资格等处罚。这种具有强制执行力的评估准则，不仅保证了评估师执业标准的统一性，为提供高质量的评估服务奠定了基础，同时，也增强了用户对评估服务的信任感。

4. 红皮书成为法院案件判决的重要依据

由于红皮书的制定主体英国皇家特许测量师学会并不是政府管理部门，而是一个纯粹的民间组织，因此，红皮书不属于法律，也就不当然具有法律效力。但在英国司法实践中，红皮书对于英国法官的判决具有相当的影响力。在英国，涉及评估民事纠纷案中，法官在判定评估师是否存在疏忽及评估结论能否作为赔偿原告方损失的依据时，都是以评估师是否遵守了红皮书为主要参考依据，说明了红皮书已经成为法院判案的参考文件。

第二节　英国评估准则的重要概念及框架结构

一、英国评估准则的定义及其重要概念

红皮书在术语表中将其中有特定或限制性的术语进行了定义，主要包括以下概念：

1. 与评估假设相关的概念

（1）假设。假设被认为是真实的，它所涉及的影响评估的事实、条件、状况或者方法，不需要评估师作为评估程序的一部分进行验证。通常情况下，当评估师不需要详细的调查来证明某些东西是真实时，就要做出假设。

（2）评估假设。评估假设是模拟真实的交易环境，包含经济行为的事实情况，条件或者境况，这些因素会影响评估过程中不属于评估人员执业水平和专业能力范围内所能评定的评估对象或方法。通常情况下，设定一个假设条件并不需要评估人员进行专门的调查来证明此假设是真实的。

（3）特殊假设。特殊假设通常是假设的事实有别于评估基准日存在的实际状况，或者不是交易中的典型市场参与者做出的假设。

2. 与价值类型相关的概念

（1）市场价值（MV）。市场价值是公平交易下，经过合适的市场推广后，自愿买方和自愿卖方在知情、审慎及自愿的情况下，对在评估基准日用于交换的资产或负债的估计金额。

(2) 公开市场价值。公开市场价值相当于前四个版本红皮书中定义的价值基础，但不再作为一个术语进行定义，其应用性等同于市场价值。

(3) 公允价值。公允价值这里给出了两种解释，一种解释为 IVS2011 中的定义，即在自愿买方和自愿卖方在各自理性行事且未受任何强迫压制的情况下进行资产交换或者债务清偿的估算金额，反映了双方当事人各自的利益。另一种解释为 IFRS13 中的定义，即基于评估日，市场参与者之间的有序交易中，出售一项资产或转让一项负债的可接受的价格。

(4) 投资市价或价值。投资市价或价值是一项资产用于业主或者准业主个人投资或者经营目标时的市场价值（可能也被称为价值）。

(5) 市场租金（MR）。市场租金是公平交易下，自愿出租人和自愿承租人之间有适当的租赁条款，经过合适的市场推销后，各方均在知情、审慎及自愿的情况下，对在评估基准日用于出租的资产的估计金额。

(6) 特殊价值。特殊价值是该金额能够反映出仅对特殊购买者有价值的资产特别属性的价值。

3. 与评估方法相关的概念

(1) 成本法。此方法是利用经济原理提供一个参考价值，即无论是购买还是建造，买方都不愿意支付高于资产成本的金额来获得其使用权。

(2) 重置成本法。重置一个现代的、功能相同的资产所需的成本，并扣除物理损耗，及相关的折旧和优化因素。

(3) 收益法。市场法是通过将资产的未来现金流量转换为单一流动资本而提供价值的方法。

(4) 市场法。市场法是通过比较相同或类似标的资产的价格信息而提供估值的方法。

4. 与资产类型相关的概念

(1) 不动产。不动产是土地、土地的自然组成部分（树木、矿物质等）、土地的附加部分，如建筑物、现场改善、所有永久性建筑附件（如为建筑物提供服务的机械和电器），包括地面下和地面上的。

(2) 房地产。房地产是指土地或者建筑（或者建筑的一部分），或者两者兼而有之。房地产是与不动产所有权相关的权利、利益和收益，包括任何与被评估权益相关的消极权利、利益和收益（即义务、财产留置权和负债）。

(3) 投资性房地产。投资性房地产是业主为赚取租金或者资本增值或者两者都有而持有的房地产，而不是用于生产或提供商品、服务，或用于行政，也不是用于日常业务中销售的资产。

(4) 无形资产。无形资产是由其经济属性表现的非货币性资产，它没有物理质地，但其所有者拥有相应的权利和经济利益。

(5) 商誉。商誉是与企业不可分割的，来自于公司或者公司中拥有的权益，或者一组资产的使用所产生的未来经济利益。

(6) 协同价值或权利合并价值。协同价值或权利合并价值是两个或更多权益的组合可以创造额外的价值，即组合价值大于单个的价值加和（也可以成为权利合并价值）。

二、英国评估准则的框架结构

2012年3月发布的红皮书（全球版）的主要框架结构由引言、术语表、执业规范、附录和指南构成。具体结构和内容如图8-1所示。

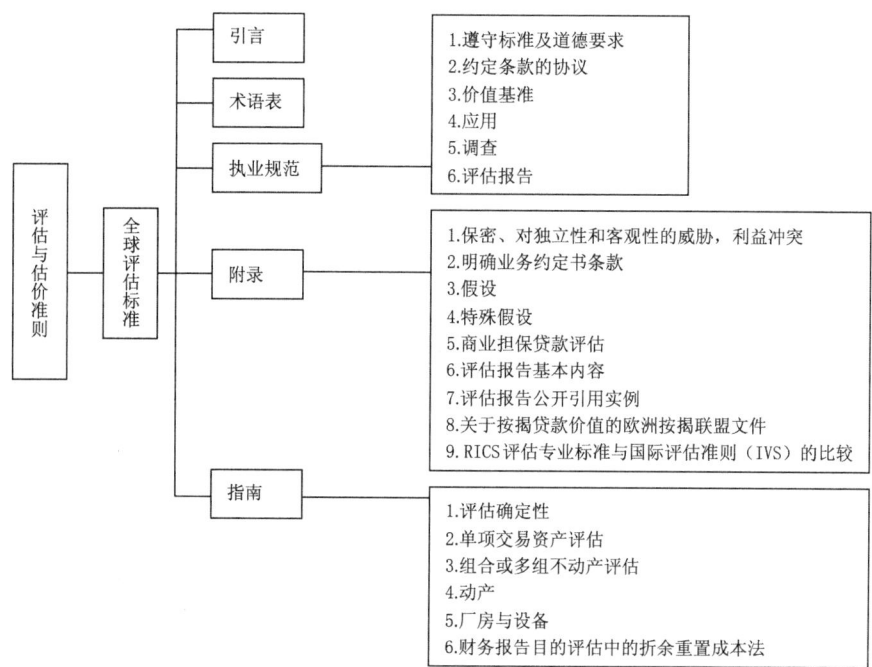

图8-1 英国《评估与估价准则》具体结构和内容

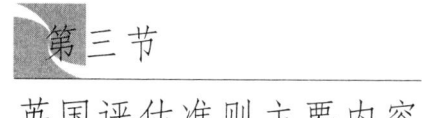

英国评估准则主要内容

一、2012年版英国评估准则简述

2012年版红皮书评估——专业准则主要有五部分内容[①]，第一部分为引言，第二部分为术语表，第三部分为6个准则规范，第四部分为9个附录，第五部分为6个指南。该准则是针对全球范围内的RICS会员的执业要求。

---

① RICS红皮书评估——专业准则2012版是为在采用的2012年1月生效的《国际评估准则》的条款和内容上保持与IVS2011一致而在RICS红皮书评估准则——全球与英国的2011版的基础上进行修订，在2011版中共有八个部分内容，其中除适用全球准则的五部分外，还有适用在英国的准则的三部分内容，这三部分分别是第六部分有4个英国准则规范、第七部分有13个英国附录、第八部分有7个英国指南，在2012版中并没有对这三部分进行修订，其翻译的中文版也没有这三部分的内容。

（一）引言

引言部分的内容主要是介绍了该准则制定的目的、与国际评估准则的关系、准则发布与执行、准则的编排、修订和征求意见稿及生效日期。

在"准则的制定目的"中说明了红皮书是评估师独立、客观评估的行为规则，是符合《国际评估准则》的公认的评估准则，对英国皇家特许测量师学会的会员具有强制性，评估师在执业时应严格遵循，如果有重大违反行为，将会受到有效制裁。在与《国际评估准则》（IVS）的关系中说明了IVS是国际公认的、高水平的准则，被RICS采纳、补充（如适用），并作为RICS整体准则框架的一部分连同红皮书一起出版，虽然有些RICS的评估准则会以不同于IVS的方式出现，但是原则、目标和术语定义都是相同的，按照红皮书进行的评估也符合IVS的要求。并提醒开展企业价值和无形资产评估的会员，应当遵守IVS200或IVS210，同时也要符合RICS会员的其他一般要求。

文字说明中重点说明根据《国际评估准则》（IVS）调整红皮书的内容，解释该准则中将"财产"变为"资产"的影响等，这些修订主要是为了更好地反映《国际评估准则》的相关要求。该版准则的生效日为2012年3月1日。

（二）术语表

术语表部分主要是对该准则中使用的专业术语进行了定义，主要包括评估、假设、资产、市场价值、特殊价值、评估方法等41个评估术语，对术语进行定义和解释是保证准则能够被准确理解的关键。

为了符合2011版《国际评估准则》的相关定义，该版红皮书重点对一些概念进行了重新定义或修改和完善，主要包括成本法、收益法、市场法、市场价值、公允价值、市场租金、投资财产、投资价值、不动产、房地产、商誉、特殊假设、特定购买者、协同价值、评估基准日等。

（三）执业规范

红皮书的执业规范部分是该准则的核心部分，是对RICS会员在全球开展评估业务的总体要求。包括遵守标准及道德要求、约定条款的协议、价值基准、应用、调查和评估报告6部分内容。

1. 遵守标准及道德要求

该部分主要是阐述了对评估师应当遵循的执业要求和道德要求。共有9项内容，具体包括准则的应用范围和例外情况、合规性要求、全国估价标准、约定条款、评估师资格、知识和技能、独立性和客观性、独立性的附加条件、基于公共利益和第三方利益的特殊评估披露等。

修订后的红皮书在该部分新增的内容主要体现在，强调了应当符合国际评估准则的有关要求；如果评估中涉及利益冲突，应反映在评估工作底稿中等方面。

2. 约定条款的协议

该部分是对评估师在签订业务约定书阶段应该遵循的标准进行规范。主要包括约定条款的确认、特殊假设、市场限制和强制销售、信息搜集受限、评估复核和复核鉴定6项内容。

该部分修订的主要内容是，扩展了约定条款的协议内容，以确保它包含了IVS101工作范围的所有要求,如"其他目的用户"的考虑;用"资产或负债"代替了原来的"资产";增加了一个声明,说明内容包括了所有 IVS101 的相似条款。

3. 价值类型及其应用

该部分是对评估中所使用的价值类型及其应用做出的规定。具体包括价值类型、市场价值、市场租金、投资价值、公允价值 5 项内容。该部分对上述 5 种价值类型的具体内容进行了详细说明,在注释方面均采纳了《国际评估准则》和《国际会计准则》中的定义。

修订后的红皮书中该部分修订的主要内容是,价值类型及其定义直接与国际评估准则框架链接,特别是"公允价值"概念,分别列出了国际评估准则(IVS)和国际会计准则理事会(IASB)所采用的不同定义。

4. 应用

该部分是对评估准则在具体评估项目应用中应遵守的规定。具体包括以财务报告为目的的评估、以担保贷款为目的的评估、公共部门以财务报告为目的的评估 3 项内容。说明上述 3 类评估业务在《国际评估准则》中都有相应的规定,评估师应遵守《国际评估准则》的相应规定。

修订后的红皮书中这一部分内容全部都进行了重写,借鉴了《国际评估准则》中有关财务报告和抵押贷款两个评估指南的内容。

5. 调查

这部分是对评估师应当进行的调查工作做出的规定。具体包括勘察和调查、信息的验证两项内容。规定了评估师进行勘察和调查的主要内容、受到限制时的处理等,规定了信息验证的基本要求。

修订后的红皮书中对调查方面的内容进行了扩展,加强了对评估师的要求,要求评估师对评估有关事宜应给予足够的关注。

6. 评估报告

这部分是对评估师编写评估报告做出的有关规定。具体包括评估报告的基本内容、报告说明、报告价值类型、特殊假设、企业资产的折旧重置成本、公共部门资产的折旧重置成本、折旧重置成本法和替代性市场价值的比较、负价值、位于多个国家中的财产、合并其他评估结果、初步评估意见、公开声明、对背离和特殊假设的说明等 13 项内容。

修订后的红皮书的评估报告部分是按照 IVS103 的要求进行的修改,以确保它包含了 IVS103 报告的所有要求。

(四)附录

附录是针对执业规范中的重点内容做出的附加说明,是帮助读者理解执业规范的相关要求。

修订后的红皮书中,有 9 个附录,主要是对第三部分的执业规范进行的附加说明。其中附录 1——保密、对独立性和客观性的威胁、利益冲突,是对执业规范中第一部分有关遵守标准及道德要求方面所做的进一步解释;附录 2——明确业务约定书条款、附录 3——假设和附录 4——特殊假设,这三个附录是对执业规范中第二部分有关约定条款的协议方面做的进一步解释;附录 5——商业担保贷款评估和附录 8——关于按揭贷款价值的欧洲按揭联盟文件,这两个附录是对执业规范中第四部分有关应用方面的进一步说明;

附录6——评估报告基本内容和附录7——评估报告公开引用实例,这两个附录是对执业规范中第六部分有关评估报告方面的进一步说明。

修订后的红皮书对这8个附录中的内容都根据国际评估准则的相应要求进行了修改和完善,同时还新增了一个附录,即附录9——RICS评估专业标准与《国际评估准则》(IVS)的比较,详细地对比分析了红皮书与IVS各项条款间的一致性和差别。

(五) 指南

红皮书的指南部分主要是针对在一些特殊领域、特殊情况下的评估问题发布的指导性意见,该部分不具有强制性,仅作为评估时的参考。修订后的红皮书中的指南共有6项,具体为指南1——评估确定性、指南2——单项交易资产评估、指南3——组合或多组不动产评估、指南4——动产、指南5——厂房与设备、指南6——财务报告目的评估中的折余重置成本法。

修订后的红皮书撤销了上一版中的指南7——商业不动产投资中的折现现金流量,将其独立出版另行发布。

二、2012年版英国评估准则的主要内容

2012年版红皮书中有关执业规范部分是该准则的核心部分,内容涉及遵守标准及道德要求、约定条款的协议、价值基准、应用、调查和评估报告6个方面。下面重点对这部分的主要内容进行阐述。

(一) 遵守标准和道德要求

对于评估师应当遵守的标准和道德要求,该准则在如下方面做出了具体规定:

1. 准则的应用范围和例外情况

(1) 准则的应用范围。该准则规定,在承担任何需要出具评估报告的项目委托时,全球所有按照RICS规定注册的会员和事务所都必须遵守本评估标准,包括任何对评估报告结果负责和承担责任的人,这些人可能是在评估机构中参与评估服务但没有签署评估报告,也可能是签署了评估报告但没有参与评估服务的人员。该准则的强制性要求和指导规则,主要是保证评估师在执业资格、知识、技术和经验方面达到和保持一定的水平,从而提供符合RICS红皮书和国际评估准则的高标准服务所具备的业务能力和诚信度。

(2) 准则应用的例外情况。该准则对于不具有强制性执行的例外评估项目做出了规定,主要包括:诉讼过程中为法庭提供估价意见、纳税基础评估意见、内部评估服务、特定的代理或经纪人工作、以保险为目的财产评估等。

该执业规范中明确提出了除了该规范中所列示的事项外,不允许与准则相背离。对于特定的与准则相背离的事项,必须在评估报告中进行清晰的说明,包括与执业规范的任何背离事项,连同其相关细节和发生该背离的原因以及客户同意的意见进行详细的披露。

2. 评估师的资格

(1) 对评估师资格的要求。该准则规定,所有评估业务必须由能够承担责任的、具有适当执业资格的会员或在其监督下完成。

(2) 评估师资格的取得。取得评估师执业资格应当具有一定的学历和专业技术能力、职业道德、职业经验。

（3）评估师资格的保持。该准则要求所有的 RICS 会员，为保持其应有的专业胜任能力，必须进行一定标准的培训。

3. 知识和技能

（1）对评估师应具备的知识和技能要求。该准则规定，评估师应当对评估所涉及的相关知识及本地、国内或国际市场信息有足够的了解，能够胜任承担评估业务所必需的技能和理解力。

（2）对聘请专家的要求。该准则规定，如果评估师不具备评估所需的专业知识水平，可以聘请专家以取得必要的帮助，包括某些专业评估师、环境测量师、会计师和律师等。

4. 独立性和客观性

该准则对评估师的独立性和客观性方面做出如下规定：

（1）独立性和客观性要求。该准则要求评估师执业必须具备独立性、正直性和客观性。规定 RICS 会员在任何情况下都应诚实守信，避免发生与自己的专业要求不相符的事情。评估师应当独立、客观地做出所有的判断，并考虑对任何潜在的利益冲突者可能带来的影响。应当识别可能对独立性和客观性造成威胁的情况，合理处理各项利益冲突。

（2）保密性要求。

• 基本要求。评估师必须为客户保密，披露的内容不能泄露客户的机密信息，这也是评估师的一种义务。评估师应当考虑到对保密信息进行披露所存在的风险是存在潜在冲突的一个重要因素，同时，也是评估师考虑是否有必要对评估项目的细节进行披露的因素。如果充分披露会违背保密义务，则评估师应降低信息披露程度。

• 保密性与业务冲突。拥有保密信息可能会产生无法解决的冲突。比如，传递信息会违背保密义务，但如果不将相关的信息传递给下一个客户或者为了下一个客户的利益而使用该信息，可能会因为疏忽而导致赔偿或者是合约的破裂。

• 保密期限。保密义务不仅限于对正在合作的客户，而且也应对原有甚至潜在客户的信息进行保密。保密义务是持续不断的。随着时间的推移，潜在信息的关联性和潜在冲突的发生会减少，但没有固定的期间可以判断保密义务是否和一般义务产生冲突。所持有信息的性质和程度将是另一个客户是否有可能采取行动的一个关键因素，并且原来工作的性质和时间以及所持有的原有客户的信息也与此相关。

• 特殊情况的处理。如果评估师被要求为交易双方提供服务，这样的项目应谨慎接受，因为客户之间可能存在利益分歧和冲突，这样的项目应取得交易双方的书面同意，并在评估报告中进行披露。如果存在影响到评估师做出客观判断的情况，评估师应提前与委托方或评估相关利益者进行讨论。

（二）约定条款的协议

该准则在约定条款的协议方面规定：

1. 约定条款的确认

（1）基本要求。该准则规定，评估师在承接项目前，必须以书面形式与委托方约定相应的条款。

（2）约定条款的内容。该准则规定，约定中至少应包括以下内容：(a) 明确客户和任何其他的潜在用户；(b) 评估目的；(c) 评估对象；(d) 被评估的权益；(e) 资产或负债的类型以及客户对其使用状况或分类方式；(f) 价值类型或价值基础；(g) 评估基准日；(h) 对任何重要参与事项的披露，或者之前没有任何重要参与事项的声明；(i) 若有要求，评估师身份的说明；(j) 所采用的货币政策；(k) 所有假设、特殊假设、保留、特殊说明或背离情况；(l) 评估师调查范围；(m) 评估师所依据信息的性质和来源；(n) 任何同意或限制对外公布之处；(o) 限制或豁免对除客户之外当事方所负的责任；(p) 确认将按照本标准开展评估工作；(q) 确认评估师具有能胜任评估工作所需的知识、技能和理解力；(r) 评估收费计算依据和标准；(s) 按照 RICS 规定注册的事务所的投诉办理程序，可按要求提供一个副本；(t) 依照协会的行为和纪律条款可以在监督下进行评估的声明。

2. 特殊假设

（1）基本要求。为了能更恰当地反映客户对评估的特殊要求，有时会需要使用特殊假设，但必须在提交评估报告之前征得客户同意并以书面的形式予以确认。这些特殊假设只能在合理反映现实的、相关的和有效的评估具体情况下应用。

（2）特殊假设的内容。如以抵押贷款为目的的评估中可能使用的特殊假设通常包括：(a) 假设存在一个特殊的购买价格或能够合理预测购买价格；(b) 不能提供免费或市场公开的利息；(c) 对于一个已经发生物理形态变化的资产，评估师必须假设这些变化没有发生；(d) 一项资产即将发生物理形态的变化，如新建筑结构的调整、旧建筑的翻新或拆除，或用途发生调整等；(e) 有条件的出租或租金调整；(f) 存在特殊购买者，也许包括借款人；(g) 可能会阻碍财产进入公开市场的限制性因素被忽略掉；(h) 新的经济或环境规定生效；(i) 任何污染或其他环境危害被忽视等。

恰当的特殊假设需要根据评估的具体情形和被评估资产的性质来定。

3. 市场限制

对于评估市场受到限制的情况，该准则规定：

（1）在约定书中进行约定。无论是评估师还是客户都应当认识到，评估值可能会受到现实或预期市场制约，双方应对这种限制的细节达成一致意见，并列入约定条款。

（2）根据不同的市场限制情况，采取相应的应对措施。如果一项资产不能自由、充分地出现在市场上，其价格就会受到不利影响，评估师在接受委托评估前，应当明确这种市场限制是源自资产本身的内在约束，还是评估的特点要求，或客户的特殊情况。如果资产的内在约束在评估基准日仍然存在，它可能会对评估结果产生影响，评估师应将其列入约定条款中，而且应当明确说明评估值是以此为基础的，也可以提供一个特殊假设下的评估结果，以说明它的影响。

4. 评估信息受限

对于评估信息受到限制的情况，该准则规定：

（1）基本要求。当客户要求评估师完成一项信息受限情况下的评估任务时，在出具评估报告之前，必须就该限制的性质达成一致意见，并以书面形式告知客户该限制可能对评估结果产生的影响。

（2）不同情况的处理。如客户要求评估师在较短的时间内出具评估报告，评估师无法采取正常的调查、验证、查询或构建评估模型等评估工作，这时，评估师应向客户告知其职责，如果认为这种限制不会影响评估目的的实现，评估师可以在一定条件下接受该项目，如要求评估结果不公开、不向第三方披露等，评估师应将这种限制、由此产生的特殊评估假设及影响评估结果的可靠性等问题在评估报告中进行披露，否则，评估师应拒绝接受该评估项目。

5. 评估复核

（1）评估复核业务的承接。该准则规定，评估师或评估机构不应承接未进行重新调查的评估复核业务，除非评估师确信被评估的资产自上次调查后，在物理形态或其位置方面没有发生实质性变化。

对于评估师过去曾经对被评估资产进行过现场调查，并在物理形态或其位置方面没有发生重大变化的情况下，评估师可以承接评估复核业务，但应在约定条款中明确指出上述情况。

（2）评估复核业务应搜集的资料。评估师做评估复核业务时，应当从客户那里搜集有关被评估资产租金收入的变化及其他有关非物理属性的变化方面的资料，如租赁条款、规划合同、法律制度等。如果客户已经告知被评估资产的材料发生了变化，或评估师从其他渠道知道被评估资产发生了变化，则必须对该资产进行调查。即使不考虑资产的变化，两次调查之间的间隔对评估师的职业判断也是非常重要的。由于形成资产的材料发生变化或时间等其他因素发生了变化，评估师可以决定是否承接该评估复核业务。

（3）特殊需要的评估复核。如果评估报告仅用于内部管理的需要，不向第三方公布，评估师可以承接这样的项目，但需要在评估报告中将有关情况进行适当的披露。

6. 评判性复查

如果以前的评估师已经准备对一项评估进行披露或公布，则后面的评估师不得对以前评估项目进行评判性复查，除非该评估师掌握前一个评估师所依据的所有事实和信息。

该条款主要是防止一些客户利用评估师对以前的评估结果提出挑战，而不是要求一个独立的评估结果。

（三）价值类型

该准则规定，评估师必须确定评估报告中评估值的价值类型。

1. 基本要求

价值类型是对评估标的基本评估假设的一种陈述，对于不同的评估目的，应当选择合适的评估价值类型。价值类型通常是按照评估途径或方法、资产状态和类型、特殊假设几方面进行区分。价值类型应当与评估基准日被评估资产所处的状态、特殊假设相联系。

2. 价值类型的选择

对于许多评估目的而言，使用国际评估准则中所提出的某一种价值类型是很合适的。英国皇家特许测量师学会不建议用该准则中没有的价值基础。但如果该准则中没有适用于某项特殊评估的价值类型时，评估师应该清楚地在报告中对所采用的价值类型进行定义和解释。评估师应当注意到，在没有恰当理由使用无法识别的价值类型时，可能会导致评估报告中评估值不明确或有误导性。

3. 价值类型的种类

该准则中被认可的价值类型有市场价值、市场租金、价值（投资价值）和公允价值。

（1）市场价值。市场价值是最常见的价值类型。因为它描述了没有关系的双方的一种交换，并且在市场中是自由的交易，忽略了由特殊价值或协同价值引起的任何价值波动，它代表了在一系列价格范围内最有可能实现的价格。

基于市场价值的估值应采纳由 IVSC 列出的定义和概念框架。市场价值是对一项资产或负债的估值应该在自愿买方和自愿卖方知情、谨慎及自愿的情况下成交的价值。

市场价值类型是一个国际公认的概念，它代表在评估基准日一个假设销售合同的估值数字。评估师要保证所有的情况在指导意见和评估报告中清晰地表达出来。市场价值不考虑可能存在的抵押贷款、债券或其他费用。尽管忽略了特殊价值，这个特殊价值是由潜在买家提供通常在市场会反映出一项资产在未来变化的价格，"希望价值"因素仍会在市场价值中反映出来。

（2）市场租金。市场租金适用于相似的情况，用来估计持续性支付而不是一项资本支出。

市场租金采用了《国际评估准则》中的定义，即一项资产的评估值取决于愿意出租人和承租人之间的租赁价值，这种租赁条件是在公平交易、经验丰富且谨慎的条件下产生的。

市场租金是市场价值的一个修改定义。依据的假定租赁合同不同，其市场租金也会有所变化。适当的租赁条件通常反映该资产当前的市场行为，但为了某些目的，特殊的条款可能需要予以规定，租赁期、租金回收频率以及对租赁资产维护开支的责任也会影响市场租金。在某些国家，法定因素可能会限制一些约定条款，或影响合同条款的执行。这些需要在适当的情况下予以考虑。

通常租赁期内一项闲置资产出租或转租的金额反映了市场租金的水平。

（3）价值（投资价值）。评估师可能被要求提供针对某一特殊客户、特殊资产的价值意见，因此，也会考虑对该客户特殊的标准，而不是在市场上适用的标准。这将涉及投资价值的评估，是针对该客户的评估值。

投资价值这里采用了《国际评估准则》中的定义，即投资价值是一项资产的所有者或潜在拥有者进行投资或经营的价值。

（4）公允价值。公允价值（除了 IFRS 的内容）也会被用到，评估师需要估计两个特定对象之间交换的价格是否公允，不能忽视不能在公开市场推广的标准。例如，特殊价值或协同价值将影响这些价格。

公允价值有两种解释。一种是《国际评估准则》的定义，即在知晓行情的、自愿的各方之间，以公平交易的方式使一个资产或负债可以交换的价值。第二种是《国际会计准则》的定义，即评估基准日，市场参与者出售一项资产或偿付一项负债的价格。这两个定义是不一样的。当采用公允价值类型时，评估师应明确评估的目的，并在评估报告中表达出来是很重要的。

（四）应用

红皮书在这部分重点说明了三种情况下评估准则的应用规范，即以财务报告为目的的评估、以担保贷款为目的的评估和公共部门以财务报告为目的的评估。

1. 以财务报告为目的的评估

以财务报告为目的的评估应当遵循财务报表准则中的有关规定。

当企业没有采用 IFRS 时，评估师必须遵守相应的财务报表准则。在某些国家，RICS 国际协会也要出版解释评估要求的标准。针对这个目的的评估指南由 IVS300 给出。采用 IFRS 价值类型就是公允价值，IFRS13 详细描述了公允价值的估值方法。

2. 以担保贷款为目的的评估

（1）基本要求。以担保贷款为目的的评估，应遵守 IVS310。IVS310 是对不动产担保贷款的评估，提出价值的类型正常情况下会是市场价值。这里涵盖了特殊假设和额外的报告要求。主要银行和其他放贷机构会受到一些法规的限制，限制放贷的比例，这被称为"偿债能力比率"。在国际背景下，巴塞尔银行监管委员会起草文件同意设定最低偿付能力比率，以及设定这些比率的计算。这些都是通过国家法律执行，对欧盟要按照欧盟法令。资产的价值是这些持有者用来计算偿债能力比率的。

（2）应用范围。该准则提供的评估方法适用于不同的风险标准，将用来评估商业房地产的安全价值。按揭贷款价值（MLV）是一种长期的风险评估技术，而不是一种价值类型，是在特定日期假设交易下的评估值，被欧洲国家各个银行广泛使用。MLV 的详细应用在州与州之间也不相同，因此，在计算 MLV 之前，评估师应保证他们熟悉该国法律的相关要求，包括承揽这项工作的任何限制。

（3）主要内容。在附录 5 中对商业担保贷款评估相关问题做了进一步说明，主要涉及四个方面的内容，包括说明和披露、客观性和利益冲突、价值和特殊假设的基础、报告和信息披露。

①说明和披露。以担保贷款为目的的评估在说明和披露方面的规定主要有：

第一，贷款人有额外的或替代的需求，应在约定条款中予以约定，并且要将其设定为特殊假设。

第二，在某些情况下，没有计划贷款的当事人（如一个潜在的借款人或经纪人）也许会委托进行以抵押贷款为目的评估。如果一方不知道，或者是不愿透露贷款人的身份，必须在约定条款中指出评估值可能不被贷款人接受，这可能是因为一些贷款人不接受借款人或有足够的独立性的代理机构提供的评估，或者是因为特定的贷款人有具体的报告要求。

第三，评估师应该询问是否有近期的交易或临时议定价格的资产被评估。如果这样的信息存在，要进行进一步的询问，如资产的市场化程度、激励机制的影响、价值变现或商定以及是否是可获得的最佳价格等。

②客观性和利益冲突。以担保贷款为目的的评估在客观性和利益冲突方面的规定主要有：

第一，该版 RICS 准则规定"评估师在工作中应该一直保持诚实、独立、客观，避免利益冲突和与他们的专业义务不一致的行动或情况"。

第二，贷款人可以为以抵押贷款为目的的评估的独立性指定附加条件。在没有任何规范的情况下，可以认为附加条件中包括一个规定，即评估师在过去、现在、将来没有与借款人、潜在借款人、或与需要贷款交易相关的其他当事人有牵连的事项。这里的以前事项通常是两年内的事项，但在某些情况下，时间可能会更长些。与借款人、被评估资产有关的任何过去、现在、将来的事项都应披露给贷款人（涉及借款人包括潜在借款人，需要贷款的交易相关的其他当事人）。

第三，可能会导致与评估师或公司发生利益冲突的复杂事项包括：与借款人或资产所有者有长期业务关系；向贷款人或借款人推出了评估师或公司收取费用的交易；在财产或在借款人处有财务利益；在相关交易中代表资产的所有者；在购买资产时代表借款人；相关资产在落成后被保留用来出售或出租；最近进行的市场交易中涉及的资产；为资产现在或以前的拥有者，或他们的贷款人，提供关于资产的有偿专业意见；为当前或以前的业主提供发展顾问。

第四，评估师必须考虑是否存在任何涉及过去、现在、将来的复杂事项，无论是关于资产的还是相关当事人的，它们与评估师独立性和客观性职责是否足以形成冲突。关联方涉及的任何数额的财务利益、评估师或评估机构从一个特定的评估结果中获得的任何实际收益、从任何关联者处赚取的作为评估收费一部分的收入，这些事项都是必须考虑的。

第五，如果评估师认为与其潜在客户存在任何牵涉事项会造成与其职责不可避免的冲突，则应拒绝接受该项目。

第六，如果客户认为存在任何披露事项会导致利益冲突，评估师应该取消该项目。

第七，如果评估师与客户同意通过制定管理措施来避免可能会发生的任何潜在冲突，那么这些管理措施应进行书面记载，其中包括约定条款和报告中提到的事项。尽管评估师在决定近期、现在、将来事项是否会引起利益冲突时也许会考虑潜在客户的观点，但仍要按照评估师的专业责任去决定是否接受该项目，遵循英国皇家特许测量师学会行为规则的原则。如果重要事项已经被批露后接受的该评估项目，评估师可能需要向英国皇家特许测量师学会证明这个决定。如果没有提供满意的证明，英国皇家特许测量师学会也许会对评估师采取惩戒措施。

③价值类型和特殊假设。以担保贷款为目的的评估在价值类型和特殊假设方面的规定主要有：

第一，市场价值是较为合理的价值类型，适用于所有进行担保贷款的评估项目。

第二，任何特殊假设在达到市场价值前，必须事先与贷款人达成书面协议，并且在报告中进行披露，抵押贷款评估中运用特殊假设可能是较为适当的。

第三，常用的特殊假设有：假设已同意批出资产方面的发展规划；资产有了新变化，如新建或翻新；给定条件的出租，或一个特定的租金调整已经完成清算；存在特殊购买者，也许包括借款人；可能会阻碍资产进入或恰当向市场公开忽略了限制性因素；新的经济或环境政策生效；任何污染或其他环境危害被忽视；在评估基准日，市场上任何异常波动使得评估值要打折扣。

适当的特殊假设依赖于评估的具体情形和被评估资产的性质。

④报告和信息披露。以担保贷款为目的的评估在报告和信息披露方面的规定主要有：

第一，除了一般评估报告应披露的内容外，以担保贷款为目的的报告中还应至少包括下列事项：约定条款中确定的、随后被发现影响独立性和客观性的事项，或以避免利益冲突达成一致的任何措施的披露，如果评估师没有涉及这些事项，应该做出有同样相关作用的说明。

第二，评估报告中可能会提到或说明其他事项，遵循建议贷款的确切环境和贷款人的详细要求，包括：被评估资产可替代的用途，或在当前模式下任何可预见的变化或指定范围占领的潜力和需求；潜在的职业需求的属性；年久失修，或任何有毒或有害的物质是否已经指出；污染或环境危害已指出；过去、现在、将来的趋势，当地市场的波动性，或者各种资产的需求情况；目前市场的获利能力，在贷款期限内是否稳定；任何重要可比交易案例的细节和其与评估对象的相关性；任何关于环境设计和经济设计说明；在正常询价期间显示的，对目前报告的评估结果可能会有重要影响的其他任何事项；如果该资产是（或打算）做住宅用途进行翻新或开发，给于购买者奖励的影响。

第三，对于评估不同种类的资产时，评估报告可能涉及的内容也会有所不同。

第四，对于自用或将自用的资产，评估时常用的典型特殊假设包括：规划意见已经形成或将要统一开发，包括改变资产用途；建筑或其他提议的开发项目已经按照既定计划和具体要求完成；所有必需的证件均已就绪；资产已经按既定方法改变（如转移了设备和不动产）；在评估基准日，现实中闲置资产已被占用。

第五，用做或将用做投资的资产，评估报告中应附加的内容有：租约的总结、表明是否已经阅读了租约、所有信息的来源；目前租金收入的报告与分析、目前市场出租价值比较、资产组成了一系列可以单独分割的不同单元、分开的信息应该分别提供；关于合同效力的假设，没有现成的信息及对关于租户合约质量、适当性和强度的市场观点的评论；对于贷款期间收入持续性评论，尤其是涉及解约或订约和预期的市场趋势；租约结束时，对关于再开发或翻新的任何潜力评论。

对这种资产评估时可能会用到的典型特殊假设包括：不同租金已经被同意或商定；任何现有租约已经商定，资产是闲置的，且用来出租；有具体条款的租约已经完成。

第六，完全具备交易实体和价值方面的交易潜力的资产，评估报告内容有：企业倒闭可能会对市场价值有重大影响，因此，评估师应该报告此影响，无论是单独的，还是一个或多个假设的结合。主要内容包括：企业已经倒闭或资产是闲置的；交易存货已被用尽或转移；执照、批文、合格证书、许可证丢失或受到威胁；潜在的购买者不能获得账单和记录。

当评估这种资产时，可能会用到的典型特殊假设包括：交易表现上的假设；实质上不同于目前市场预期的交易表现的规划。

第七，用于或将用于发展或翻新的资产。用于或将用于发展或翻新的资产，评估报告中增加的内容包括：成本和合同采购的评论；拟建项目的可行性的评论；如果评估值依据剩余法，对任何已成假设估值灵敏度的说明；任何成本超支或工期延迟价值的含义。

当评估这种资产时，可能会用到的典型特殊假设包括：所述工程以一个良好的和熟练的方式、依照所有合适的法定需求已经完成；已完成的开发项目出租或出售，以及术语的定义；事先商定的出售或出租未能完成。

第八，需要估值的特殊假设的工作已经完成，报告的评估值应该依据评估基准日当时的市场状况，而不应是可能价值的估计或价值预测。

第九，参考并附加有任何指示的函件及委聘条款的报告是很好的做法。

3. 公共部门以财务报告为目的的评估

用于公共部门以财务报告为目的的评估应遵守 IVS300 附件的要求。

IVS300 在附件中规定，对公共部门的厂房及设备评估应有效地利用国际公共部门会计准则（IPSAS），并将其作为公共资产评估的合适标准。为立法、监管、法院判例提供评估服务时，可能需要对某些情况做适当修改，如果有所偏离，则要在评估报告中明确解释。

（五）调查

该版红皮书在该部分重点对评估师应当开展的调查和查验工作进行了规范。

1. 检查和调查

（1）基本要求。检查和调查工作是做出合理评估结果的必要程序。

在约定条款中，评估师应对资产进行检查和调查的程度及内容做出约定，不同资产的现场调查程度也可以有所不同，具体的应根据被评估资产的性质、评估目的及约定条款，与客户协商确定。

（2）检查和调查的内容。在检查过程中，应注意会对资产价值产生影响的事情，包括：周边区域的特点，通信的有效性以及对被评估资产价值构成影响的设施；资产本身的特征；土地及楼房的尺寸和面积；建筑物的结构和年限；土地及建筑物的使用情况；住所的描述；设施和服务的描述；配套设施和完善状况；构成建筑物整体组成部分的厂房和设备；维修状况；环境因素，如异常的地面条件、历史悠久的采矿或采石、海岸侵蚀、洪水风险、接近高压电器设备等；污染情况，有潜在危险的污染或有害物质，如地面或构筑物（如重金属、油类、溶剂、毒药或已吸收、除非专业治理否则不易去除的污染物，如挖掘底土造成地下油罐泄漏污染）或氡气的存在；有害物质，如对建筑或土地有潜在的危害，但没有表现出污染，并且可以容易去除的物质；有害材料，如有些材料会随着时间而逐渐降解，从而造成建筑物的结构问题等。

此外，还应包括其他信息：对租赁合同的改进、区域规划控制、当地物业税率、有关任何支出和运营成本的信息、有关配额限制或其他贸易限制的信息、正常司法过程出售前的信息等。

（3）检查和调查的责任。虽然评估师有责任采取合理措施对搜集到的所有信息进行验证，但这种责任的局限性必须明确提出来。同时，为了有效地应对以后的查询，必须保留合法的记录，包括所有有效录入、计算、调查和分析。

2. 信息核查

（1）基本要求。评估师必须采取合理的步骤来验证评估过程中所依赖的信息，如果尚未达成协议，必须向客户阐明将依赖的任何必要的假设。

（2）信息核查的责任。评估师有责任陈述所依靠的信息。在每个评估项目中，评估师必须判断信息的可靠程度，如果没有选择，而必须接受信息的话，则要做必要的假设。

在执行以财务报告为目的的评估业务时，评估师要讨论假设的合理性，这些假设由审计和其他职业监管者制订。

客户希望评估师发表一种意见，这些意见是影响评估结果的合法事项，但评估师必须在评估报告中明确说明，评估结论的可靠性和公开发布必须经客户或与其有经济利害关系的法律顾问验证。

（六）评估报告

红皮书在评估报告规范中重点对以下内容做出了规定。

1. 评估报告的基本内容

（1）基本要求。评估报告必须清晰和准确地反映评估结论，要以一种没有主观或误导的方式反映，而不能给出一种错误的表达。评估报告中应当包括评估师与客户在约定条款中达成一致的所有事项，除非该评估报告是按照客户给出的格式要求进行报告。

（2）评估报告书的内容。通常，评估报告应包括以下基本内容：

①确定的客户和其他潜在的报告使用者。报告必须邮寄给客户或其代表者。如果与收件人不符的情况下，需说明报告的提交方式及客户的身份信息，并注明已知的其他报告使用者。

②评估目的。评估目的必须清楚无歧义，如果没有披露评估目的，在报告中必须陈述适当的理由予以说明。

③评估对象。评估师应与客户商定最终纳入评估范围中的资产项目，包括被列入评估申报表中的独立的机器设备和资产组合。

④资产的法律权属。应该在报告中说明各项资产或负债的法律权属状况。拥有资产所有权、其闲置或可用（如果需要）的程度也应该被注明。

⑤资产和负债的类型、客户的使用及分类方式。出于某些目的，有关资产或负债的用途、分类或种类已与客户达成协议，不需要正式的协议，但建议在评估报告中包括这些事项的简短说明。

⑥价值基本类型。必须说明价值类型，且必须提供完整的定义。如果价值类型是公允价值，必须从《国际评估准则》和《国际会计准则》两个可供选择的定义中谨慎确定正确的定义。财务报表中如果包括了重置成本法进行评估的资产，则必须对该资产进行有关有足够盈利能力方面的测试，或持续经营分析。

⑦评估基准日。必须说明评估基准日不同于发行评估报告的日期或调查开展完成的日期，评估报告中应区分这些日期。凡属于前瞻性的评估，必须清楚列明其适用于提供发展性意见及评估时使用的任何限制、条件和假设。

⑧与客户有任何重要牵连事项的披露，或之前没有任何重要参与事项的声明。任何根据评估准则在报告中做出的披露或说明，都必须重申这种与客户间的利益冲突及解决措施。

⑨对评估项目承担责任的评估师的身份，若有必要，应声明评估师的地位。评估是评估师个人的责任，英国皇家特许测量师学会不允许使用其所在的"评估机构"一词来发表评估意见，虽然根据国际评估准则规定，可以接受使用"作为公司的代表"来发表评估意见。这是一个要求，评估师应当说明，他或她是作为内部评估师还是外部评估师开展评估工作的。如果评估师采纳了其他必须被认可的评估标准，应连同符合这些标准的声明一起发布。在一些国家，国家协会的评估标准可能需要额外披露评估师的地位。

⑩可被接受的货币。如果一些评估值已被转化成该资产所在国家的一种货币，应说明

所采用的汇率及其来源。

⑪所有假设、特殊假设、保留意见、特殊说明或背离事项。评估中必须指出所有假设及任何可能需要的保留意见，当假设在不同的国家存在差异时，评估报告中必须进行清楚的表述。特殊假设也必须在评估中明确指出。如果属于评估信息受限情况的评估或评估复核，报告中必须包括有关限制的完整的资料。任何存在背离的情况都应列明并进行解释。评估说明中必须写明，是否考虑了有关税法规定的责任，无论是实际的还是名义的，对可能出现的出售，以及评估值是否能反映收购或变卖的成本。在一些国家，增值税或类似的税收、收购和销售成本可能是巨大的。在租金及/或资本价值方面，声明其依赖于未来经济增长的前景，评估师必须在评估报告中说明这样的增长可能不会发生，而且该评估值是上下波动的。

⑫评估师的调查范围。评估报告中必须记录有关资产调查的日期和范围，包括参考的不可能获取的资产部分。评估师必须关注，是否存在没有机会进行充分的检查就已经取得评估值的情况。在重估的情况下，评估报告中应说明双方已达成一致意见，无需对资产做进一步的检查。相当数量的资产在评估时采用这样的表述是可以接受的，不是提供误导性的意见。

⑬评估师所依据的信息的性质和来源。评估师必须清楚，如果已经做出了评估值，却没有搜集到通常可用的信息，则应在评估报告中说明是否需要对评估所依据的任何信息和假设进行验证，或者是否存在任何重要信息材料尚未提供的情况。如果这样的信息或假设对判断评估值至关重要，评估师必须明确指出评估值有待验证才值得信赖。在重估的情况下，任何被客户告知的、重大改变的陈述，或没有重大变化的评估假设，都应包括在评估报告中。评估报告还应披露一些附加信息，包括可以提供的、被评估师确认客户能够理解和从评估结果中受益的、有关该评估目的的任何重要信息。

⑭对外公布的任何同意或限制。在正式发布的评估报告中，有必要包括一个声明，这个声明可以作为一个单独的文件，也可以附在报告中。评估师可能会以特殊假设为基础进行评估，或偏离了评估准则进行评估，这时，必须在评估报告中包含一份声明，说明在当前版本的准则文件中没有涉及特殊性假设等有关情况。

⑮对除客户之外当事方的所有限制或责任免除。出于某些目的，评估师可能无法排除对第三方的责任，评估报告中应披露信息受限的具体说明。

⑯明确评估符合本准则和国际评估准则的规定。这条陈述必须明确指出，但可能包括一个任何偏离协议的交叉索引。由其他评估师出具的报告也应包括在评估报告中。在必要的情况下，应说明该项评估遵循了英国皇家测量师学会的标准，同时也符合国际评估准则的要求。附录9提供了两种标准的比较，应该有必要确认该项评估符合国际评估准则的某项特定规定。

⑰对评估方法和推理的说明。评估值需要根据评估报告的上下文来理解，报告中必须说明所采用的评估方法、使用的关键评估数据和得出评估结论的主要理由。如果在评估协议条款中约定评估报告将不提供原因或其他支持信息，则此规定不适用。

⑱对评估师具有能够胜任评估工作的知识、技能和理解力的说明。

⑲对评估值用数字和文字进行表述。在评估报告中，评估意见要求既要有文字又要有

数字。评估值包括了一定数量的不同类别的资产,将其相加形成一个总的整体价值的做法通常是不恰当的,尽管这需要考虑评估目的的需要。如果在约定协议中约定了对可识别的单项资产及其评估值出具一个附加的评估报告,则评估报告中必须包括一个摘要。如果评估基准日和报告日之间市场发生重大变化,或资产或投资组合发生重大变化,评估师应关注到这一点。这是评估师的谨慎做法,其目的是吸引客户的注意力,让他注意到评估值是随着时间的变化而改变的,是在某一特定日期的估计值,在其他时间可能是无效的。如果评估出现了负值,则必须单独列明,并说明没有抵消资产的正价值。

⑳评估报告的签名和日期。评估报告必须由承接该项目的评估责任人签名。发表评估意见是评估师个人的责任,英国皇家特许测量师学会和国际评估准则中都不允许使用其所在的"评估机构"一词来发表意见。然而,用"代表"一词来代替是可接受的。

(3) 评估披露的责任。评估报告应能清楚地表达评估师的意见,并且也可以很容易让人理解。评估师可以酌情确定评估报告的格式和详略程度,但应包含必要的信息。尽管有这些标准的规定,评估师仍应注意,不论以什么格式提供评估意见,都会对客户甚至第三方产生一个潜在的责任。评估师要特别注意,无论是提供正式的评估报告还是非正式的评估报告,有关评估结论的描述都有可能会因未说明评估假设的应用条件而产生误解。评估师一定要谨慎允许将评估结论应用于事先约定的评估目的以外的其他目的,因为委托方或读者可能不能完全体会评估中有关限制性说明,从而可能被错误理解或断章取义。

2. 评估报告的描述

按照本准则编写的一份评估报告不得被描述成为一种证明书或声明。

3. 报告价值类型

报告中必须对价值类型以及其定义做出全面的阐述。非市场价值与市场价值类型的评估值有很大的差异,在评估报告中必须对评估结果的价值类型做出说明。

虽然市场价值是被广泛应用、且最恰当的价值类型,但在特定情况下,也可以适当采用其他价值类型。重要的是,无论评估师还是评估信息使用者,都应清楚地了解市场价值类型和其他价值类型的不同及其影响。不同的价值类型其评估值的应用也是不同的。在非市场价值类型的评估中,评估师应提醒用户,评估值是与评估目的相关的,如果将被评估资产放到市场去处置,不一定能够得到与评估结果相关的价格。除非在条款中另有约定,除了需要提供一个评估值外,还需要提供其他价值类型的评估值。

4. 特殊假设

当一份评估报告是基于一项特殊假设而进行的评估时,应将该特殊假设连同与客户达成的一致声明一起全部披露出来。

5. 单项资产评估中的重置成本法

用重置成本法评估单项资产的价值时,应当注意以下问题:

(1) 附上有关企业有充足盈利能力的说明,以便对企业总体资产价值予以应有的重视。

(2) 按照会计准则的规定,企业应定期对资产负债表中已经发生价值贬值的资产进行减值测试。减值测试主要是针对资产负债表中的在用价值而言的,通常,资产负债表中的金额是在用价值与公允价值、未来收益现值或处置资产的可回收金额相比的较高者。参照同类资产的市场交易价格通常能够近似反映企业资产出售的可收回金额,如果资产的在用价值低于参照同类资产的市场交易价格,则该可比市场交易价格就可以作为可靠数据记入会计账簿中,该数值为企业的可收回金额,而不论该资产是否会继续使用。

(3) 重置成本法则很少使用,除非是企业只出售企业整体资产的一部分。

(4) 资产的在用假设是重置成本法的一个固有特征。用这种方法评估的资产的市场价值与资产出售或处置所得的数值往往是不等的。如果资产的在用价值低于重置成本法的评估结果,则用重置成本法评估的资产价值不能作为可靠数据记入会计账簿中,因为它不可能让一个经营中的企业持续停止经营以取得相关数据。

(5) 用重置成本法评估出的价值可能会受到企业停止经营的影响,应在评估报告中对这种情况进行披露。

(6) 需要强调的是,如果企业有足够的盈利能力,则该评估值可能会受到影响,即使该资产的在用价值低于报告中的市场价值,它仍然可能高于其净变现价值。因此,有必要在报告中披露有关市场价值下降到在用价值的情况,以便于进行资产减值测试。

6. 公共部门中的重置成本法

用重置成本法评估公共部门资产的价值时,应当附上一个说明,以反映该资产被继续占有和使用。

会计上也要求公共部门考虑资产的减值问题,然而,公共部门的资产主要是提供服务的,而不是以营利为目的。因此,评估师应明确说明采用重置成本法评估该资产价值的前提是该资产能够持续地提供服务。如果该资产所提供的服务已经停止或资产无法使用,则不能信赖其可回收金额。

7. 重置成本法的评估结果与替代性市场价值的比较

当采用重置成本法评估资产价值时,评估师必须在评估报告中阐述下列内容:

(1) 可识别的可替代使用的资产的市场价值会更高些;

(2) 一般情况下,终止营业企业的市场价值会大幅度降低。

在任何资产的评估过程中,评估师都应当考虑该资产是否存在潜在的其他使用方式。一些特殊情况下,资产只能用重置成本法进行评估,这时任何有替代使用价值的很可能只涉及土地,因为建筑物或其他资产可能不适用于任何其他用途。

8. 负值

当某项资产被评估为负值时,应当注意:

(1) 该负值必须单独在评估报告中进行披露,而不得用之抵消其他资产的正价值。

(2) 当评估对象已经不是资产的组成部分,而是负债时,通常被认为是存在负价值。负价值可能会出现在有租赁资产的情况下,如按原租赁合同确定的租金超过了现有的市场租金,比现在取得需要付出更多的费用。如果免费取得了资产,而付出的义务和责任超出了其价值,也会出现资产负价值的现象。

(3) 资产价值为零的情况。例如,取得资产付出了超过正常应有的费用,而这些费用是国家法律不允许的,但需要由企业来承担。

9. 位于多个国家中的资产

当资产分布于多个国家时,评估师应在评估报告中对分布于不同国家的资产进行单独列示，并且必须用经客户认可的一种或多种货币来报告结果。

10. 合并其他估价

如果评估报告中合并了由另一个评估师或评估机构出具的评估报告，评估师必须确认这些评估也遵循了本准则或可以应用于特殊情况的其他标准。

有些情况下，评估师可能会希望获得由另一个评估师或评估机构出具的评估结论。例如，厂房及设备评估或处于另一个国家、受当地专业政策限制资产的评估。当出现这种情况时，客户必须同意聘用与评估师无关的其他评估师或评估机构，并将这一点列入评估协议条款中。客户可能会要求评估师将其直接委托其他评估师的评估结果纳入其中，在这种情况下，评估师必须要求任何此类的评估值都需按照该准则或符合其他准则来确定。

11. 初步评估意见

（1）基本要求。当遵循本准则标准的一份评估报告处于准备阶段中，在其完成之前，评估师可以向客户提供初步评估意见或一份评估报告草案。

（2）初步评估意见的内容。初步评估意见除了可以包括评估值外，还应包含以下信息：①这是一份草案，最终结果取决于最终完成的评估报告；②提供的意见仅供客户内部使用，仅供参考；③草案在任何情况下都不进行任何公开或披露。

如果未包含至关重要的事项，必须指出所遗漏事项的内容。这项规定是考虑到评估师在评估的过程中，可能需要讨论一些事项，如事实的验证等其他相关信息（如确认租金审核结果，或澄清资产的边界），才能形成初步的评估值。在任何阶段的评估过程中，这样的讨论都会给客户机会以了解评估师的观点和证据。然而，一旦一个初步的评估值形成，并输送到客户手中，就必须采用该评估值。给客户提供初步评估意见主要是为了纠正评估报告中不正确之处或提供进一步的信息。这样做的目标是提供一个透明的审计线索，评估师与客户间的讨论并不影响评估师的独立性。如果有要求，这个记录可以提供给审计或任何其他法律部门及重大的评估利用相关者。

12. 公开声明

当评估报告的目的要求对其公开引用时，评估师必须提供一份声明草案，以便在公布时包含此声明。

13. 对背离和特殊假设的公开引用

评估师必须确保在任何已公开文件中对评估报告的任何引用都包含对所有背离或特殊假设的引用。

【问题与思考】

1. 英国评估准则有哪些特点？
2. 英国评估准则的主要作用有哪些？
3. 简要说明英国评估准则的框架结构。
4. 简要说明修订后的英国评估准则主要内容及其主要变化内容。

【阅读参考】

1. International Valuation Standards 2011.
2. RICS Valuation Standards-Global and UK edition. May 2011.
3. RICS Valuation – Professional Standards Incorporating the International Valuation Standards，March 2012.

第九章

澳大利亚与新西兰评估准则

> 【本章学习目的】
>
> 通过澳大利亚与新西兰评估准则和澳大利亚矿资产评估准则的学习，了解其现状、制定主体及产生与发展，掌握其基本特点、重要概念、框架结构及其准则的主要内容，并通过与我国资产评估准则或相关准则的比较，提出值得我国借鉴或学习之处。

第一节 澳大利亚与新西兰评估准则概述

一、澳大利亚与新西兰评估准则的制定主体

《澳大利亚与新西兰评估准则》（Australia And New Zealand Valuation And Property Standards，ANZVPS）是由澳大利亚资产学会（The Australian Property Institute，API）和新西兰资产学会（The New Zealand Property Institute，PINZ）下设的澳大利亚和新西兰评估准则委员会共同制定的资产评估行业准则，通常由 API 出版发行。

在澳大利亚和新西兰，两家学会使用的职业和技术准则被认为是最佳执业实践。企业、金融部门及社会公众依靠这些准则的应用来支持借贷及风险管理战略。学会通过《投诉应对和自律程序》对违反准则的会员进行自律管理，促进会员遵守职业和技术准则。API 和 PINZ 都有着悠久的历史。这两个机构代表着澳大利亚和新西兰评估机构及评估专业人士的利益。作为社会公共利益的守护者，这两个组织的主要作用是建立和维持高标准的专业实践、教育、职业道德和纪律，其成员包括资产管理领域的专家，如评估师、不动产顾问、物业管理、不动产分析师等。

二、澳大利亚与新西兰评估准则的产生与发展

澳大利亚与新西兰评估准则经历了各自独立制定准则阶段和联合制定准则并与《国

际准则》协调阶段。澳大利亚和新西兰两国十分关注国际评估准则的发展，并采取与《国际评估准则》协调的模式，将《国际评估准则》作为澳大利亚和新西兰评估准则的组成部分。鉴于两国的地理位置、历史渊源及经济上的密切联系，2006 年起，澳大利亚资产学会与新西兰资产学会通过互惠协议及战略联盟方式合作①，完全采纳了《国际评估准则》，制定出一套与《国际评估准则》完全协调的评估准则，并在其中加上注释，以符合当地法规的要求。2012 年版本代表并反映了澳大利亚与新西兰评估准则与《国际评估准则》进一步协调及趋同的最新成果，该版本包括了《国际评估准则 2007》（第 8 版）所有的评估准则和应用指南，但从引用国际评估准则的版本看，并未引用《国际评估准则 2011》（第 9 版）。这表明澳大利亚与新西兰评估准则与国际评估准则的协调尚存在一定的"时差"②。而在 2006 年之前，澳大利亚与新西兰则是各自制定评估准则（见图 9-1）。

迄今为止，《澳大利亚与新西兰评估准则》先后发布有 1998 年 9 月、1999 年 9 月、2001 年 11 月、2004 年 2 月、2006 年 5 月、2008 年 6 月、2012 年 1 月，共七个版次，其中，后三个版次为 API 与 PINZ 联合制定和发布。2012 年 1 月发行的是 API 与 PINZ 的第三个联合出版物（见图 9-1）。

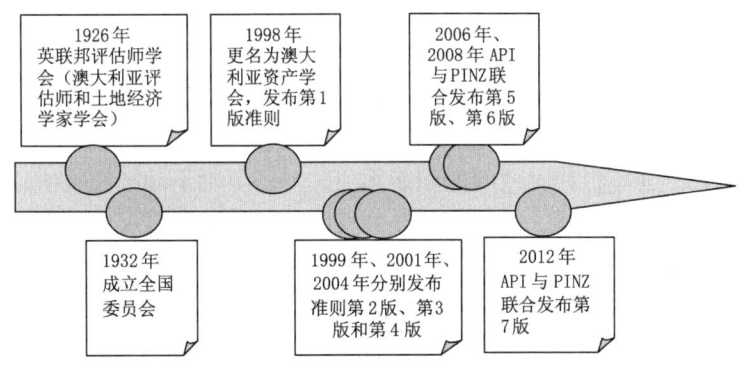

图 9-1　澳大利亚与新西兰评估准则

《澳大利亚与新西兰评估准则》的制定一般由提出、审核批准、制定、征求意见、修改完善、发布等环节构成。实践准则和评估指南是《澳大利亚与新西兰评估准则》两个最核心的部分，对于拟制定或新的评估执业准则和指南，通常是由评估公司或学会等根据实践中出现的特定问题、政策和专业需要提出制定该准则或指南的理由，并需报请职业委员会（National Professional Board，NPB）或临时委员会的审核同意，即对某一准则制定的必要性做出初步审核。如果通过审核的话，再转交到评估准则理事会。该理事会负责管理准则和指南的制定、征求意见、修改完善和审查的全过程。新制定的准则或指南应当具有针对性，解决实际工作中存在的评估执业问题。

---

① 澳大利亚资产学会与其他类似协会有三个不同水平的国际关系，即互惠协议、谅解备忘录、合作协议。比如，资产学会与全国一些行业团体有一些协议；与海外组织，如英国皇家特许测量师学会、新西兰评估学会、加拿大评估协会、香港测量师学会等也有协议。其目的是通过相互认定，可以去其他行业或其他国家和地区执业。

② 评估准则制定或者修订是一个过程，通常需要经历立项、起草、征求意见、定稿、最终发布等环节。

三、《澳大利亚与新西兰评估准则》的基本特点和主要作用

（一）基本特点

1. 地区性和权威性

《澳大利亚与新西兰评估准则》在澳大利亚、新西兰等国家或地区得到应用，开创了两个国家共同制定资产评估准则的先河。在澳大利亚和新西兰，两家学会使用的职业道德守则和技术准则被认为是最佳的评估执业实践，企业、金融部门及社会公众依靠这些准则的应用来支持借贷及风险管理，澳大利亚、新西兰许多知名的金融机构要求进行不动产抵押评估的专业人士是 API 会员。澳大利亚法院也使用《澳大利亚与新西兰评估准则》作为判定评估程序是否被正确使用的标准。同时，API 和 PINZ 加强了对其会员执业中遵守评估准则情况的监管，通过《投诉应对和自律程序》等对违反职业道德守则和技术准则的会员进行自律管理，以保护资产评估行业、企业及社会公众的利益。

2. 吸收和引用《国际评估准则》的内容

2006 年以来，API 和 PINZ 采取与《国际评估准则》协调的模式，将《国际评估准则》作为《澳大利亚与新西兰评估准则》的组成部分。不过，从时效性的视角考察，《澳大利亚与新西兰评估准则》与《国际评估准则》尚存在一定的时间差。

3. 与不动产保有环节税收的关系密切

在澳大利亚，资产评估行业服务的重要对象就是政府的税收部门。澳大利亚政府财政收入的很大部分来自于税收。州和地方 50% 左右的税收来自不动产的财产税。澳大利亚联邦设有总评估师办公室，作为政府的职能部门，专门负责不动产税收的评估和管理。各州设立本州的总评估师办公室。总评估师办公室的总评估师由州议会主席任命，对州长负责。总评估师办公室的经费由州政府核拨，经费数额与评估价值无关。总评估师办公室的职责主要有三个，一是为纳税提供税基价值；二是对农牧业资产进行用于税收的目的审核和评估；三是为政府提供如征用私人土地、房产、修路等其他服务。

用于税基的评估值主要是参照来自市场的资本价值准则确定。不动产评估根据不动产销售价格、市场调查结果和信息资料库三个方面共同确定。纳税人如对评估结果有异议，可以向税务部门提出，重新审核，如仍有争议，可由法院裁定，纳税人（业主）须提供足够的证据。纳税人也可以请专门的评估公司对不动产进行重新评估。在澳大利亚，有的评估公司专门接受为业主赢得较低税收的评估委托。

4. 综合性

《澳大利亚与新西兰评估准则》在继承传统英国以不动产评估为主线的评估体系的基础上，不断拓展资产评估业务并制定相关评估准则，使其准则适应综合化的发展主流。《澳大利亚和新西兰评估准则》既涉及传统的不动产、动产评估业务，如《评估指南 1——不动产评估程序》、《评估指南 12——厂房设备评估》、《澳大利亚不动产评估指南 1——土地污染问题》、《澳大利亚不动产评估指南 2——土地所有权的问题》、《新西兰不动产评估指南 1——污染土地评估》等；也涵盖共有产权不动产的部分产权价值评估等企业价值、无形资产评估领域，如评估指南 7。

5. 较强的操作性

《澳大利亚与新西兰评估准则》比较详细具体、操作性强。以《澳大利亚不动产评估指南1——土地污染评估》为例，除准则本身比较详尽外，该指南由引言、污染类型和案例、确定和量化污染、修复实践与技术、对价值的影响、贷款的潜在问题、立法、赔偿保险、商品及服务税影响共9章构成，并在指南后附录了联合国危险类别、潜在的污染活动和产业及土地用途、建议的环境测量表、环境资产负债表样表、瑕疵评估方法、澳大利亚的环境立法等内容，为评估师执行土地污染问题的评估提供了系统的指导与方法。

6. 求大同存小异

尽管2012年版《澳大利亚与新西兰评估准则》由API和PINZ联合制定和发布，但鉴于两国的有关法规等方面不尽相同，评估准则充分体现了所有可能会影响评估师执业的差异领域，这些领域涉及的准则包括：职业道德与伦理（API Code of Professional Conduct，PINZ Code of Ethics、PINZ Rules of Conduct），评估指南（API Valuation Guidance Notes，PINZ Valuation Guidance Notes），不动产评估指南（API Real Property Guidance Notes，PINZ Real Property Guidance Notes），等等。统计显示，相同的评估准则有24个，存在差异的有12个。

（二）主要作用

《澳大利亚与新西兰评估准则》的作用主要体现在几个方面：一是规范和指导API和PINZ会员的执业行为；二是保护社会公众利益，提升行业社会公信力；三是在国外具有较高的知名度和影响力，尤其是在不动产为主的财产税的税基评估、环境评估和矿资产评估方面都有较高的学习和参考价值。

第二节 澳大利亚与新西兰评估准则的重要概念及框架结构

一、《澳大利亚与新西兰评估准则》的定义及其重要概念

《澳大利亚与新西兰评估准则》重要的概念及其定义如下：

（1）澳大利亚与新西兰评估准则。是指由澳大利亚资产学会（API）和新西兰资产学会（PINZ）制定的最新版评估准则。现行的2012版准则是由两家学会联合出版的第三套准则。

（2）财产。广义上，财产是指拥有或控制的，并在未来能够为其获得收益的权利。财产包括但不仅限于不动产及相关利益，其中，个人财产、知识产权、权利、许可证及购股权、厂房及机器、艺术和珠宝、商誉及股份等，均属于财产。

（3）执业评估师（Certified Practising Valuer，CPV）。是指已通过有关考试，并获得法律和资产学会认可的评估师。

（4）评估准则手册。该手册收录了澳大利亚资产学会和新西兰资产学会成员的职责、责任和专业标准。其修订和更新将公布在API和PINZ的网站上。

(5) 客户。委托评估师进行评估的人,可以是客户、供应商、金融中介机构。委托人与客户有相同的意思。

(6) 评估。按照一般概念、原则、评估定义和评估准则手册开展的活动,包括价值评估和评估咨询。

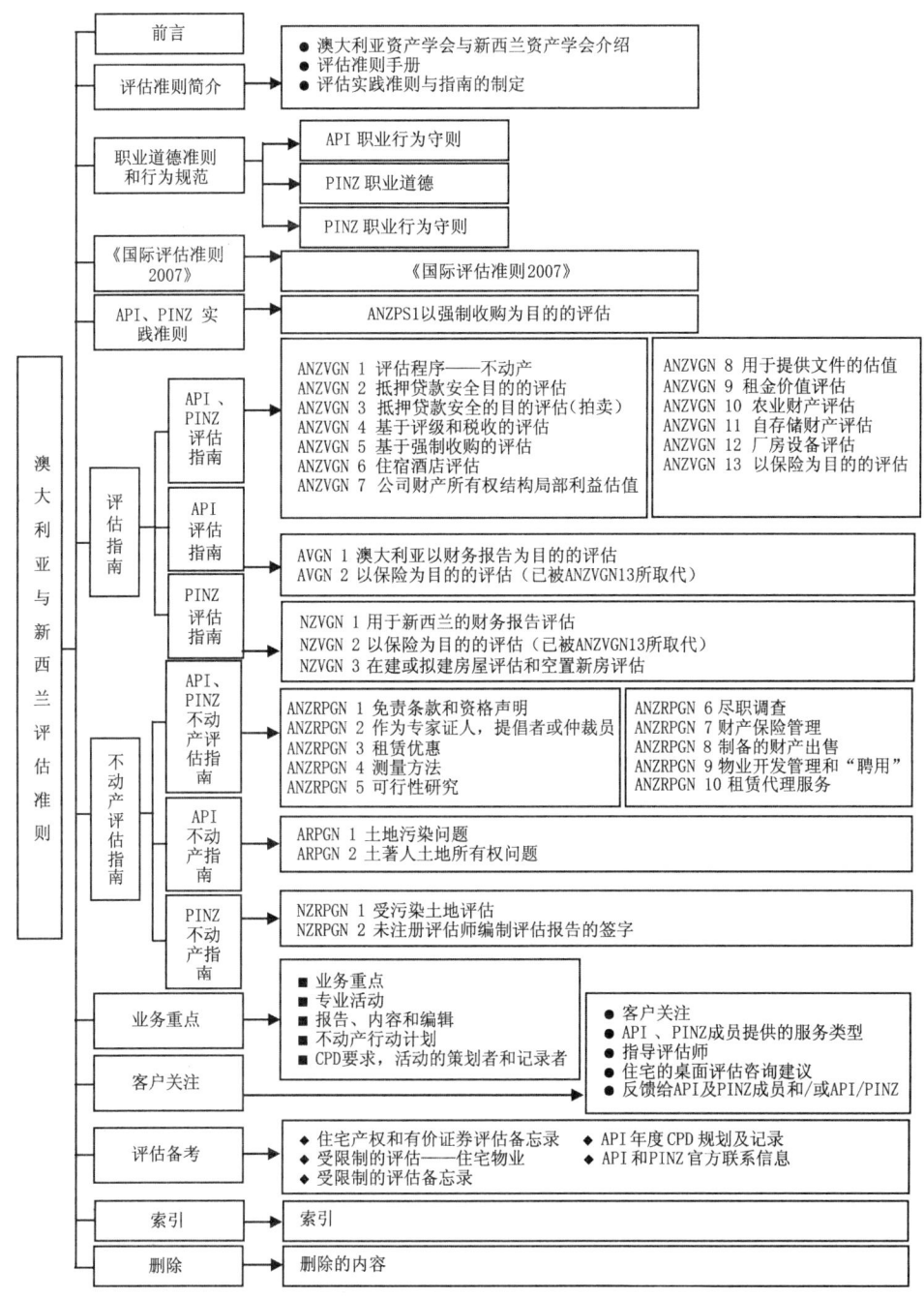

图 9-2 《澳大利亚与新西兰评估准则》的框架结构

二、《澳大利亚与新西兰评估准则》的框架结构

鉴于《澳大利亚与新西兰评估准则》同时涵盖了两国财产学会共同认可的准则、各自独有的准则以及国际评估准则，其内容结构远比一个国家或者组织制定的评估准则复杂。该准则共包括16个部分（见图9-2）。实践准则和评估指南是澳大利亚与新西兰评估和财产准则两个最核心的元素。

第三节 澳大利亚与新西兰资产评估准则的主要内容

《澳大利亚与新西兰评估准则（2012）》系2012年1月发布。该准则的主要内容包括职业行为守则、《国际评估准则2007》、API & PINZ 实践准则、API & PINZ 评估指南、API & PINZ 不动产评估指南、业务重点、客户关注、评估备考等方面，这些准则和要求系统规范和指导了澳大利亚、新西兰的资产评估工作。

一、职业行为守则

（1）API 职业行为守则。澳大利亚专业执业守则是由 API 理事会制定的，是对协会成员所应具有的原则、价值观和行为的公开声明。其目的是确保所有的协会成员都遵守关于评估机构和评估人员行为的高标准规定。每个协会成员必须遵守该守则。违反本守则可能构成专业失职，协会会根据附则下的申诉程序对该行为进行调查。

（2）PINZ 职业道德。它是经过由 PINZ 于1996年4月12日举办的股东周年大会上的会员同意，根据评估师1948年的法案第16（3）条款，并于1996年5月9日得到了负责评估署的部长的批准。守则第8条中提到的每个人都受到本守则的约束。任何违反本守则的规定，可能会导致当事人遭受纪律处分。

二、《国际评估准则2007》

《澳大利亚与新西兰资产评估准则（2012）》在制定相关准则时融入或吸收了《国际评估准则》理事会制订的2007年版《国际评估准则》的内容，但《国际评估准则2007》的具体准则的内容并未被收录在该版评估准则之中。

三、API & PINZ 实践准则

API & PINZ 实践准则仅有"澳大利亚与新西兰实践准则1——以强制收购为目的的评估"一个准则，其基本内容主要有：

1. 引言

（1）基本原则。在影响土地权益的强制收购中，执行评估业务的会员应当遵守本实

践准则的要求，必须符合协会的职业道德准则、行为规则以及相关法律、法规的要求。

（2）强制性。会员必须遵守实践准则的要求。

（3）适用范围。在影响土地权益的强制收购或收购前的准备程序中，会员无论代表政府还是代表原告（索赔人），都应当遵守本准则。

2. 会员作用

（1）权利。评估人员在收购过程中可以代表索赔人利益，但这种身份仅限于代表客户利益进行谈判，而且谈判前应当告知相关当事方。评估人员可以基于评估原则和实践代表客户利益进行谈判，但在同一事务中担任专家时，则不能再代表客户利益。

（2）索赔范围。评估人员不得编制得不到市场证据和公认评估原则支持的价值结论、报告和意见。评估成员必须应客户要求编制和提交评估报告。

（3）专家报告。担任专家的会员，应当以独立专家的身份出具报告，遵守本准则、相关法律、法院的决议，评估报告应当：说明赔偿的要素或要点；解释评估基础；描述所利用的方法、假设和计算过程；合理说明在评价索赔人利益时所依赖的市场证据；可以在任何谈判、调解、仲裁或法院诉讼中作为价值证据。

如果依客户的要求，评估人员需要以同其他组织或他的代理人或顾问讨论的形式来支持评估，如果需要的话，还应向法院或法庭呈现证据。

3. 离境规定

如果评估人员认为权证离境，或有不遵守规则的情况存在，其报告应包括一份声明，概述离境或不符合规定的原因以及任何对报告内容的影响。

四、API & PINZ 评估指南

API & PINZ 评估指南共有 13 个，以下仅对评估指南的基本结构和主要目录内容简要介绍。

（1）ANZVGN 1 资产评估程序——不动产。由引言（目的、指南的地位、适用范围）、操作说明（书面确认）、工作范围、报告内容、检查和调查指南、市场证据和市场分析、资产评估、假设完工价值、继续经营价值（价值类型；持续经营目的的交易数据；动产、厂房和设备；管理；不正常的运营）、执照、权利和许可（保留权利；个人财产）、递交报告[1]、特殊问题（不良影响[2]）、职位评估咨询等 13 章构成。

（2）ANZVGN 2 抵押贷款安全目的的估值。由引言（目的、指南的地位、适用范围、国际评估准则[3]、作用）、操作说明（贷款人；其他说明）、报告内容（建议；风险分析；风险评级；未来价值；估价报告；可供选择的使用价值）、假设完工价值类型、动产（状

---

[1] 如评估师提出了以电子形式向委托方提供的文件，该评估师应当：（a）取得委托方的同意以电子方式发送文件（相对于传统的纸质文件和发送）；（b）委托方同意接受以电子签名类型来签署文件。但实践标准要求特定的文件需要签名，同时，评估师在传输的电子文档的显著位置应当标注一个免责声明。

[2] 评估师应特别警惕可能会在和/或特殊的资产而不是资产总体市场价值影响的特殊问题。这些可能包括但不限于：实际或潜在的污染场地；其他环境问题，如城市或农村的土壤盐度。

[3] 本指南的目的是在基于澳大利亚和新西兰的法律与实践的前提下，与国际评估准则委员会发布的《国际评估准则 2007》保持一致。

态）等 5 章构成。

（3）ANZVGN 3 抵押贷款安全的目的估值（拍卖）。由引言（目的；指南的地位；适用范围；市场价值的政策）、强制出售、评估建议（贷款人的要求；术语和背书的使用；强制拍卖迫在眉睫[①]；可变现拍卖价格范围；一般不表示；对商品及服务税的考虑）。

（4）ANZVGN 4 土地评级和税收估值。评估师应当知晓，若法规和普遍接受的评估原则有冲突，则法令是压倒一切的权威。ANZVGN 4 由引言（目的；指南的地位；适用范围；依从性；法定责任；权限）、估价基础（评级形式或征税依据；确定土地价值；土地价值；测定；空置的土地；持续土地利用；租金价值；租金价值总额；年度评估价值；年净值或估计每年价值；资本价值/改进的价值）、评估的准确性和一致性（准确性和一致性；测量精确性和一致性）、提供的报告、专业责任（估价原则和法定要求；职业责任和保密；专业责任）、补充估值（要求；发生；计算）、计价合同共 7 章构成。

（5）ANZVGN 5 基于强制收购的估值。本指南应参阅并依据澳新评估准则实践标准 1 的规定下使用，其基本内容有：

引言：该指南的目的是为参与评估赔偿的会员提供信息、评论、忠告、意见和建议，适用于收购前及任何后续讨论、协商或公共机构的收购过程中的部分权益。该指南同样适用于为申请者（业主）或为公共机构提供评估的会员；赔偿评估的基础：法律依据；检验＆审查指南：其他标准＆指南；报告内容：收购或恢复日期、收购或恢复的影响、索赔内容等；后评估咨询：评估后期、与其他专业人士的谈判。

（6）ANZVGN 6 住宿酒店估值。由引言（目的；指南的地位；适用范围；国际评估准则；评估师的角色；评估基础）、承诺（声明；接受委托）、改进的审查、维护和条件、当局的批准（建设和规划；不符合；许可证；立法）、经营业绩、经营环境（基准；竞争；产业现状）、管理/租赁协议的细节（评论）、盈利潜力、市场评论（目的；市场条件）、销售证据（销售分析；经营业绩；相关销售；近期销售状况）、重大问题（空置财产；出租、厂场和设备；租赁物所有权；对评估的影响；商品及服务税谨慎）共 12 章构成。

（7）ANZVGN 7 共有产权不动产中部分权益价值评估。ANZVGN7 由引言（目的；指南的地位；适用范围；定义；永久产权或租赁；局部；实体）、操作说明、一般要求、实物资产评估、共有产权的相关协议和影响、相关证据。

（8）ANZVGN 8 要约文件中涉及的评估。本指南的目的是向执行要约文件涉及的评估业务的会员提供建议。本指南不是对法律的解释，会员应该寻求独立的法律意见。ANZ-VGN 8 由引言（目的；指南的地位；适用范围；指南结构；国际评估准则[②]）、程序（成员的责任；评估委托；义务；风格；价值声明）、透明度、法规遵守共 4 章构成。

（9）ANZVGN 9 租金价值评估。本指南的目的是为评估师执行租金价值评估提供信

---

① 可变现的价格范围是根据当时的市场条件和指定的销售情况最可能的价格。
② 本指南的目的是与国际评估准则委员会公布评估准则标准、评估指南保持一致，除非另有说明。

息和建议。ANZVGN9 由引言（目的；指南的地位；适用范围；国际评估准则）、委托、定义、评估、独立性（目的；委派；利益冲突）、商品及服务税、参考、附录共 8 章构成。

（10）ANZVGN 10 农业不动产评估。本指南的目的是为评估师执行任何目的的农业不动产评估提供建议。ANZVGN 10 由引言（目的；指南的地位；适用范围；国际评估准则）、评估考虑（土地使用权和土地所有权的权利；附加权利；规划或法律约束；土地利用；无障碍设施和地理位置[①]；气候；地形地貌；土壤、盐分和侵蚀；分类[②]；污染场地[③]；杂草和害虫；作物或牧场管理；水利资源；改良；过去的承载能力或生产史；交易绩效；夹杂物；销售证据的考虑）、专门名词、商品及服务税共 4 章构成。

（11）ANZVGN 11 自我仓储设施的评估。由引言（目的；指南的地位；适用范围；国际评估准则）、自存储服务的一般性解释、委托和评估基础、经营细节、建筑物改良、评定估算、竞争、销售证据、一般问题（租赁权）、对商品及服务税的考虑；免责声明）、生效日期共 10 章构成，本指南的生效日期为 2011 年 1 月。

（12）ANZVGN 12 持续经营企业中不动产、厂房设备的市场价值评估。由引言（目的；指南的地位；适用范围；资产类别）、测试盈利能力/服务潜力、最高最优使用、评估方法（销售比较法；成本法；收益法）、生效日期共 5 章构成，本指南从 2011 年 8 月 1 日起生效。

（13）ANZVGN 13 以保险为目的的评估。由引言（目的；指南的地位；适用范围；国际评估准则；评估师的角色）、常见的保险政策和条款、委托（客户委托）、确定重置成本、赔偿价值评估、报告内容（建筑物；厂房及设备；位置状况）、其他问题、生效日期共 8 章构成，本指南从 2011 年 10 月 1 日起生效。

五、不动产评估指南

不动产评估指南由 API & PINZ 不动产评估指南、API 不动产评估指南和 PINZ 不动产评估指南三个部分组成，API & PINZ 不动产评估指南包括 10 项准则，API 不动产评估指南包括两个准则，PINZ 不动产评估指南包括两个准则。

1. API & PINZ 不动产评估指南

（1）ANZRPGN 1 免责条款和资格声明。由引言（目的；指南的地位；适用范围；国际评估准则；寻求豁免；限制无关的第三方；资格声明）、第三方免责条款（第三方免责条款；无法排除的责任；免责条款可能是有效的；立法；可能是有效的合理限制；足够的警告给第三方；具体环境；置于报告开始位置；模棱两可；不恰当的免责声明；委托细节）、资格声明、商品及服务税影响共 4 章构成。

（2）ANZRPGN 2 作为专业辩护人或是仲裁人（作为专家证人，提倡者或仲裁员）。ANZRPGN 2 由引言（目的；指南的地位；适用范围）、职责、一般义务、作为一名（辩

[①] 无障碍设施包括社区服务（如在商店、学校、医疗服务等）和运输基础设施（如港口、铁路等）。
[②] 土地的分类是农用地估价的主要考虑因素。
[③] 一些农业用途可能导致污染场地，可能需要适当的管理措施或补救或执行。

护）律师、作为一名仲裁人共 5 章构成。

（3）ANZRPGN 3 租赁优惠。由引言（目的；指南的地位；适用范围；国际评估准则；周期性的市场；供过于求；意见的范围；目的明确原则；没有统一的市场条件；评估师调查技能；更多因素的考虑）、租赁优惠、有效的租赁价值、检验租金（考虑租金检验的时点；决定申请的证据）、保密条款、资本价值、市场（评估师解释；解释变化的市场条件；市场决定价值）共 7 章构成。

（4）ANZRPGN 4 测量方法。本指南提供了各种类型测量方法在不动产行业的一般用途，并按字母顺序列出了属性类型和测量的相关方法。该指南由引言、测量原理、通用面积定义、澳大利亚面积定义、其他面积定义、特殊建筑类型测量方法（背包客旅馆；银行或零售店；木板屋；瓶店；商业性停车场；电影院；娱乐性俱乐部；酒店；工业；白酒类商店；汽车旅馆；护理院；办事处；公寓共不同类型的住宅；餐厅；退休乡村；农村建筑；服务站；购物中心或商店）共 6 章构成。

（5）ANZRPGN 5 可行性研究。一个完整的可行性研究报告，需要明确描述项目的所有方面，包括财务可行性，使用一个静态分析、动态分析或折现现金流量分析法。可行性研究指南分为方法、报告、工作表三个部分。其中，方法部分由引言、总则、与客户商定可行性研究的范围、方法、准备和信息搜集、发展潜力评价（发展形式；需求和市场分析）、估算开发成本、假设完工价值和完工日价值、利润边际和回报率共 9 章构成。

（6）ANZRPGN 6 尽职调查。该指南的目的是为会员履行审查工作提供一份指导。因为谨慎的购买者在获取商业资产之前签订合同作为保障。指南由引言、资产评估、建筑物、电力与机械设备状况、法律审查、税收事项、印花税、区位的影响、设计的影响、租赁、污染、总则共 12 章构成。

（7）ANZRPGN 7 资产保险管理。该指南大致勾勒了保险环境和风险管理中的有关问题，帮助评估师了解现有建筑物保险管理计划的基本要素。ANZRPGN 7 由引言、序言、一般保险环境、行政人员风险管理的责任（法律义务；法律责任）、风险管理、风险融资和风险转让及保险（总风险成本）、保险种类、在选择投保时要考虑的问题、评估及保险的重要性、结论共 10 章构成。

（8）ANZRPGN 8 准备出售的不动产。该指引的目的是为准备出售不动产提供一般参考。指引说明了准备出售不动产的营销实际开始之前采取的步骤。其由引言、实体准备、财务准备、营销策略和预算、销售方法、披露材料的准备、营销材料和工具、市场活动（结论）共 8 章构成。

（9）ANZRPGN 9 不动产开发管理和"协议条款"。该指南的目的是为从事不动产开发管理的会员提供一个参考清单，同时还为担任开发项目顾问的会员提供了参考"协议条款"。其由引言、开发项目（多元化的不动产发展项目）、开发经理的角色（职责；更广泛的开发管理角色）、发展顾问清单（职责一览表）、开发管理费（基准比例；方法）、可行性研究、会议、顾问、聘用条款、注意共 10 章构成。

（10）ANZRPGN 10 租赁代理服务。本指南适用于协会会员为客户提供租赁代理服务。评估师提供租赁代理服务应当具有所需的专业知识和技能标准，并遵守执业准则、职业道德要求和法律。ANZRPGN 10 由引言（目的；指南的地位；适用范围；客户）、专业操守（技术性标准；道德守则；立法）、客户关系、租赁代理委托、租赁代理实务、营销、其他共 7 章构成。

2. API 不动产评估指南

澳大利亚 API 不动产评估指南主要是关于土地污染评估问题，具体准则为 ARPGN 1 土地污染评估问题、ARPGN 2 土著人土地所有权问题。限于篇幅，本书仅介绍 ARPGN 1。

ARPGN 1 土地污染问题。由引言、污染类型和案例、确定和量化污染、修复实践与技术、对价值的影响、贷款的潜在问题、立法、赔偿保险、商品及服务税的影响共 9 章构成，并在指南后附录了联合国危险类别、潜在的污染活动和产业及土地用途、建议的环境量表、样品环境资产负债表、瑕疵评估方法、澳大利亚的环境立法等内容，为评估师执行土地污染问题的评估提供了系统的指导与方法。

3. 新西兰不动产评估指南

PINZ 不动产评估指南包括 NZRPGN 1 受污染土地的评估和 NZRPGN 2 未注册评估师编制评估报告签字。

六、业务重点和客户关注

资产评估准则建设的目的是双重的，评估师及其客户均能从中受益。"业务重点"部分包括专业活动；报告、内容和编辑；不动产行动规划；持续专业发展（CPD）要求、活动策划和记录等。本部分的目的是为学会会员提供一些可采取的措施，通过专业发展和各种形式的交流，提高他们的业务水平。同时，本部分会使有关人士更好地了解 API 和 PINZ 的职责，特别是电子商务环境下的职责。

1. 专业活动

此业务重点是指通过组织会员进行业务改进和/或职业前景规划，以提高专业知识和专业地位的各种专业活动。具体形式包括：（1）专题讨论。围绕澳大利亚和新西兰 API 和 PINZ 感兴趣的问题，有关学术团体定期组织成员开会讨论，享受专业的情谊。（2）持续专业发展（CPD）模块。API 和 PINZ 已经开发出模块主题，并不断开发新的主题，定期为会员提供广泛的服务。（3）风险管理模块（RMM）。作为敬业精神和风险管理的一部分，API 发起了一项强制性的风险管理模块（课程），所有执业评估师均应将其作为持续专业发展计划的一部分。风险管理模块包括如最佳实践、更好的沟通、更好的客户选择、评估程序、法律原则、行为守则和职业道德、API 的规则与纪律处分程序、保险问题等。（4）会议。包括全国性研讨会和卫星电话会议。（5）磁带、视频及文件。磁带、视频和文件的生产和购买成本较低，时间和地点选择更加自由，这是一种经济实用的培训方式。（6）委员会、理事会和董事会。

2. 报告、内容及编制

此业务重点是向会员提供评估报告的类型，以及包含的内容和编制方法等。评估报告是指评估、分析、咨询服务等任务完成后，评估师出具的被转发、传播或递交到委托方任何形式的书面报告或口头报告。根据委托方要求且以书面文件确认，以口头报告方式向委托方转达评估结论，不需要提供任何书面材料。不过，建议评估师保留能够证实评估结果的拷贝或其他电子或数字格式。

根据评估报告的撰写形式不同，通常分为综合或全面型评估报告、概要或简明型评估报告、限制型评估报告三种形式。综合或全面型评估报告一般"描述"了被评估资产全面、详细的信息，它应当包含所有的对资产评估具有重要意义的信息，往往会涉及许多章节标题，且包含了深入细节的信息。概要或简明型评估报告是以"总括、简洁"的形式出具评估报告，它应当包含所有的对资产评估具有重要意义的信息摘要，往往会涉及一个或几个段落简短的叙述或表格的形式。限制型评估报告通常是简短的叙事报告和简单的事实陈述的组合，其信息的详略程度主要取决于委托方的需求。

评估报告内容应当条理清楚和足够详细，尤其是综合或全面型评估报告。当然，对于概要或简明型评估报告和限制型评估报告，评估师应当采取非常谨慎的职业态度，履行"正常程序"。同时，评估报告应当披露无法避免或保持沉默的重要问题，不使用过于专业的专业术语、缩略语或技术术语（除非委托方要求）。此外，摘要、概要或简明型评估报告等的长短应当保持平衡。上述三种评估报告形式的选择，评估师应考虑委托方的要求、委托方特定的资产类型、市场的理解水平，以及评估目的等因素，API 和 PINZ 并未规定评估报告的具体形式或风格。

不动产行动规划是一种顾问或咨询业务，不动产专业人员利用其不动产和市场知识，运用其研究、分析和技术技能，诊断委托方不动产的机会，威胁和问题，进而提供合理的建议。这项业务主要是迎合客户可能涉及购买或出售不动产、物业发展或重建潜力、财务管理等不动产规划活动而产生的，它可以涵盖参与采购和营销策略、安全风险分析和风险最小化、性能分析和改进、谈判和专家鉴定、项目可行性及敏感性分析等。不动产行动规划服务是一种范围非常广泛、量身定制的服务，其具体业务取决于客户的特殊需要和目标。

澳大利亚矿资产评估准则概述

除了《澳大利亚与新西兰评估准则》外，澳大利亚还有专门用于规范矿业权评估的准则，即《澳大利亚矿资产评估准则》。该准则是国际上为数不多并具有影响力的矿资产评估准则之一。

《澳大利亚矿资产评估准则》（The VALMIN Code）适用于固体矿产、石油资产、证券的技术评估和价值估算，是矿资产评估领域中重要评估准则。其基本原则和通用评估方法被国际评估领域广泛接受，对南非、加拿大、美国等国家或地区的矿资产评估相关准则的制定产生了奠基性作用。

一、准则简介

尽管《澳大利亚矿资产评准则》的适用范围仅为澳大利亚，但其基本原则和通用评估方法却被国际与矿业资产相关的评估领域广泛接受。南非、加拿大、美国矿资产评估准则的制定均以此为基础,结合本国法律、环境和执业实践进行了修改。

《澳大利亚矿资产评估准则》是根据澳大利亚的法律、环境、执业实践、术语和评估技术制定的,全称为 Code for the Technical Assessment and Valuation of Mineral and Petroleum Assets and Securities for Independent Expert Reports,一般简称为 The VALMIN Code。

《澳大利亚矿资产评估准则》是在 1995 年由澳大利亚矿山和冶金学会(AusIMM)推出的,第一个版本发布于 1995 年 2 月 17 日,第二个版本发布于 1997 年 11 月 22 日,第三个版本发布于 2005 年。2005 版准则是由矿业评估准则委员会(由澳大利亚矿山和冶金学会(AusIMM)、澳大利亚地质科学家协会(AIG)、澳大利亚矿业咨询协会(MICA)共同组建的联合委员会)制定的。

该准则由 34 章 103 条构成,具体结构如表 9-1 所示。

表 9-1　　　　　　《澳大利亚矿资产评估准则》(2005 版)结构简表

章节	条款	章节	条款
第 1 章 准则目的	第 1 条	第 18 章 报告的成本	第 49 条
第 2 章 准则制定	第 2 条	第 19 章 报告内容	第 50 条
第 3 章 责任、规范、声明和用词	第 3~4 条	第 20 章 数据和信息	第 51~54 条
第 4 章 准则的基本原则	第 5 条	第 21 章 现存报告的引用	第 55~57 条
第 5 章 评估从业者的职责	第 6~10 条	第 22 章 价值属性	第 58~61 条
第 6 章 报告目的和适用性	第 11~13 条	第 23 章 相关图件	第 62 条
第 7 章 报告类型	第 14 条	第 24 章 管理	第 63~64 条
第 8 章 实质性	第 15~17 条	第 25 章 现场考察	第 65~66 条
第 9 章 胜任性	第 18~23 条	第 26 章 地租	第 67~73 条
第 10 章 独立性	第 24~27 条	第 27 章 矿化和资源及储量	第 74~82 条
第 11 章 透明性	第 28~31 条	第 28 章 采矿和选矿	第 83~88 条
第 12 章 评估方法	第 32 条	第 29 章 投资和生产成本	第 89~93 条
第 13 章 委托方	第 33~36 条	第 30 章 完成和委托	第 94 条
第 14 章 专家和专业人士	第 37~41 条	第 31 章 销售收入	第 95~96 条
第 15 章 报告的委托	第 42~43 条	第 32 章 财务	第 97~100 条
第 16 章 报告的意图	第 44~45 条	第 33 章 股票市场和经济条件	第 101~102 条
第 17 章 声明	第 46~48 条	第 34 章 风险	第 103 条

二、《澳大利亚矿资产评估准则》(2005版) 的主要内容

(一) 基本原则

本准则要求遵守的基本原则是：实质性原则、胜任性原则、独立性原则和透明性原则。

1. 实质性原则

在独立专家报告编制过程中，判断是否应该使用某些资料和数据的最重要原则就是实质性原则，这一原则不仅运用在报告中被评估事项的性质方面，也运用于对评估结果数量影响方面。

实质性含义是：它们是非常重要的，在技术评价或评估报告中纳入还是省却会导致报告使用人得出不同结论。如果不是这种情况，则不属于实质性的。

专家或专业人士必须说明报告中重要资料和重要数据的来源，以满足（报告阅读者）需要，在不影响保密性或有关规章要求情况下，必须提供足够的标注，标明报告中使用的相关公开出版或未公开出版的报告或记录。

对可能很重要的报告、数据、记录（这些资料比较容易获得或者较为熟知），在编写报告时未采用的，也必须进行说明，并说明未使用的原因。

2. 胜任性原则

胜任是指具有相关的教育、资格、经验、专业知识和相应的资格证书，以至于拥有声望，可以对特殊事项给出权威说明。

矿业和石油资产及证券的评价与评估要求在技术和商业训练方面达到较高的能力胜任水平。例如，根据所撰写报告的特性，有可能要求具备地质学、工程学、冶金、环境评价、财务、法律和商业各方面胜任能力，因此，这些报告准备过程中必须要有一个能力胜任的专家或一些能力胜任的专业人士。

专家和专业人士必须向委托方和有资格取得报告的单位或个人证明，他们具有足够的能力出具报告或出具报告的部分内容。

为了确保矿业和石油的报告是按照能力胜任原则出具以及报告的权威性，专家必须承担报告起草过程和报告内容的全部执业责任。通常，专家个人不可能在报告要求的所有方面都能胜任，在这种情况下，专家的责任就是确保报告的部分内容是由（恰当的能力胜任）专业人士出具，且专业人士对出具的内容负责。

专家或者专业人士在从事矿业和石油证券（而不是相关的资产），或基于卖方考虑的估价意见（主要指发行股票募集资金的估价意见）时，必须持有相应的资格证书。如澳大利亚金融业务资格证，从事澳大利亚证券估价的人员需要持有该证书。

3. 独立性原则

只有在专家和任意起到作用的专业人士独立于委托方，且委托方认可并承认其独立性时，出具的报告才是独立专家报告。

"独立的"和"独立"的含义是：专家和（或）专业人士必须能够经得起独立性的相关法律检验，必须能够（被认可的）和愿意从事公正的评价和评估，并出具不带偏见的独立专家报告。为了支持独立性声明，或者为了使利益人（如执业社团，专家或专业

人士为该社团成员）能够评判他们是否可以被相信是独立的，专家和专业人士必须披露所有取得的利益，因为这些利益被认为可能损害其独立性。

必须尽早向委托方做出这样的披露；报告中必须包含这样的披露；并且这一披露不意味着专家或专业人士免除了独立性要求。

委托方和相关方先前曾经聘请过专家或专业人士从事某项咨询和评估业务，不应该就此认为必定损害他们的独立性，但是应该结合事实，评估这种情况。

专家或专业人士应该披露先前从事过的，且与本次评价或评估的矿业和石油资产相关的任何技术评价和评估。

报告中应该披露委托方支付给专家或专业人士出具报告报酬的依据或原则。专家和专业人士必须保持完全的独立性，独立于委托方之外，同时应该避免被认为可能损害其独立性的情况。

4. 透明性原则

透明的字面意思是"容易看穿、清晰、不会弄错、不虚饰、不伪装"。从本准则的目的出发，这些特性必须作为评估和技术评价使用数据和信息的基础，涵盖资源量/储量、采矿、加工和市场等的评价，评估途径的选择，评估方法的运用，上述所有事项必须在报告中进行清晰的阐述。

与专家和专业人士使用可获的数据和重要资料一样，评估过程也必须透明、客观、严格。（评估过程中）专家和专业人士需要做出一些关键性的假设，任何评估结果都是建立在这些假设的相互作用基础上的。所有这些假设必须合理，并在报告中披露。

关于重要技术和经济参数方面做出的假设，以及与这些假设和评估方法使用有关的风险，都必须在报告中予以清晰的阐述。

（二）报告的目的和适用性

该准则第7条规定准则被推荐执行，应当与矿产、石油资产和证券估价或评估密切相关，无论其技术估价或评估用于何处，或为谁编制的，也无论所研究资产的所在位置，或者编制者是否为有强制性道德准则的专业联合会的会员，都必须参照执行。该准则第8条指出，本准则对于未上市公司筹集资金所需的技术估价和评估来说是非约束性的，公司法中规定不要求发布披露文件。对于每项估价或评估和独立专家报告的编制来说，其法律责任由评估从业者自行承担，在必要时应寻求法律咨询。

该准则适用于澳大利亚相关法律法规所要求公开发布的矿产和石油资产及证券的评估报告。

（三）评估人员的管理

该准则将评估师定义为"独立专家"（Independent Expert），独立专家聘请专业人士共同完成报告，专业人士对独立专家负责。独立专家必须具备诸多条件，如具有至少一定年限以上近期从事矿产、石油资产或股票评价或评估经验；是某个具有强制性职业道德规范的相关专业联合会的会员等。很多情况下，专家个人在报告所要求所有领域都称职是不可能的，因此专家的职责是确保有各方面专业人士参与报告编制，并由其承担报告相应部分的责任。专家必须承担报告出具和报告内容的全部责任。

（1）专家的界定。专家是：①一个独立个人，他负责出具报告并承担责任；②一个代表专家，被提名代表一个依法组成的实体，他或她是作为某一实体的代理人来监督报告的出具并承担报告的责任。

（2）专业人士的界定。"专业人士"通常是受聘于专家的人士，他们负责出具报告中专家个人能力无法胜任的部分。专业人士必须为他们出具那部分报告内容负责。

（3）对专家和专业人士的管理。除非极个别特殊情况（该情况必须在报告中说明），专家或高级专业人士必须是恰当的、相关的、被认可的职业协会成员，且该协会拥有可强制执行的道德准则，如 AusIMM，AIG 或 MICA，以及澳大利亚以外其他国家的类似职业协会。

专家和高级专业人士必须熟悉本准则，JORC 规范，公司法的要求，ASIC，ASX 和其他被认可的证券交易所公布的政策，与准备出具的评估报告相关的一些法庭判例。

专家应该向委托方说明他所属的职业协会的名称，并提供一份签字的、说明他服从于该职业协会道德准则的声明，专业人士也应向专家说明并提供同样的声明。这些声明应该由专家保存，以备需要时查验，保存期 7 年。

专家或专业人士应该以书面形式，询问委托方主管或经理人员关于先前相关的技术评价、评估或类似评估评价报告情况，特别是在认为委托方没有披露这方面足够信息的时候。

（四）委托方及委托评估

1. 委托方

"委托方"是指委托出具报告的组织、公司或个人。

委托方应该进行必要的调查，以便明确专家或专业人士在将要开展工作的领域是胜任的，对将要评价或评估的这种类型矿业或石油资产或证券拥有丰富的经验。委托方掌握的，与报告重要内容相关的一些资料和信息也许被认为是机密的，因此在公开版本的报告中不会明示出来，即便如此，在技术评价或评估时也必须将它们考虑在内。

专家必须要求委托方告知他们哪些资料是保密的，同时专家也必须将这一情况告知（参与评价或评估工作的）专业人士。

委托方必须满足专家和专业人士要求，将所有相关的保密性资料提供给他们。专家或专业人士必须在报告中说明，委托方认为属于机密的这些资料虽然在报告中未披露，但是它们已经被运用于报告的编制过程中。同时还需要说明这些机密性资料对技术评价或评估的影响程度。

委托方应该向专家和专业人士提供曾经委托出具的所有与资产或证券评估相关的公开独立专家报告的成果，因为有理由认为它们都是实质性的。

2. 评估委托

专家或专业人士必须与委托方以书面形式讨论评估协议，具体化和细化起草和出具报告的各项约束条款。讨论可以通过相互传递文本方式进行。

（五）评估方法

该准则本身没有提供任何评估途径和方法，也没有对任何方法进行推荐和限制。专家或专业人士完全有权力决定采用哪种评估方法，但他们应在报告中说明并讨论选定评估方法所考虑的若干因素，以至于另一位专家能理解选择过程，并在合理的范围内得出相似的评估结果。鼓励在报告中讨论为什么未采用某种特定的评估方法。如果使用的评估方法不止一种，得出不同评估结果时，应该比较各种评估（方法和结果）优劣，并予以评述，说明最终采用的评估（方法和结果）的原因。

该准则指出合适评估方法的选择主要依赖以下几方面情况：（1）评估的性质；（2）矿业或石油资产（勘探或开发）的进展情况；（3）获取资料的程度和资料可靠性。

（六）评估价值及价值属性

（1）评估价值。该准则规定，评估报告中必须说明所确定的价值的性质和评估基准日。该准则还指出：如果不确定性影响价值较大，在现有数据允许时，应当确定一个价值区间（最大值/最小值）。但是这种值域不应过宽致使评估结果变得毫无意义，报告应相应地包括敏感性分析，表明改变最重要假设所产生的效果。准则指出在所有情况下，报告都应确定一个推荐值，如果有充分理由表明无法提供这个值，则应在报告中予以说明。

（2）价值属性。在商品价格高企或股票市场情绪高涨的时候，或者在强制卖出或清盘的情况下，评估出来的矿业或石油资产或证券的公平市场价值可能高于或低于它们的技术价值，而且很可能随时变化。报告应该将这些因素考虑进去，并说明所使用的主要评估方法的结果，揭示公平市场价值与技术价值差异的金额和差异的原因。

由于矿业资产或证券的价值很可能随着时间推移而波动，专家或专业人士应该确保发表的意见和提交的评估报告与评估基准日评估对象所处的环境相一致。

评估报告必须说明所定义的价值属性和这些价值的评估基准日。

当不确定性达到影响评估结果的程度，且获得的数据允许的情况下，应该定于并阐述一个价值区间（高与低），以反映因数据造成的和所做的各种假设相互影响造成的任何不确定性。但是，这个价值区间不应太宽泛以至于评估失去意义。

类似的，报告应该包括一个敏感性分析，以反映大部分重要的假设变动时的影响。

通常情况下，应该确定一个首选的价值。一旦没有这样做，需要有令人信服的理由，并在报告中说明这些理由。

当专家或专业人士认为一项矿业或石油资产（或该资产的一部分）没有价值，或者它的价值对总价值影响甚微，或者价值是负数（资产成了负债）的时候，报告必须对此予以说明。

（七）评估报告类型与评估报告内容

（1）评估报告的类型。该准则列出了三种报告类型：

①技术评价报告：该报告需要对影响矿业或石油资产实际和（或）潜在产出的相关因素，如地质、开采、石油工程、冶炼、环境影响、资本及运营成本、实际（或设计）产量等进行技术评价，以便按照可能的要求评判这些资产的经济效益，进而确定其技术价值。

②评估报告：该报告是就一项矿业或石油资产、矿业或石油证券及其对应的资产发表价值评估意见。

③公平合理报告：该报告用于评价被核查交易的公平性和合理性，并就相关交易是否

公平和合理发表意见。

（2）评估报告内容。报告可能被拥有不同兴趣、不同技术水平的读者使用，为了表达清楚起见，报告应该使用普通英语书写，但同时也应该意识到，有时使用一些技术语言也是必须的。报告必须包含委托方和其他依赖报告的人，如投资者和他们的专业顾问合理要求的、合理期望在报告中获得的为他们进行报告主题事项周详决策为目的所有信息。

（八）地租

租地的状况是真实的并需要披露。租地状态必须进行认定，这种认定必须依据专家或专业人士最近的独立质询，或依据租地管理人员或租地专业人士的最近报告。由于真实性和适当性的要求，在报告中其他地方提供此种信息，租地列表或相关讨论应按与租地的类型、参照名称、和号码及地区和相关事项题目展开。

评估师应当充分利用地图、平面图、曲线图信息来说明地质及其他相关特征，包括所研究租地的位置。特别是租地地图应标示出局部界标和租地边界，面积及其与相邻产业的位置关系，这种关系可能对租地的潜力具有重大影响。一组具有勘查潜力的勘查租地各有"战略"优、劣势，因此单个租地价值之和则与组合租地的价值不同。组合价值高于或低于单个价值之和，专家或专业人士应对两种价值进行说明，并解释差别原因。勘查租地的潜力是建立在地球物理或地球化学测量基础之上的，因此报告中应包含表示测量结果及其解释的某种形式曲线图。

（九）矿权、资源和储量

（1）该准则要求披露矿权的主要内容有：①矿业权类型、矿权面积；②是否已经正式授予权利；③权利附带的任何障碍，如给以批准和许可之后（才能生效）；④矿业权文件是否已经发布；⑤有效期和延续日期；⑥已往的矿业权开支、未来开支的承诺、租金和费率；⑦对政府、任何其他个人或单位的全部义务；⑧所有权，包括合作方的详细情况和他们拥有的利益；⑨所有间接利益的详细情况，如否决权；⑩负债、留置权、抵押权和要求权的详细情况，包括那些与复垦、复原相关的义务；⑪在采矿租约的情况下，矿业权是否已经符合土地调查结果；⑫当地人权利的考量；⑬其他的任何重要信息。该准则还要求必须对资源量和（或）储量估算的质量与合理性，以及所报告资源量和储量与最新版本的澳大利亚矿产资源和矿石储量报告规范（JORC）符合程度进行评述。

（2）关于石油资产应报告估价标准，特别是下列内容：①油井间距；②地震控制；③测井结果；④分析结果；⑤钻进和取样方法；⑥生产信息；⑦产品质量及其与评估的关系；⑧储量估计方法和假设。图件上表示油井的位置时，应采用标准工业油井符号标示出油井的状态和所打到的任何碳氢化合物显示的性质。

（十）采矿和矿石加工

应该检查现有的和（或）设计的采矿和加工厂作业，以便确定评估评价对象在现有的和（或）设计的规模下运作的技术经济可行性。

针对采矿和矿石处理的报告应该包括以下内容：（1）满足一个合适时间量的矿石或被开采并加工的其他物质吨位和品位（包括已知的和预测的）。这一合适的时间量为至少超过第一个五年或者超过今后五年,这取决于矿山处于设计阶段还是经营阶段。或者是(矿山)预计寿命内的矿石或被开采并加工的其他物质吨位和品位。(2) 已知的和预测的矿石、开采的其他物质和所含金属的吨位和品位,在现实可能的情况下,应该与最新的 JORC 规范所定义的"矿产资源和矿石储量分类"一致。(3) 一份工厂、技术、经营业务的描述,以及从投料到形成可向市场销售的产品过程中加工厂实际和预计的回收率。(4) 支持重新使用处于维修保养或已经被废弃的任何设备的任何建议方面能被充分理解的理由。

专家或专业人士应该报告任何可能影响技术评价或评估的事项:周边环境、土地进入、规划控制、限制性区域、原住民土地所有权和其他土地权利、(矿区)复原等。尤为重要的是明确哪些因素可能造成项目开发延期、经营收缩、较高的举债/股权成本、大额的补偿金赔付。

报告应该披露任何现存的或潜在的,对未来勘探、开发、生产形成实质性障碍的法令、法律、技术、环境、商业和社会政治因素。安全和主权风险问题也需要加以说明。对可能影响矿业或石油资产的技术评价或评估的、与雇佣关系和实际工作情况有关的一些特别因素,专家或专业人士应该加以评述和报告。

(十一) 数据和信息

报告中应该包括那些对于理解技术评价或评估很重要的详细技术资料和数据。在不影响商业机密的情况下,报告还应该对理解报告至关重要的非常规、新加工处理技术和新技术活动进行解释说明。鼓励使用表格、地图、图表进行阐述,鼓励使用技术术语和缩写对照的汇总表。

专家和专业人士不得不加分析地使用委托方提供的或其他方式获取的资料和数据。对使用的资料和数据,他们必须完成适当的检查、质询、分析和证实程序,为报告的内容和结论的公正建立可靠的基础。

由于时间推移、情况变化而失效的数据不得采用,如资本和运营成本结构、勘查技术、地质解译、采矿和冶炼技术。

当作为技术评价或评估基础的足够的、准确的、可靠的数据或资料获取成为不可能或不现实的时候,专家或专业人士必须在报告中对此加以说明。在这种情况下,专家或专业人士可以不发表意见和(或)提交评估报告。

(十二) 现场勘查

当重要的矿业或石油资产或矿权的现场勘查很可能揭示那些对于报告很重要的资料和数据时,如果现场勘查也是现实可行的话,专家或涉及的专业人士必须进行现场勘查。

如果不进行现场勘查,专家或专业人士必须确信:不进行现场勘查,现有可获得的资料也足够做出可靠的评估。

必须由专家或专业人士做出是否进行现场勘查的决定,而不是委托方。

近期发生了一些与报告对象有关的重大事项时,应该进行现场勘查。勘查对象包括所有的矿区巷道和选矿设施,如矿山、加工厂和基础设施。

未进行重要矿业资产或矿权现场勘查时,专家或专业人士应该在报告中说明未进行现场勘查的原因。

对石油勘探区，通常不要求进行现场勘查。但专家认为数据库的一些实质要素不完整或需要查证时，或者认为现有设施的设计、自然条件和运行状况对评估极为重要时除外。

（十三）投资和生产成本

专家或专业人士应研究和报告所评估矿产或石油资产估计的有效生产寿命内真实的或预测的投资和生产成本，它们某种程度上会影响技术估价或评估。报告中应当陈述所得税、其他税、权利金、成本上涨率和采用汇率。

报告应研究交通和地域条件，它们可能影响勘查或开发的后勤保障。在石油资产的情况下，距现存或设计油或气管道距离，运输路线的道路也应予以报告。同时，报告应简要预测所采用的资金和生产成本估计值，及其支持数据和参数。如果有其他地方类似矿山的数据并且适合对比，那么应将资金和生产成本的估计值与其进行比较。资金和生产成本应按宽泛项目标题论述，在可能的情况下用合适的单位，如"生产出的每盎司黄金"或者"年选矿厂产量每吨"，不能只按总体和年生产总成本论述。

（十四）销售收入和与债权债务有关其他因素

报告应该评估适当时期内资产的收入流，并应论述与其产品有关的价格方面假设的基础信息：销售额、预测产品价格、冶炼厂处理和精炼费用、成本等有关因素。报告中还应包括在可能的市场机会和现有资源或储量条件下设计的生产量与产品质量的配合。专家或专业人士应依据报告的范围报告债务、缴费义务、债权人、退休金，环境恢复成本和财务相关因素。

按照报告的有效期，对于某些矿产和石油资产来说，专家和专业人士可能需要模拟一个比较标准的财务结构，如全投资模型。对于开发项目和生产矿山或生产矿田来说，评估中应考虑已形成的和将要形成的债务。

（十五）股票市场和经济条件

一般股票市场和经济条件可能影响矿产、石油资产或股票的价值，特别是溢价或折扣估价。特定股票市场的数据可以提供矿产、石油资产或股票的一种指标。当把确定的溢价或折扣应用于技术价值时，专家或专业人士应说明是否考虑了市场和经济条件，如何考虑的。

（十六）风险

报告应该包括一个对所评估或评价资产可能产生的风险进行的评价，包括所做假设内在不确定性分析和它们对评估结果影响的分析。为表示评估对象预测的风险，如果可能的话矿资产的评估值应该用一个数值区间表达，同时给出一个最可能的评估值。

【问题与思考】

1. 简要说明澳大利亚、新西兰评估准则的产生与发展、基本特点。
2. 简要说明澳大利亚与新西兰评估准则的重要概念及框架结构。
3. 请简要阐述 2012 版澳大利亚与新西兰评估和财产准则（ANEVPS2012）的主要内容，并分析哪些方面值得学习或借鉴。
4. 简要说明澳大利亚矿资产评估准则（The VALMIN Code 2005

版）的结构及评估原则要点。

【阅读参考】

1. AUSTRALIA AND NEW ZEALAND VALUATION AND PROPERTY STANDARDS 2012.
2. The VALMIN Code 2005 Edition.

主要参考文献

1. 楼继伟：《市场经济发展为资产评估行业催生广阔前景》，2013 中国评估论坛。
2. 刘红薇：《不断加强资产评估准则建设　着力促进资产评估行业科学发展》，《中国资产评估》，2011 年第 7 期。
3. 贺邦靖、刘萍：《中国资产评估理论与实践》，中国财政经济出版社 2013 年版。
4. 贺邦靖、刘萍：《中国资产评估制度与准则》，中国财政经济出版社 2013 年版。
5. 贺邦靖、刘萍：《中国资产评估国际交流与借鉴》，中国财政经济出版社 2013 年版。
6. 国际评估准则理事会著、中国资产评估协会译：《国际评估准则 2011》，经济科学出版社 2011 年版。
7. 国际评估准则委员会著、中国资产评估协会译：《国际评估准则 2007》，中国财政经济出版社 2010 年版。
8. USPAP 2012—2013http：//www. appraisalfoundation. org.
9. AUSTRALIA AND NEW ZEALAND VALUATION AND PROPERTY STANDARDS 2012.
10. Code for the Technical Assessment and Valuation of Mineral and Petroleum Assets and Securities for Independent Expert Reports，2005.
11. RICS Valuation – Professional Standards Incorporating the International Valuation Standards，March 2012.
12. EVS2012，www. tegova. org.
13. IAAOTS 2013.
14. International Valuation Standard 2011.